本书获得"中央高校基本科研业务费专项资金"资助

"非洲发展新伙伴计划"与非洲治理研究

赵晨光 著

中国社会科学出版社

图书在版编目(CIP)数据

"非洲发展新伙伴计划"与非洲治理研究／赵晨光著 . —北京：中国社会科学出版社，2016.4

ISBN 978 – 7 – 5161 – 8191 – 1

Ⅰ.①非… Ⅱ.①赵… Ⅲ.①非洲—研究 Ⅳ.①K94 – 55

中国版本图书馆 CIP 数据核字(2016)第 109551 号

出 版 人	赵剑英	
责任编辑	陈雅慧	
责任校对	李永斌	
责任印制	戴 宽	

出 版	中国社会科学出版社	
社 址	北京鼓楼西大街甲 158 号	
邮 编	100720	
网 址	http://www.csspw.cn	
发 行 部	010 – 84083685	
门 市 部	010 – 84029450	
经 销	新华书店及其他书店	

印 刷	北京君升印刷有限公司	
装 订	廊坊市广阳区广增装订厂	
版 次	2016 年 4 月第 1 版	
印 次	2016 年 4 月第 1 次印刷	

开 本	710×1000 1/16	
印 张	15.75	
插 页	2	
字 数	273 千字	
定 价	59.00 元	

目　　录

导　论

　　自独立以来，我们做对了什么？我们在哪里出了错？……非洲人准备面对他们自己的问题，而且他们也准备承担起对他们命运的责任并纠正过去的错误。

——尼日利亚前总统奥卢塞贡·奥巴桑乔

一　问题的提出与选题的意义

　　"非洲发展新伙伴计划"（the New Partnership for Africa's Development，NEPAD）是非洲国家为应对自身在全球化进程中不断边缘化的现实而启动的综合发展计划，被定位为新世纪非洲的综合发展蓝图。与以往非洲的各种发展计划（战略）相比，"非洲发展新伙伴计划"在非洲发展（治理）的理念、内外关系、议题领域、机制设计等方面都体现出了新的特点。经过十余年的实践，地区内和国际上对"非洲发展新伙伴计划"给予了广泛回应，该计划对非洲大陆、次区域和非洲国家的发展产生了重要的影响，为不同类型的"发展伙伴"参与非洲治理提供了平台和渠道。

（一）问题的提出

　　非洲是当今世界不发达国家和贫困人口最多、最集中的大洲。历史上，非洲曾遭受西方殖民列强长达五个多世纪（最早可以追溯到 1415 年葡萄牙对摩洛哥休达的占领）的野蛮掠夺和殖民统治，被强行纳入资本主义的世界体系之中。非洲社会的自然发展被打断，其社会结构、经济结构、人口结构、民族建构、文化发展等各个方面都受到殖民主义的颠覆性破坏，形成了非洲发展难以挣脱的历史桎梏。20 世纪下半叶，非洲国家经过顽强的斗争纷纷赢得独立。独立后的非洲国家虽然在政治、经济上取得了明显的进步，然而，从总体上看，非洲大陆仍然处在资本主义世界体系的边缘，且在全球化进程中有进一步边缘化的危险。

长期以来，维护国家"主权独立"和加速国家"经济发展"是非洲国家面临的两项核心任务。主权的独立是实现发展的前提条件，经济发展又为主权的独立提供了基本保障，二者相互促进，是一体两面的关系。回溯独立后非洲发展的历史，可以发现非洲历史上的各项发展计划（战略）正是围绕这两项核心任务制定和实施的。独立后的非洲发展历史并不缺少"计划"。从 20 世纪 60 年代中后期开始，非洲已经被各种各样旨在推动经济发展、政治民主的"计划""框架""日程"和"宣言"所淹没。① 其中，以在国家层面实施的过渡时期经济政策、进口替代战略，以及在地区层面施行的"拉各斯行动计划""结构调整计划"等最具代表性。

然而，无论是在国家层面还是地区层面，独立后的非洲在制定和实施各项发展计划（战略）的过程中并没有处理好主权独立与国家发展的关系。20 世纪后半叶，非洲（国家）陷入过分强调发展"自主性"与盲目接受"外来影响"的恶性循环。站在新世纪的门槛上，非洲被进一步边缘化了。

进入 21 世纪，非洲国家为改变不发展与依附的状态，启动了"非洲发展新伙伴计划"。该计划的制定和实施在总结以往发展计划（战略）经验、教训的基础上，对非洲历史上的发展模式（主权与发展的关系模式）做出了调整，表现出一些新的特点。"非洲发展新伙伴计划"是独立后非洲发展历史的一部分，是对以往发展战略的继承和调整，其制定与实施可以被历史地看作非洲发展与治理的一个过程或进程。事实上，非洲国家也希望通过"非洲发展新伙伴计划"的制定与实施寻求非洲治理的主动权，谋求真正的发展。本书将以历史和过程的视角对"非洲发展新伙伴计划"与"非洲治理"问题进行研究。

（二）选题的意义

2001 年 10 月，"非洲发展新伙伴计划"启动，至今已经走过十余年的历程。期间，"非洲发展新伙伴计划"在协调内部一体化，加强与各

---

① Ian Taylor, *Nepad*：*Toward Africa's Development or Another False Start*, Boulder：Lynne Rienner Publishers, 2005, p. 17.

"发展伙伴"之间的关系，增强非洲在自身发展问题上的主动权、话语权等方面积攒了经验，取得了成绩。但是与此同时，"非洲发展新伙伴计划"的有效实施也面临着一系列的问题，在非洲内部以及国际上存在着不少对其批评与质疑的声音。因此，从非洲治理的角度对其进行系统研究有助于更加深入、全面地认识新世纪的非洲发展这一重要问题。

本书研究的现实意义有：

第一，有助于对非洲独立后发展历史的认识和理解。如前所述，非洲独立后的历史充斥着一系列发展计划。但非洲发展的实践表明，这些发展计划并没有带领非洲走向真正发展。究其原因，学界和政界存在着不同甚至相反的解读。然而，各项发展计划在设计、执行上的严重缺陷对非洲的不发展的确有着不可推卸的责任。非洲（国家）往往不能处理好追求自主发展与接受外来影响（援助、建议、模式）之间的关系。新世纪的"非洲发展新伙伴计划"正是在吸取了以往经验、教训的基础上启动和实施的，对其进行研究有助于我们进一步理解和认识非洲独立后的发展历史。

第二，有助于加深对非洲与西方国家关系的认识和理解。"非洲发展新伙伴计划"中的所谓"伙伴"关系的核心最初是指非洲与西方国家及其主导的国际机制之间的关系。"非洲发展新伙伴计划"启动以来得到了西方国家的积极回应。在2001年的八国集团意大利热那亚峰会和2002年的加拿大卡纳纳斯基斯峰会上，八国集团都邀请了"非洲发展新伙伴计划"的创始国参与峰会讨论，并分别启动了针对该计划的"热那亚非洲方案"和八国集团"非洲行动计划"（G8's AAP）。此后，八国集团的对非合作与政策制定主要在"非洲行动计划"和"非洲发展新伙伴计划"的框架下进行。对"非洲发展新伙伴计划"的研究对进一步认识西方国家在新世纪非洲治理中的作用有重要意义。

第三，有助于加深对非洲一体化、非洲内部机制建设与非洲治理之间关系的认识。非洲国家很早就认识到加强地区一体化的重要作用，《非洲统一组织宪章》将促进非洲国家之间在政治和经济方面的协调与合作作为非洲统一组织（简称非统组织或非统，OAU）的宗旨之一。① 其后，

----

① 《非洲统一组织宪章》，参见唐大盾选编《泛非主义与非洲统一组织文选（1900—1990）》，华东师范大学出版社1995年版，第164页。

《蒙罗维亚宣言》和《拉各斯行动计划》也都强调了非洲大陆的经济发展和一体化对加强非洲自力更生、自给自足能力以及实现非洲统一组织目标的重要性。[①] 新世纪，"非洲发展新伙伴计划"进一步认为非洲现有的经济条件"需要非洲国家在大陆层面集合资源、提升区域发展和经济一体化的水平，增强国际竞争力，因此，大陆的五个次地区经济集团必须得到加强"[②]。在机制建设上，除了建立了一整套决策和执行机制之外，"非洲发展新伙伴计划"的创新在于建立了"非洲互查机制"（African Peer Review Mechanism，APRM）。"非洲互查机制"在"民主与善治""经济管理与治理""公司治理""社会—经济发展"等四个方面[③]推动参加国彼此之间进行相互审查，旨在为"非洲发展新伙伴计划"的有效实施创造良好的环境。可以说，非洲（次地区）一体化的发展以及内部机制的加强是实现非洲治理的重要载体和手段，在"非洲发展新伙伴计划"框架下对其进行系统分析具有重要的现实意义。

第四，有助于增进我们对新兴发展中大国特别是中国与非洲关系的认识。21 世纪以来，随着新兴发展中大国的快速崛起，非洲国家与新兴大国之间的发展合作不断加强。各新兴发展中大国合作机制，如金砖五国机制（BRIC/BRICS）、印—巴—南对话机制（IBSA），将其关注的重点更多地投向非洲。根据标准银行（Standard Bank）的统计，2012 年金砖国家与非洲的贸易额甚至高于其彼此之间的贸易总额，其中，中国的对非贸易额占金砖国家整体对非贸易额的 60%。[④] 新兴发展中大国积极支持"非洲发展新伙伴计划"，习近平主席在 2013 年 3 月访问南非并参加金砖国家首脑第五次会晤时表示，中方支持"中非合作论坛"同"非洲发展新伙伴计划"开展合作，为实现非洲持久和平与发展做出贡献。[⑤] 新兴大国是参与非洲发展与治理的生力军，非洲国家也希望在"非洲发展新伙伴计划"

---

① 《蒙罗维亚宣言》《拉各斯最后行动方案》，参见唐大盾选编《泛非主义与非洲统一组织文选（1900—1990）》，华东师范大学出版社 1995 年版，第 206、217 页。

② 《非洲发展新伙伴计划》，http：//www. nepad. org/2005/files/documents/inbrief. pdf。

③ 参见"非洲发展新伙伴计划"官方网站，http：//www. nepad. org/economicandcorporate-governance/african-peer-review-mechanism/about。

④ Standard Bank, "BRICS Trade is Flourishing, and Africa Remains a Pivot", *Africa Macro*, 12 February 2013, p. 4.

⑤ 《习近平同南非总统祖马举行会谈》，参见新华网（新华新闻），http：//news. xinhua-net. com/world/2013—03/26/c_ 115168443. htm。

的框架下更多地加强与新兴大国的合作，以获得更多的发展机会和治理主动权。对"非洲发展新伙伴计划"的研究能够帮助我们认识新世纪以来新兴大国与非洲之间的合作关系及其在非洲发展与治理中的作用。

本研究的理论意义有：

第一，有助于对国际政治经济学发展理论主要流派与发展实践之间关系的认识。独立后的非洲国家缺乏一批从事发展研究的本土精英，并未做好经济建设的理论准备，容易受到西方以及其他既有发展理论的影响。[①]现代化理论（工业化理论）、新古典主义理论以及依附论对非洲影响最大，在非洲各项"发展计划"中很容易发现这些理论的影子。然而，20世纪非洲发展的现实表明，这些理论和"计划"未能引导非洲摆脱贫困。其中，"结构调整计划"最为典型，其遵循新古典经济学以及新自由主义经济学的教条，甚至进一步加剧了非洲在世界经济体系中的边缘地位。本书对新世纪"非洲发展新伙伴计划"的研究有助于增强人们对国际政治经济学发展理论与发展实践之间复杂关系的认识。

第二，有助于对治理理论的补充和完善。"治理"（governance）一词自20世纪80年代以来越来越流行，它是一个比"政府统治"（government）更宽泛的概念，其广义的含义是指协调社会生活的各种方法和途径。多元主体、多层参与是治理的核心内容，因此，政府也可以被看作治理的组织形式中的一种。[②] 在对非洲问题的研究中，西方学者（或受西方影响的非洲学者）更多地因循自由主义的思想传统，对非政府的治理形式情有独钟。但这种模式是否适合非洲的发展，并未得到理论和实践的有效验证。此外，随着全球化的快速发展，全球治理理论被看作治理理论在全球层面的拓展和运用，其中有两方面问题需要引起重视。其一，国家（地方）治理与全球治理理论之间没有很好地衔接，而是渐行渐远；其二，治理理论患上了"富贵病"，主要是对发达国家和社会的研究，对欠发达国家和社会的治理问题少有探讨。具体到非洲，学界对21世纪以来非洲广泛存在的治理实践关注不多。特别是"非洲发展新伙伴计划"通

---

① 安春英：《非洲的贫困与反贫困问题研究》，中国社会科学出版社2010年版，第81页。

② ［英］安德鲁·海伍德：《政治学核心概念》，吴勇译，天津人民出版社2008年版，第22页。

过表里兼修、内外互动的方式追求发展与治理主动权的努力没有得到学界应有的重视。事实上，非洲的发展实践就像一个巨大的"经验池"，为我们进行理论探讨、检验与修正提供了重要的经验材料。对"非洲发展新伙伴计划"的研究，能够帮助我们进一步丰富、补充和完善治理理论。

二　研究现状与不足

自启动以来，"非洲发展新伙伴计划"已经实施了十余个年头。国内外学术界在该问题的研究上积累了一部分研究成果，形成了一定的研究规模。其中，国外学术界对"非洲发展新伙伴计划"的相关研究起步较早、各类成果相对丰富。相较之下，国内学术界对"非洲发展新伙伴计划"的研究显得十分稀少，目前可以检索到的集中探讨该问题的中文成果仅有十余篇论文。随着"非洲发展新伙伴计划"的进一步实施，对该问题的研究还有广阔的发掘空间。

（一）国内的研究

以下对中文相关著作以及专题论文进行梳理和说明。

1. 中文相关著作

目前尚没有集中研究"非洲发展新伙伴计划"的中文论著出版。即使有少部分中文著作的个别章节涉及"非洲发展新伙伴计划"的内容，总体来说，篇幅都比较小，少有比较系统和深入地对其进行说明和分析的研究。

罗建波的专著《非洲一体化与中非关系》是国内较早提及"非洲发展新伙伴计划"的著作。该书在第三章第四节以"探寻复兴之路：非洲联盟与非洲经济一体化"为标题，简单介绍了"非洲发展新伙伴计划"启动的背景、由来、意义、发展情况及存在问题。[①] 其后，2010 年，罗建波又出版了专著《通向复兴之路——非盟与非洲一体化研究》。作者用更大的篇幅对"非洲发展新伙伴计划"进行了较为细致的论述。在该书第二章"非盟与非洲大陆的经济合作"中，作者首先回溯了独立后非洲发展的历史，对其发展进程中存在的内外困难进行了说明。同时，作者还对

---

① 罗建波：《非洲一体化与中非关系》，北京大学出版社 2006 年版，第 134—139 页。

非洲发展历史上比较重要的发展计划，如《蒙罗维亚宣言》《拉各斯行动计划》等，进行了回顾，并对其基本内容、意义进行了简要说明。进一步，作者对新世纪的"非洲发展新伙伴计划"进行了说明，对其历史与发展、政策与举措、意义与问题等进行了分析。其中，作者对"非洲发展新伙伴计划"的组织结构、主要机制（特别是"非洲互查机制"）的分析和说明为我们进一步了解其运作情况提供了重要资料。此外，作者将独立后非洲历史上存在过的"发展计划"与"非洲发展新伙伴计划"并列进行历史分析的方法，有助于我们更清晰地认识"非洲发展新伙伴计划"实施的新背景、新特点与新意义。[①]

　　近年来，国内一些有关非洲减贫与债务方面的著作也有部分章节涉及"非洲发展新伙伴计划"的内容，但大多并未从著作设定的主题和视角对"非洲发展新伙伴计划"进行集中探讨，仍多是篇幅较小的宏观介绍或说明。安春英的《非洲的贫困与反贫困问题研究》在第三章中主要对非洲独立后实施过的主要发展战略（计划）的减贫效果做了回顾，对独立前期的"工业化发展战略"以及此后的"结构调整计划"的成败得失进行了分析。进而，作者从反贫困的角度对"非洲发展新伙伴计划"进行了简要剖析。作者认为，与此前的发展战略（工业化发展战略、结构调整方案）相比，"非洲发展新伙伴计划"更加突出"非洲拥有与自我经营"（African ownership and management），作为一个较为完整和综合的策略框架，"非洲发展新伙伴计划"的实施总体上有利于非洲的整体发展。但另一方面，作者也认为"非洲发展新伙伴计划"存在理论基础偏差与外部依赖问题，"非洲发展新伙伴计划"秉持的自由主义经济学思想，使其在实践中存在"自我拥有"与"对外倚重"的悖论。作者指出，在减贫上，战略制定需要切合洲情、国情，并且处理好外来帮助与自力更生的关系。同时，培养一批拥有本土思维的非洲发展问题学者，减少对外来（西方）理论的盲目依赖，可以使非洲在减贫与发展上少走弯路。[②] 杨宝荣的《债务与发展——国际关系中的非洲债务问题》在第二章第二节中对"非洲发展新伙伴计划"制定的背景、目标、组织机构等做了简要说明，作者

---

　　① 罗建波：《通向复兴之路——非盟与非洲一体化研究》，中国社会科学出版社 2010 年版，第 57—73 页。

　　② 安春英：《非洲的贫困与反贫困问题研究》，中国社会科学出版社 2010 年版，第 80—108 页。

认为，"非洲发展新伙伴计划"是《蒙罗维亚宣言》精神的继续，也是《拉各斯行动计划》的新发展，与前两者相比，"非洲发展新伙伴计划"在组织制度上的建设为非洲的经济发展提供了保障。①

一些周边著作（并不与 NEPAD 直接相关）也有助于我们对"非洲发展新伙伴计划"的理解和认识。谈世中的《反思与发展——非洲经济调整与可持续发展》堪称一部史论结合的"独立后非洲简明发展史"。虽然该书出版于 20 世纪 90 年代末（NEPAD 启动之前），但该著作对独立后半个世纪以来非洲国家制定和实施的发展战略（计划）进行了理论与现实研究，这对我们历史地认识"非洲发展新伙伴计划"具有重要意义。特别是该书对 20 世纪后半叶非洲发展的制约因素以及非洲未来发展战略的探讨，为我们研究新世纪的非洲发展战略提供了重要的背景知识。② 国内对独立后非洲经济发展历史比较有代表性的研究著作还有陈宗德、吴兆契主编的《撒哈拉以南非洲经济发展战略研究》③，张同铸的《非洲经济社会发展战略问题研究》④，舒运国、刘伟才合著的《20 世纪非洲经济史》⑤ 等。

另外，《非洲的民主与发展面临的挑战——尼日利亚总统奥卢塞贡·奥巴桑乔访谈录》是一本中文译注，该书是作者阿尔贝托·麦克里尼对尼日利亚前总统奥卢塞贡·奥巴桑乔的访谈实录。作为"非洲发展新伙伴计划"倡议者之一，奥巴桑乔在访谈过程中谈到了"非洲发展新伙伴计划"的问题，并回应了外界对其性质、与西方关系等方面的质疑。他还特别谈到在"非洲发展新伙伴计划"框架下非洲与中国的合作问题。作为"非洲发展新伙伴计划"的倡议者、亲历者，这本"奥巴桑乔访谈录"展示了非洲国家（领导人）对"非洲发展新伙伴计划"的基本观点和看法，具有较高的参考价值。⑥

---

① 杨宝荣：《债务与发展——国际关系中的非洲债务问题》，社会科学文献出版社 2011 年版，第 48—53 页。

② 谈世中主编：《反思与发展：非洲经济调整与可持续性》，社会科学文献出版社 1998 年版。

③ 陈宗德、吴兆契：《撒哈拉以南非洲经济发展战略研究》，北京大学出版社 1987 年版。

④ 张同铸主编：《非洲经济社会发展战略问题研究》，人民出版社 1992 年版。

⑤ 舒运国、刘伟才：《20 世纪非洲经济史》，浙江人民出版社 2013 年版。

⑥ ［意］阿尔贝托·麦克里尼：《非洲的民主与发展面临的挑战——尼日利亚总统奥卢塞贡·奥巴桑乔访谈录》，李福胜译，中国人民大学出版社 2007 年版。

此外，非洲的治理是"非洲发展新伙伴计划"的基本目标。关于非洲治理问题，国内的专门研究也很少。一些相关的研究仅是对非洲治理某些具体领域的探讨，并未在"非洲发展新伙伴计划"框架下展开，且没有针对主体、客体、机制等治理要素进行"自觉"分析。国内对非洲具体治理领域的研究主要有以下一些。舒运国的《非洲人口增长与经济发展研究》① 成书于 20 世纪 90 年代（NEPAD 启动前），主要从非洲人口发展的历史、人口分布与迁移、城市化、生态环境、人口素质与人口政策等方面对非洲的人口问题与经济发展的关系进行了集中、深入的分析。21 世纪以来，国内对非洲治理相关问题的研究更多地从治理的参与者、机制等相对规范的角度展开。刘鸿武与沈蓓莉主编的《非洲非政府组织与中非关系》② 以及李伯军的《当代非洲国际组织》③ 分别对非洲非政府组织与非洲国际组织对非洲的政治参与、经济发展、社会进步等方面的影响和作用进行了研究。其中，前者更多地侧重国别层面非政府组织的作用，而后者更多地是对非洲的国际组织进行宏观层面的国际法分析。张忠祥的《中非合作论坛研究》④ 和张永蓬的《国际发展合作与非洲——中国与西方援助非洲比较研究》⑤ 从（国际）机制的角度，对非洲治理的国际参与问题进行了研究。两本专著对中国与西方对非合作机制的运作理念、方式、成效进行的比较分析，有助于我们进一步认识中国对非洲发展与治理的参与问题。

2. 中文论文

在论文方面，目前可检索到的与"非洲发展新伙伴计划"相关的中文研究文献仅有十余篇，其中包括一篇外文译文、一篇会议论文以及一篇硕士学位论文。国内最早的关于"非洲发展新伙伴计划"的文章是丁丽莉在 2001 年第 9 期《国际资料信息》上发表的《新非洲行动计划》一文。"新非洲行动计划"⑥ 是"非洲发展新伙伴计划"的前身。作者从该

---

① 舒运国：《非洲人口增长与经济发展研究》，华东师范大学出版社 1996 年版。
② 刘鸿武、沈蓓莉：《非洲非政府组织与中非关系》，世界知识出版社 2009 年版。
③ 李伯军：《当代非洲国际组织》，浙江人民出版社 2013 年版。
④ 张忠祥：《中非合作论坛研究》，世界知识出版社 2012 年版。
⑤ 张永蓬：《国际发展合作与非洲——中国与西方援助非洲比较研究》，社会科学文献出版社 2012 年版。
⑥ 作者对该"计划"名称的翻译存在问题，与目前国内学界普遍使用的译称不一致。实际应为"新非洲倡议"（New African Initiative, NAI）。

计划的产生、主要内容、特点和实施前景等三个方面对"新非洲行动计划"进行了比较全面的介绍和说明。其中,作者对"新非洲行动计划"的两个重要组成部分,"千年非洲复兴计划"与"奥米茄计划",进行了介绍,并分析了南非前总统姆贝基的"非洲复兴思想"与"新非洲行动计划"的关系。丁丽莉的文章是国内最早关注"非洲发展新伙伴计划"的研究成果,对我们认识"非洲发展新伙伴计划"的历史演变、思想内涵等内容具有重要的文献意义。[①]

其后,国内对"非洲发展新伙伴计划"的追踪与研究多是选择某一视角作为切入点,从总体上对其主要内容、实施和进展情况、面临的前景与挑战进行概览式的分析或总结。张莉的文章《〈非洲发展新伙伴计划〉与中非合作》对"非洲发展新伙伴计划"与"中非合作论坛"之间的合作问题进行了分析。文章首先用较大的篇幅对"非洲发展新伙伴计划"的主要内容、国际社会的反应、实施前景等方面进行了比较全面的说明与分析。继而,作者以结论的形式对"中非合作论坛"与"非洲发展新伙伴计划"之间的关系进行了分析,并认为,"非洲发展新伙伴计划"的目标与"中非合作论坛"的后续行动在宗旨上是一致的,"中非合作论坛"后续行动框架的确立及其良好实施为"非洲发展新伙伴计划"提供了支持和保证。[②] 朱重贵的论文《经济全球化与非洲的边缘化——兼评〈非洲发展新伙伴计划〉》以经济全球化中非洲被不断边缘化的现实为背景,说明了"非洲发展新伙伴计划"的基本举措及其对非洲发展、摆脱边缘化能够或可能产生的影响。文章分析了非洲实现可持续发展存在的内部、外部利弊条件,并指出从"非洲发展新伙伴计划"的基本内容本身来看,其必将对非洲未来的社会经济发展产生积极影响。但作者也认为"非洲发展新伙伴计划"的战略目标很难完全实现,非洲的不发展和边缘化状态可能会有所缓解,但很难彻底改变面貌。[③] 舒运国的《非洲经济改革的走向——〈拉各斯行动计划〉与〈非洲发展新伙伴计划〉的比较》以纵向对比为切入点,对"拉各斯行动计划"和"非洲发展新伙伴计划"的

---

① 丁丽莉:《新非洲行动计划》,载《国际资料信息》2001年第9期,第27—31页。

② 张莉:《〈非洲发展新伙伴计划〉与中非合作》,载《西亚非洲》2002年第5期,第9—13页。

③ 朱重贵:《经济全球化与非洲的边缘化——兼评〈非洲发展新伙伴计划〉》,载《亚非纵横》2003年第1期,第11—16页。

相同点与不同点进行了比较分析。作者指出，两项"计划"在出台的社会历史背景和面临的经济发展困难上具有相似性，而且非洲国家在"计划"制定时都充满了克服困难的决心和信心。在不同点上，两项"计划"应对非洲发展困难的性质发生了变化，且非洲在对发展困难根源的认识、应对战略及其可操作性等方面有所不同。通过比较，作者对"非洲发展新伙伴计划"做出了积极的评价，并认为经济改革是非洲发展中不可或缺的进程，必将是一个艰难的过程，但非洲国家能够不断深化认识，实现经济发展。① 汪津生的《"非洲发展新伙伴计划"十年回眸》发表于2012年，对"非洲发展新伙伴计划"启动十年来在组织机构和工作重点方面的调整进行了历史梳理和回顾。文章指出，在组织机构调整上，"非洲发展新伙伴计划"的发展历史可以以2010年2月非盟第14届首脑会议为节点分成两个主要阶段，第一阶段"非洲发展新伙伴计划"的治理体系较为简单，第二阶段"非洲发展新伙伴计划"在非盟框架内，组织机制得到进一步完善。在工作重点上，文章指出，"非洲发展新伙伴计划"从原本十分宽泛的"计划"中提炼出包括农业与粮食安全、气候变化与自然资源管理、区域一体化与基础设施、人类发展、经济与公司治理、跨领域问题等六个方面在内的工作重点。作者认为，"非洲发展新伙伴计划"自并入非盟框架以来，执行能力得到了加强，然而，考虑到非洲严峻的发展形势和环境，并入非盟的"非洲发展新伙伴计划"能否发挥预期的作用，尚有待观察。②

值得注意的是，在数量十分有限的有关"非洲发展新伙伴计划"的中文论文中，梁益坚撰写的硕士学位论文及其后陆续发表的期刊论文集中关注了"非洲互查机制"（APRM）的问题。这是国内仅有的几篇对"非洲发展新伙伴计划"框架下的核心机制进行比较深入研究的成果。梁益坚的硕士学位论文《外来模式与非洲发展：对非洲国家相互审查机制的思考》对国际相互审查的源起与实践进行了历史梳理和理论分析，指出"非洲发展新伙伴计划"框架下的"非洲互查机制"实际上借鉴了经济合作与发展组织（OECD）审查机制的经验，但有所创新。进而，作者对

---

① 舒运国：《非洲经济改革的走向——〈拉各斯行动计划〉与〈非洲发展新伙伴计划〉的比较》，载《西亚非洲》2005年第4期，第52—58页。

② 汪津生：《"非洲发展新伙伴计划"十年回眸》，载《国际资料信息》2012年第2期，第8—13页。

"非洲发展新伙伴计划"建立相互审查机制的原因、"非洲互查机制"的框架及其实施的内外制约因素进行了比较全面的分析，并对"非洲互查机制"如何进一步发展进行了思考。作者认为，人们习惯于运用既有的学术概念和理论来观察和思考非洲的发展问题，然而，很多情况下，理论"透镜"却遮蔽或忽视了非洲的特殊性。因此，"相互审查机制"作为一种源自外部（西方）的治理理论和模式在非洲十分特殊的发展环境下能否取得成功，还有待进一步探索和完善。① 其后，梁益坚发表在《西亚非洲》杂志上的两篇论文《试析非洲国家相互审查机制》② 和《软压力视角下的"非洲国家相互审查机制"》③ 在进一步追踪"非洲互查机制"实施进展情况的基础上，比借约瑟夫·奈的"软实力"概念，创新性地使用了"软压力"视角对"非洲互查机制"的实施可行性、保障机制（软压力）等进行了分析。作者认为，"非洲互查机制"的方向是正确的，非洲国家在借鉴外来经验（模式）、拓展执行资金来源的同时，需要继续加强软压力，为"相互审查机制"的监督提供保障。

　　此外，《西亚非洲》杂志曾经刊载的丹麦奥尔堡大学客座教授马莫·穆契的《论〈非洲发展新伙伴计划〉》④ 以及由贺文萍研究员撰录的会议文章《〈非洲发展新伙伴计划〉为什么必须成功——南非学者谈〈非洲发展新伙伴计划〉等问题》⑤ 是国内仅有的两篇译介国外学者相关研究的中文文献。两文中涉及的国外学者都强调了历史上外来模式对非洲发展造成的破坏性影响，认为"非洲发展新伙伴计划"代表了非洲国家追求自主发展的渴望。同时，学者们也认为"非洲发展新伙伴计划"并没有能够理清援助与发展、非洲与西方的关系问题，在"计划"的理念和设计上存在问题。这两篇译介文章的观点丰富了国内学界对"非洲发展新伙伴计划"

---

　　① 梁益坚：《外来模式与非洲发展：对非洲国家相互审查机制的思考》，云南大学硕士学位论文，2005 年。

　　② 梁益坚：《试析非洲国家相互审查机制》，载《西亚非洲》2006 年第 1 期，第 19—24 页。

　　③ 欧玲湘、梁益坚：《软压力视角下的"非洲国家相互审查机制"》，载《西亚非洲》2009 年第 1 期，第 28—33 页。

　　④ ［丹麦］马莫·穆契：《论〈非洲发展新伙伴计划〉》，载《西亚非洲》2002 年第 4 期，第 55—56 页。

　　⑤ 贺文萍：《〈非洲发展新伙伴计划〉为什么必须成功——南非学者谈〈非洲发展新伙伴计划〉等问题》，载《西亚非洲》2003 年第 3 期，第 73—74 页。

的思考，同时，也代表了国外学界有关"非洲发展新伙伴计划"之多元化研究中的一种典型观点。

（二）国外的研究

国外对"非洲发展新伙伴计划"的研究起步很早，其研究已经形成了一定的规模，学术界的讨论也比较热烈，各种形式的研究文献（如期刊论文、学位论文、专著、论文集、会议文集等）都有一定量的发表或出版。"非洲发展新伙伴计划"是非洲大陆新世纪的综合发展计划，涉及不同的发展领域和发展理念以及众多的国家。因此，在研究内容上，国外学术界对"非洲发展新伙伴计划"的研究也比较多元化，主要表现在研究问题领域的多元化（具体化）以及学术观点的多元化两方面。

1. 研究问题领域的多元化

第一，对"非洲发展新伙伴计划"组织机制的研究。组织机制的相对完善是"非洲发展新伙伴计划"相较于非洲历史上其他发展计划的重要特点，这方面的研究主要集中在对"非洲互查机制"（APRM）的多角度分析上。非洲本土学者对"非洲互查机制"进行了较多研究，其中，以南非学者的研究最具代表性。

南非学者雷维·肯博（Ravi Kanbur）的《非洲互查机制：对概念和设计的评估》对"非洲互查机制"的机制建设问题进行了研究，指出其在机制上存在互查领域过宽和缺乏市民社会参与两大缺陷，作者认为"非洲互查机制"要真正发挥作用，未来机制的完善是不可或缺的。[①] 南非国际问题研究所（SAIIA）研究员罗斯·赫伯特（Ross Herbert）的论文《非洲发展新伙伴计划与非洲互查机制的生存：一项批判研究》对"非洲互查机制"的组织效率、专家配置、问卷设计、市民社会参与、资金支持等方面进行了批判性分析，作者认为如果缺乏资源支持、公共参与和公开批评，则其难以发挥应有作用。[②] 以上批判性研究有助于我们更全面地评价"非洲互查机制"，代表性的批判研究还有，蔡恩·科博南（Zein Kebonang）的《非洲

---

① Ravi Kanbur, "The African Peer Review Mechanism (APRM): An Assessment of Concept and Design", *South African Journal of Political Studies*, November 2004, Vol. 31, Issue 2, pp. 157 – 166.

② Ross Herbert, "The Survival of Nepad and the African Peer Review Mechanism: A Critical Analysis", *South African Journal of International Affairs*, Vol. 11, Issue 1, Summer/Autumn 2004, pp. 21 – 38.

互查机制：一项评估研究》①、帕特里克·邦德（Patrick Bond）的《揭去非洲互查机制新殖民主义的面具：对非洲互查机制的批判》②，以及埃及学者穆斯塔法·卡莫尔·艾尔－萨义德（Mustapha Kamel Al-Sayyid）的论文《非洲发展新伙伴计划：所有权的问题》③ 等。

此外，由于"非洲互查机制"互查领域的宽泛性特点，不同视角下的研究丰富了我们的认识。南非国际法学者文森特·麦希勒（Vincent O. Nmehielle）的论文《非盟及其倡议下的非洲互查机制：非洲发展新伙伴计划》从国际法的角度分析了非盟框架下的"非洲互查机制"实现非洲大陆发展的作用及其存在的问题。④ 南非比勒陀利亚大学雷切尔·穆卡穆那那（Rachel Mukamunana）的博士学位论文《非洲发展新伙伴计划的挑战：对非洲互查机制的案例研究》从非洲政治系统的角度对"非洲互查机制"进行了集中研究，并认为"非洲发展新伙伴计划"和"非洲互查机制"是非洲国家谋求真正民主、和平与发展的集体努力。⑤ 南非学者马格纳斯·基兰德（Magnus Killander）的会议论文《非洲互查机制与人权：回顾与展望》从人权角度对"非洲互查机制"如何实现非盟的人权促进和保护目标这一问题进行了分析。⑥

以上代表性成果从不同的视角对"非洲互查机制"进行了研究，展示了非洲学者（特别是南非学者）对"非洲互查机制"的不同思考和基本认识。

第二，对"非洲发展新伙伴计划"框架下非洲一体化的研究。非洲国家间的协调发展以及非洲与国际社会的平等发展是"非洲发展新伙伴

---

① Zein Kebonang, "African Peer Review Mechanism: An Assessment", *India Quarterly: A Journal of International Affairs*, Vol. 61, 2005, p. 138.

② Patrick Bond, "Removing Neocolonialism's APRM Mask: A Critique of the African Peer Review Mechanism", *Review of African Political Economy*, Vol. 36, Issue 122, 2009, pp. 595 – 603.

③ Mustapha Kamel Al-Sayyid, "Nepad: Questions of Ownership", *South African Journal of International Affairs*, Vol. 11, Issue 1, 2004, pp. 121 – 127.

④ Vincent O. Nmehielle, The African Peer Review Mechanism Under the African Union and its Initiative: the New Partnership for Africa's Development, *Proceedings of the Annual Meeting (American Society of International Law)*, Vol. 98, MARCH 31 – APRIL 3, 2004, pp. 240 – 249.

⑤ Rachel Mukamunana, *Challenge of the New Partnership for Africa's Development (NEPAD): A Case Analysis of the African Peer Review Mechanism (APRM)*, Doctoral Dissertation to University of Pretoria, March 2006.

⑥ Magnus Killander, "The African Peer Review Mechanism and Human Rights: The First Reviews and the Way Forward", *Human Rights Quarterly*, Vol. 30, 2008, pp. 41 – 75.

计划"的两个重要方面。① "非洲发展新伙伴计划"对非洲的（地区）一体化十分重视，认为，如果没有地区的一体化，非洲复兴进程就难以实现。② 国外学界虽然在"非洲发展新伙伴计划"能否成功促进非洲实现一体化问题上没有达成一致，但是在地区一体化（地区主义）被"非洲发展新伙伴计划"设定为核心发展战略与目标的认识上少有不同意见。

　　玛莫兹瓦·福赛特·诺吉（Mmamautswa Fawcett Ngoatje）的博士学位论文《增进投资倡议与地区合作中非盟的角色：对非洲发展新伙伴计划的批判性审视》③ 对非盟通过促进投资以实现"非洲发展新伙伴计划"基本目标的问题进行了研究。作者主要从地区合作、经济一体化与执行资金、投资流向（investment flow）与"非洲发展新伙伴计划"、管理能力与投资吸引、"非洲互查机制"与资源有效利用等四个方面分析了非盟对"非洲发展新伙伴计划"的支持问题。作者认为，"非洲发展新伙伴计划"目标（一体化、经济合作等）的实现不仅需要非盟在地区层面的支持，同时也需要非盟成员国将各自国家的发展计划与"非洲发展新伙伴计划"的目标进行整合。法藤·艾格德（Faten Aggad）的论文《作为非洲合作新方法的新地区主义：有关非洲发展新伙伴计划的研究》④ 对"非洲发展新伙伴计划"中内含的实现非洲发展的"新地区主义"倾向（orientation）进行了研究。作者认为，旧地区主义（old regionalism）要对历史上非洲大陆的发展失败问题负责，而新地区主义提供的多维问题解决方案（multi-dimensional approach）有助于转变旧地区主义中潜藏的失败性因素。进一步，作者指出"非洲发展新伙伴计划"实施的包括"贸易、投资、善治（good governance）、和平与安全"在内的新地区主义多维方案有助于克服非洲面临的危机，从而实现非洲的真正发展。左雷卡·纳迪（Zoleka Ndayi）的《非洲发展新伙伴计划的梳理：地区主义、双边主义和

---

　　① 《"非洲发展新伙伴计划"宣言》（*The New Partnership for Africa's Development*，NEPAD），第 8 款。

　　② 同上书，第 194 款。

　　③ Mmamautswa Fawcett Ngoatje, *The Role of the African Union as a Vehicle for Investment Initiatives and Regional Cooperation：A Critical Overview of the New Partnership for Africa's Development*（*NEPAD*），Doctoral Dissertation to University of Pretoria, 2006.

　　④ Faten Aggad, *New Regionalism as an Approach to Cooperation in Africa：With Reference to the New Partnership for Africa's Development*（*NEPAD*），MA Dissertation to University of Pretoria, April 2007.

多边主义》① 以文献分析的方法对非洲发展史进行了分析，并认为地区主义、双边主义以及多边主义在不同时期分别内含在非洲发展的不同历史时段中。作者以"拉各斯行动计划"为例说明了非洲历史上发展方案失败的原因，认为"非洲发展新伙伴计划"灵活、务实地对地区主义、双边主义和多边主义的综合运用有助于非洲的发展。

第三，对"非洲发展新伙伴计划"框架下非洲与外部发展伙伴关系的研究。"非洲发展新伙伴计划"致力于在非洲享有发展自主权的前提下加强与外部发展伙伴之间的平等关系。其中，与高度工业化国家（highly industrialised countries）及其主导的国际机构发展新的伙伴关系以改变非洲援助依赖以及边缘化的状态是其重要目标。②

如前所述，八国集团是"非洲发展新伙伴计划"的重点"工作对象"，非洲国家领导人十分重视八国集团的支持。在"非洲发展新伙伴计划"整个制定过程中，该计划主要创始国（南非、尼日利亚、塞内加尔等）的领导人与八国集团领导人保持了密切的接触（峰会接触以及与八国集团"领导人非洲事务代表"的接触）以寻求西方主要国家的支持。为了应对和回应"非洲发展新伙伴计划"，在 2002 年加拿大召开的卡纳纳斯基斯峰会上，八国集团制定了自己的"非洲行动计划"（AAP），事实上，八国集团扮演了"非洲发展新伙伴计划"共同推动者的角色。这方面的研究，英国八国集团问题专家尼古拉斯·贝恩（Nicholas Bayne）的会议论文《非洲发展新伙伴计划与八国集团非洲行动计划：非洲的马歇尔计划?》③ 很有代表性。作者以美国援助欧洲的"马歇尔计划"为比照，集中探讨了八国集团"非洲行动计划"（AAP）与"非洲发展新伙伴计划"的关系问题。作者认为，虽然在"自我主导权"（ownership）、"互相审查"（peer review）和"地区、次地区一体化"（regional and sub-regional integration）等方面八国集团的"非洲行动计划"与"马歇尔计划"有

---

① Zoleka Ndayi, "Contextualising NEPAD: Regionalism, Plurilateralism and Multilateralism", *South African Journal of International Affairs*, Vol. 16, Issue 3, 2009, pp. 371 – 387.

② 《"非洲发展新伙伴计划"宣言》（*The New Partnership for Africa's Development*, NEPAD），第 5、8 款。

③ Nicholas Bayne, The New Partnership for Africa's Development (NePAD) and the G8's Africa Action Plan: Is This a Marshall Plan for Africa?, *Session 5. Designing for African Development: The Role of International Institutions*, University of Calgary, Calgary Saturday, June 22, 2002. http://www.g8.utoronto.ca/scholar/2002/bayne020527.pdf.

相似之处，但在经济发展能力、人力资源、政府能力等各方面，今天的非洲都无法与二战后的欧洲国家相比。因此，作者对"非洲发展新伙伴计划"的实施成效持谨慎的乐观。

对"非洲发展新伙伴计划"框架下非洲发展（治理）的外部参与问题的研究，较有代表性的成果还有：艾利克斯·德·威尔（Alex de Waal）的论文《非洲发展新伙伴计划的新意何在?》①、凡·德·维斯惠赞（Van der Westhuizen）的《如何推销大观念：争论、共识与非洲发展新伙伴计划》②、美国国际开发署（USAID）非洲援助问题高级顾问赫希尔·S. 沙利纳（Herschelle S. Challenor）的文章《美国与非洲发展新伙伴计划》③，以及南非金山大学的默科特·莫克恩（Mokete Mokone）撰写的关于世界银行与"非洲发展新伙伴计划"关系的学位论文《世界银行、非洲发展新伙伴计划与非洲发展》④ 等。

此外，随着以中国为代表的新兴大国的快速发展，中国与非洲国家之间的关系也日益密切。在发展"新伙伴"的选择上，非洲有了更多的空间。作为"非洲发展新伙伴计划"联合倡议者之一，尼日利亚前总统奥巴桑乔曾指出，作为新的发展伙伴，中国是"非洲发展新伙伴计划"的基础之一，作为一个发展中国家，"中国总是几乎在所有问题上都能理解非洲的观点"，并且中国也已经在"非洲发展新伙伴计划"的框架下为非洲提供帮助和软贷款。⑤然而，目前，对"非洲发展新伙伴计划"框架下新兴发展中大国与非洲合作的研究还非常少，能够检索到的文献仅有一些机构的政策分析报告⑥。

第四，对具体治理议题的研究。作为 21 世纪非洲综合发展战略的

---

① Alex de Waal, "What's New in the 'New Partnership for Africa's Development'?" *International Affairs (Royal Institute of International Affairs 1944 –)*, Vol. 78, No. 3, Jul., 2002, pp. 463 – 475.

② Van der Westhuizen, "How (not) to Sell Big Ideas: Argument, Identity and NEPAD", *International Journal*, 2003, Vol. 58, No. 3.

③ Herschelle S. Challenor, "The United States and Nepad", *South African Journal of International Affairs*, Vol. 11, Issue 1, 2004, pp. 57 – 64.

④ Mokete Mokone, *The World Bank*, *NEPAD and Africa's Development*, MA Dissertation to University of the Witwatersrand, 24 February, 2010.

⑤ ［意］阿尔贝托·麦克里尼：《非洲的民主与发展面临的挑战——尼日利亚总统奥卢塞贡·奥巴桑乔访谈录》，李福胜译，中国人民大学出版社 2007 年版，第 10、72 页。

⑥ UNECA, *Africa-BRICS Cooperation: Implication for Growth, Employment and Structural Transformation in Africa*, United Nations Economic Commission for Africa, 2013. Standard Bank, "BRICS Trade is Flourishing, and Africa Remains a Pivot", *Africa Macro*, 12 February 2013.

"非洲发展新伙伴计划"并不是只强调政治层面的善治与治理,在"非洲发展新伙伴计划"宣言的第五部分"行动计划:21世纪实现可持续发展的战略"中列举了"基础设置建设""人力资源发展""农业""环境""文化"以及"科技平台"等六大优先部门(Sectoral Priorities),其中每个部门又有具体的细分。多年来,国外学界对"非洲发展新伙伴计划"具体领域的治理进行了不少研究。其中,较具代表性的有:南非比勒陀利亚大学迈克尔·安德鲁·皮特(Michael Andrew Peet)对"非洲发展新伙伴计划"框架下便利商业发展的公私技术基础设施建设进行的研究[1],R. T. 奥鲁芬绍(R. T. Olufunsho)对农业综合发展计划(CAADP)框架下粮食安全问题的研究[2],玛卡里玛·巴贝尔瓦(Makalima Babalwa)对"非洲互查机制"(APRM)实施过程中女性角色问题的批判研究[3],伊曼纽尔·K. 维恩穆比(Emmanuel K. Ngwainmbi)对全球化和NEPAD视角下用善治沟通数字区隔问题的研究[4],莫尼塔·凯罗里森(Monita Carolissen)对"非洲发展新伙伴计划"框架下经济与公司治理的研究[5],等等。

2. 学术观点的多元化

经过十余年的学术探讨和积累,国外学术界对"非洲发展新伙伴计划"的研究在观点上呈现出多元化的特点。如果说国外学界对"非洲发展新伙伴计划"的多领域研究主要集中在实践和操作层面的话,那么学术观点上的分化则更具理论性、规范化。如前所述,在对"非洲发展新伙伴计划"具体问题领域的研究中,学者们存在着争论和分歧,有批判性的分析也有肯定性的评价。这种争论和分歧在理论和宏观层面则主

[1] Michael Andrew Peet, *The Role of the New Partnership for Africa's Development (NEPAD) in the Creation of Sustainable Public and Private Technical Infrastructure for Trade Facilitation*, Doctoral Dissertation to University of Pretoria, 2009.

[2] R. T. Olufunsho, *The New Partnership for Africa's Development (NEPAD) and Food Security-Reviewing the activities of the Comprehensive Africa Agriculture Development Programme (CAADP)*, MA Dissertation to University of Stellenbosch, March 2009.

[3] Makalima Babalwa, *A Critical Assessment of the Role of Women in the Implementation of the African Peer Review Mechanism (APRM) Exercise in Western Cape* 2007, University of the West Cape.

[4] Emmanuel K. Ngwainmbi, "Globalization and NEPAD's Development Perspective: Bridging the Digital Divide with Good Governance", *Journal of Black Studies*, Vol. 35, No. 3, Jan. , 2005, pp. 284 – 309.

[5] Monita Carolissen, *NEPAD: an Analysis of the Economic and Corporate Governance Initiative*, Verlag: LAP LAMBERT Academic Publishing GmbH & Co. KG, 2012.

要表现在内源发展观、外源发展观和治理理论三个方面。

第一，内源发展观。内源发展观是指将发展或不发展归因于地区内部因素的认识。具体到"非洲发展新伙伴计划"，关于非洲内部因素对其发展成功与否起到什么样的作用，以及"非洲发展新伙伴计划"能否促进非洲国家的整合与发展，学者们的认识并不统一。部分学者认为尽管非洲发展面临诸多内部不利因素，但"非洲发展新伙伴计划"在理念、机制上的创新与不断完善有助于非洲新世纪的发展。[①] 此外，也有相当一部分学者认为，"非洲发展新伙伴计划"在机制设计、理念、推动者和参与者等方面存在严重问题，难以使非洲克服发展的内部不利因素，实现真正的发展。[②] 其中，著名非洲问题学者伊恩·泰勒（Ian Taylor）教授的观点最具代表性，他认为，非洲独立后的新世袭主义（neopatrimonialism）政治是理解非洲发展问题的标准工具，"非洲发展新伙伴计划"的联合倡议者许多就是这种新世袭主义或独裁统治的代表，"非洲发展新伙伴计划"正是这些上层的非洲精英推动的（elite-driven），其严重缺乏市民社会的参与，在这种情况下，非洲很难实现预设的发展。[③]

第二，外源发展观。与内源发展观对应，持外源发展观的学者认为"非洲发展新伙伴计划"的成功与否主要取决于外部或者国际因素的影响。史基欧·艾瓦马迪（Chijioke Iwuamadi）的著作《21世纪的非洲发展新伙伴计划以及千年发展目标之挑战》以依附论为理论基底，对"非洲发展新伙伴计划"和"联合国千年发展目标"（MDGs）进行了研究。作者认为，"非洲发展新伙伴计划"和"联合国千年发展目标"都是非洲从西方国家接收的发展计划，其根源于西方现代化理论，是外部强加的，这加强了非洲对发达资本主义国家的依附。非洲领导人在实施自主发展方面

---

① Ishmael Lesufi, "South Africa and the Rest of the Continent: Towards a Critique of the Political Economy of NEPAD", *Current Sociology*, September 2004, Vol. 52, No. 5, pp. 809 – 829. John Mukum Mbaku, "NEPAD and Prospects for Development in Africa", *International Studies*, Vol. 41, 2004, p. 387. Eyobong Efretuei, *The New Partnership for Africa's Development: Emerging Conditions Impacting the Implementation Process*, Saarbrüchen: VDM Verlag Dr. Müller, 2009.

② J. O. Adésínà, Yao Graham and A. Olukoshi eds., *Africa and Development Challenges in the New Millennium: The NEPAD Debate*, London: Zed Books, 2005. Timothy Burke, "Misrule in Africa: Is NEPAD the Solution?" *Global Dialogue*, Summer 2004, 6, 3/4, pp. 37 – 47.

③ Ian Taylor, *Nepad: Toward Africa's Development or Another False Start*, Boulder: Lynne Rienner Publishers, 2005.

的低能将使"非洲发展新伙伴计划"成为非洲另一个不成功的发展尝试。[①] 也有学者从援助、发展理念等视角切入进行了类似的研究。[②] 伊恩·泰勒（Ian Taylor）教授在文章《非洲发展新伙伴计划和全球政治经济——非洲的世纪或者又一个错误开始?》中主要研究了非洲与西方国家特别是八国集团（G8）的关系问题，他认为"非洲发展新伙伴计划"是非洲领导人以所谓新自由主义、民主换取西方外部支持的产物，其发展理念需要符合西方国家的主张。而这种不平等的发展关系将阻碍"非洲发展新伙伴计划"宏伟目标的实现。[③]

第三，非洲的治理。实现非洲的治理是"非洲发展新伙伴计划"的基本目标，非洲治理的水平与成效是检验其成败的重要标准。然而在治理的规范形式、参与者等方面学界存在不同的价值判断。如果说"非洲互查机制"之政治治理（善治）以及其他具体领域的治理（农业、环境、文化、科技等）主要是由政府主导的治理的话，那么，由公民社会、非政府组织（NGOs）广泛参与的治理则更强调非政府行为体在"非洲发展新伙伴计划"决策与执行中的作用。前述《非洲互查机制：对概念和设计的评估》[④]《非洲发展新伙伴计划与非洲互查机制的生存：批判分析》[⑤] 等文章对"非洲发展新伙伴计划"缺乏市民社会参与的批判研究就是基于对治理的后一种理解。对"非洲发展新伙伴计划"与非洲治理的相关研究还有奥库姆·罗纳德·里根（Okumu Ronald Reagan）的论文《非洲

---

① Chijioke Iwuamadi, *NEPAD and the Challenges of Millennium Development Goals in 21st Century: A Critical Analysis of Modernization Prescription on Africa's Development*, Verlag: LAP LAMBERT Academic Publishing, 2010.

② Kwasi Anyemedu, "Financing Africa's Development: Can Aid Dependence be Avoided?" in J. O. Adésínà, Yao Graham and A. Olukoshi eds., *Africa and Development Challenges in the New Millennium: The NEPAD Debate*, London: Zed Books, 2005. Karo Ogbinaka, "NEPAD: Continuing the Disconnections in Africa?" *The Journal of Pan African Studies*, Vol. 1, No. 6, December 2006, pp. 4 – 27.

③ Ian Taylor, "NEPAD and the Global Political Economy: Towards the African Century or Another False Start?" in J. O. Adésínà, Yao Graham and A. Olukoshi eds., *Africa and Development Challenges in the New Millennium: The NEPAD Debate*, London: Zed Books, 2005.

④ Ravi Kanbur, "The African Peer Review Mechanism (APRM): An Assessment of Concept and Design", *South African Journal of Political Studies*, November 2004, Vol. 31, Issue 2, pp. 157 – 166.

⑤ Ross Herbert, "The Survival of Nepad and the African Peer Review Mechanism: A Critical Analysis", *South African Journal of International Affairs*, Vol. 11, Issue 1, Summer/Autumn 2004, pp. 21 – 38.

发展新伙伴计划与善治》①、SR. 凯姆·罗纳德·霍普（Kempe Ronald Hope）的论文《走向善治和可持续发展：非洲互查机制》②、玛斯派·赫伯特·玛瑟鲁姆（Mashupye Herbet Maserumule）的博士论文《非洲发展新伙伴计划中的善治：公共管理的视角》③ 等，这些成果主要从政治（政府）治理的角度对"非洲发展新伙伴计划"进行了相关分析。

总之，已有的关于非洲治理问题的研究成果多是对某一具体治理领域或某种具体治理模式（政府主导、多元参与等）的分析，很少有从宏观、整体层面对非洲治理问题进行分析的研究。而事实上，"非洲发展新伙伴计划"的设计和实施本身就内含有这样一种宏观或整体的对"非洲治理"的认识，这正是其对独立后非洲历史上各种发展计划进行总结和调整的表现。目前，学界对"非洲发展新伙伴计划"框架下非洲治理问题的宏观、系统研究是欠缺的。

（三）现有研究的不足

通过对文献的回顾和梳理，我们对国内外"非洲发展新伙伴计划"相关研究的情况形成了一个总体的认识。从研究的规模上看，国内对"非洲发展新伙伴计划"的相关研究十分稀少，尚没有对其进行集中研究的中文专著出版，论文形式的研究文献目前也只有十余篇。相比之下，国外的相关研究则十分丰富，十余年来积累了大量的各种形式的研究成果。从研究内容上看，国内对"非洲发展新伙伴计划"的相关研究主要是宏观层面的分析，且较多借助官方文件进行解读，学术观点相对集中。而国外的相关研究则表现出研究领域细化、学术观点多元化的特点。

通过文献比较不难发现，国内学界对"非洲发展新伙伴计划"的认识比较乐观，尽管还存在许多问题，但多数学者认为"非洲发展新伙伴

① Okumu Ronald Reagan, "NEPAD and Good Governance", *South African Journal of International Affairs*, Vol. 9, No. 1, Summer 2002, pp. 189 - 192.

② SR. Kempe Ronald Hope, "Toward Good Governance and Sustainable Development: The African Peer Review Mechanism", *Governance: An International Journal of Policy, Administration, and Institutions*, Vol. 18, No. 2, April 2005, pp. 283 - 311.

③ Mashupye Herbet Maserumule, *Good Governance in the New Partnership for Africa's Development (NEPAD): A Public Administration Perspective*, Doctoral Dissertation to University of South Africa, 10 June 2011.

计划"的作用值得肯定。国外的研究虽然比较多元化，但总体的认识相对悲观。总之，国内外现有的研究主要是"结果导向"的，并没有将"非洲发展新伙伴计划"看作一个（独立后非洲发展的）历史过程，或者是从非洲（国家）寻求发展（治理）模式调整的内涵上去理解它。作为一个历史过程的"非洲发展新伙伴计划"是非洲独立后发展历史的承接和延伸。事实证明，过分强调"主权独立"和盲目"对外依赖"对非洲的发展都造成了严重的负面影响。而"非洲发展新伙伴计划"则同时强调内部自主发展与外部平等伙伴的重要性，两方面的有机结合代表了非洲通过战略方向或发展模式调整寻求非洲发展与治理主动权的努力。"非洲发展新伙伴计划"对以往各项发展计划（战略）的继承、整合与调整，可以被看作是一个历史调试的过程。对"非洲发展新伙伴计划"的"过程导向"或"历史导向"的研究在国内外学界是欠缺的。

此外，作为一项综合发展战略，非洲治理是"非洲发展新伙伴计划"的重要目标。对"非洲发展新伙伴计划"治理层面的研究在国内是欠缺的，国外这方面的研究比较多，但其研究多受到西方新自由主义的影响，存在着意识形态偏颇。国外学者（尤其是西方学者以及受西方理论影响较深的非洲学者）多强调非洲治理中非国家行为体的作用，排斥政府的作用。然而回溯全球后发国家发展的历史可知，成功实现快速发展的后发国家无一不得益于政府在发展中的主导作用。因此，在强调非洲治理多元参与的同时，不应忽视、回避甚至排斥非洲国家和政府治理能力的建设和提高问题。另外，国外对"非洲发展新伙伴计划"治理层面的研究存在"国家治理"与"全球治理"之间的割裂，西方的研究很少从全球治理的视角对其进行研究。而事实上，"国家治理"和"全球治理"是"非洲发展新伙伴计划"的两个侧面，随着新兴大国合作机制与非洲关系的建立，这种全球治理的特征越发明显。"非洲发展新伙伴计划"框架下"国家治理"与"全球治理"的结合也是非洲寻求发展（治理）主动权的重要表现。

本书将在以上方面弥补现有研究的不足。

三　分析框架、概念界定与说明

宏观历史的演进及其内在逻辑关系是本书研究思路的基础。如果将独立后非洲发展的历史作为一个（宏观的）"历史时段"①，那么，新世纪以来"非洲发展新伙伴计划"的制定和实施则是这段历史的一个过程或进程。其运行于独立后非洲发展历史的"局势"（conjuncture）与"结构"中，承载了这一历史时段的内涵、逻辑，是历史的延续、继承与升华。

（一）思路与框架

1. 历史的研究思路

独立以来，非洲在国家层面、地区层面制定和实施过一系列的发展计划（战略）。这些发展计划（战略）旨在推进两项核心任务的完成，即主权的独立与国家的发展。在发展的意义上，主权是否独立主要表现在国家对自身经济发展的自主权上，具体化为国家的经济主权（经济独立而非依附）。主权（经济主权）与发展之间的动态关系可以成为我们观察、认识独立后非洲发展历史的重要透镜和框架，二者就像坐标的两轴，标定了独立后非洲发展的历史边界和大致方向。这一认识的得出，主要基于对独立后非洲发展历史的梳理与分析。

为了实现国家的真正独立与自主，1963 年，在泛非主义旗帜下，30个非洲独立国家的首脑在埃塞俄比亚首都亚的斯亚贝巴签订了《非洲统一组织宪章》，它的签订标志着非洲统一组织（非统）的诞生。非统的成立是非洲历史上具有里程碑意义的事件。它的成立表明了非洲国家捍卫独立成果并进一步争取非洲全面解放的决心，同时，也标志着非洲国家联合争取国家发展自主权的开始。成立后的很长一段时间内，由于当时严峻的政治、安全环境，非统难以从整体上规划非洲大陆的经济合作与发展问题。这一时期，在经济发展领域，非统做得更多的是协调非洲国家与其他第三世界国家在争取国际经济新秩序方面展开合作。1964 年，非洲国家与其他发展中国家共同推动召开了联合国第一次"贸易和发展会议"，会议对发展中国家关心的原料贸易和发展问题进行了专门讨论。20 世纪 70

---

① 法国年鉴学派代表人物布罗代尔（Fernand Braudel）将历史区分为短时段、中时段和长时段。短时段记录突发、偶然的事件；而中时段记录"局势"（conjuncture），长时段则呈现"结构"。后两者是人类历史比较稳定的内容。参见，Fernand Braudel, "History and the Social Sciences", in Peter Burke ed. , *Economy and Society in Early Modern Europe: Essays from Annals*, Routledge, 2005, pp. 15 – 18.

年代，发展中国家联合反对国际经济旧秩序的斗争渐入高潮。非洲国家作为一个整体在国际多边框架下参与起草了一系列重要文件和宣言，如1974年在联大第六届特别大会上获得通过的《关于建立新的国际经济秩序的宣言》和《行动纲领》，以及同年在第29届联大上获得通过的《发展和国际经济合作》决议等。此外，在非洲大陆层面，值得注意的是，尽管非统早期将主要精力放在了政治领域，但还是通过了一些以非洲为主体的发展宣言，如1973年在第十届非统首脑会议上通过的《关于合作、发展和经济独立的非洲宣言》，1976年非统部长理事会通过的《金沙萨宣言》，以及1979年在第16届非统首脑会议上通过的《蒙罗维亚宣言》等。以非统为主导的上述宣言的共同特点是将非洲贫困和发展缓慢的现实归因于外部环境，特别是不公正的国际经济秩序、非洲贸易条件的恶化以及世界性的经济衰退等因素，[1] 强调非洲国家"不断增强自力更生和自给自足能力"的重要性。[2] 这代表了非统和非洲国家在这一时期对自身发展（或不发展）问题的基本认识。

可以说，在20世纪中期，非统对非洲大陆整体的发展并没有形成明确的规划。已有的关于发展的文件、宣言只是对非洲发展的现实与前景、困难与条件、性质与手段等问题的判断和阐述。这一时期非洲的发展规划更多体现在国家层面发展战略的选择和实施上。非洲国家在取得独立后，选择了不同的发展道路，但为了确立国家对经济的主导，却施行了大致相似的过渡性经济政策。这些政策包括对前宗主国资产的国有化和民族化，对土地制度的改革以及对干部、技术人员的"本土化"和"非洲化"等。[3] 20世纪60年代中后期，为了改变单一的经济结构以及在世界经济体系中的边缘和依附地位，非洲国家普遍实施了"进口替代"（Import Substitution）工业化战略。这一战略在实施前期取得了比较明显的效果，非洲国家初步建立了一批基础工业，改善了就业情况。1960—1970年撒哈拉以南非洲国家的国内生产总值年均增长率达到了3.8%。然而，随着该战略的不断深入，严重的弊端显现了出来。国有企业效率低下、寻租、

---

①　罗建波：《非洲一体化与中非关系》，社会科学文献出版社2006年版，第89—90页。

②　《蒙罗维亚宣言》，参见唐大盾选编《泛非主义与非洲统一组织文选（1900—1990）》，华东师范大学出版社1995年版，第206页。

③　谈世中主编：《反思与发展：非洲经济调整与可持续性》，社会科学文献出版社1998年版，第12—16页。

腐败盛行、外债高企等问题严重阻碍了非洲的持续发展。20 世纪 70 年代，尽管非洲整体国内生产总值年增长率达到了 5.2%，[1] 但根据世界银行的统计数据，1970—1982 年，非洲总体的年人均 GDP 增长率仅有0.2%，其中，南部非洲（不包括南非）、中非地区、西非地区（不含尼日利亚）的数据都为负值。[2]

20 世纪 70 年代中后期，在非洲大陆民族解放运动取得巨大成功的同时，非洲经济出现了滑坡和衰退。因此，非统开始将其关注领域拓展到非洲发展问题上来。1980 年，第 16 届非统国家元首和政府首脑会议在尼日利亚首都拉各斯召开，此届非统峰会特别召集了一次由 49 个非统成员国参加的经济首脑特别会议，通过了《拉各斯行动计划》（LAP）。《拉各斯行动计划》是对上一年非统通过的《蒙罗维亚宣言》的具体化和再确认。《拉各斯行动计划》重申了"非洲国家推进集体的自力更生和自主发展以及经济一体化"的重要性。[3] 该计划为非洲发展拟定了"雄心勃勃"的目标，认为非洲国家必须从根本上改变殖民地时期遗留下来的单一经济结构，逐步摆脱对不公平的世界市场的严重依赖，争取国家发展的独立自主地位。虽然《拉各斯行动计划》表达了非洲国家摆脱依附状态、追求自主发展的雄心，但其各项规划却存在着脱离实际、缺乏重点的问题。非洲国家并不具备实施如此"宏大"计划的实力。事实上，《拉各斯行动计划》并没有得到有效执行，3/4 非洲国家为了获得援助资金，最终接受了世界银行和国际货币基金组织主导的"结构调整计划"（SAP）。[4]

"结构调整计划"在文本上由世界银行发表的一系列报告组成。1981年，世界银行发表了由其高级顾问、美国学者埃利奥特·伯格（Elliot Berg）教授起草的名为"撒哈拉以南非洲的加速发展：行动议程"的报

---

[1]　数据出自联合国非洲经济委员会（UNECA）:《为非洲发展和一体化服务的 25 年》，参见谈世中主编《反思与发展：非洲经济调整与可持续性》，社会科学文献出版社 1998 年版，第10 页。

[2]　Michael Hodd, *African Economic Handbook*, London: Euromonitor Publications Limited, 1986, p. 39.

[3]　《拉各斯最后行动方案》，参见唐大盾选编《泛非主义与非洲统一组织文选（1900—1990）》，华东师范大学出版社 1995 年版，第 218 页。

[4]　Chijioke Iwuamadi, *NEPAD and the Challenges of Millennium Development Goals in 21st Century: A Critical Analysis of Modernization Prescription on Africa's Development*, Verlag: LAP LAMBERT Academic Publishing, 2010, p. 13.

告（又被称为"伯格报告"）。该报告阐明了世界银行对非洲发展模式的态度，即反对《拉各斯行动计划》的大多数立场和措施，尤其对《拉各斯行动计划》将"国家"作为经济增长主引擎的观点表示反对。[①] 其后，世界银行又相继发表了《撒哈拉以南的非洲：关于发展前景和计划进展的报告》（1983 年）、《为撒哈拉以南非洲的持续发展而努力》（1984 年）、《80 年代非洲的调整和增长》（1989 年）、《撒哈拉以南非洲：从危机到持续增长》（1989 年）等四个专题报告。与此相对应，世界银行（WB）和国际货币基金组织（IMF）设置了一系列贷款，发放给接受"结构调整计划"的非洲国家。"结构调整计划"的核心思想来源于西方新古典经济学，其基本政策措施包括：农产品的市场化、国有企业的私有化、紧缩的财政政策与货币贬值以及贸易的自由化等。经过十余年的结构调整，非洲国家政府在经济发展中的重要性明显下降，市场机制发挥了主导作用。尽管不同形式的评估褒贬不一，但非洲国家的发展现实表明"结构调整计划"并不成功，甚至适得其反。联合国前副秘书长兼非洲经济委员会（UNECA）前执行秘书、非洲著名经济学家阿德巴约·阿德德吉（Adebayo Adedeji）教授不无讽刺地认为："（20 世纪）80 年代是非洲失去的十年（lost decade），比起殖民时代所有政策对非洲影响的总和，'结构调整计划'带来的灾难甚至更大。"[②] 事实上，多数非洲国家对"结构调整计划"并不认同，对它的接受主要迫于当时严峻的发展形势和外部压力。在发展问题上，非洲国家更加认同《拉各斯行动计划》的基本原则。在结构调整的进程中，非洲国家曾提出过《替代结构调整计划的非洲方案》（AAF-SAP）[③]。但由于资金落实等方面的困难，没有取得实质效果。21 世纪前夕，非洲在世界经济体系中的地位进一步边缘化了。

　　通过对 20 世纪非洲发展历史的简要回顾，可以发现过分强调自主发展（经济主权）与盲目依赖外部（西方）都没有使非洲摆脱不发展或依附的状态。为谋求真正的发展，2001 年，非洲统一组织第 37 届首脑会议

---

① World Bank, *Accelerated Development in Sub-Saharan Africa: An Agenda for Action*, Washington, DC: World Bank, 1981.

② Soludo, C. C., "An Evaluation of Structural Adjustment Programme in Africa: Issues, Methods and Consequences for Nigeria", in J. Onuoha et al (eds.), *Contemporary Issues in Social Science*, Enugu: Acena Publishers.

③ 替代方案主要包括非统组织提出的《1986—1990 年非洲经济复兴优先方案》和联合国非洲经济委员会（UNECA）提出的《替代结构调整计划的非洲方案》（AAF - SAP）。

通过了《非洲发展新伙伴计划》①。相较以往的发展计划,"非洲发展新伙伴计划"在基本理念、定位、与外部关系、(次)地区一体化、机制建设等方面表现出了新的特点。"非洲发展新伙伴计划"继续坚持"独立自主"的理念,同时也欢迎国际社会(特别是西方工业化国家)参与非洲的发展。与西方国家的关系是"非洲发展新伙伴计划"的核心,② 非洲希望将国际上,特别是西方,针对非洲的发展项目、计划整合进"非洲发展新伙伴计划"的框架中。"非洲发展新伙伴计划"不再像以往的发展计划(如"拉各斯行动计划")那样将非洲的贫穷落后主要归因于殖民统治及其遗产,而是直面非洲自身存在的种种问题。这种定位在具体操作层面表现为"非洲发展新伙伴计划"对次区域一体化的支持以及"非洲互查机制"(APRM)的建立、实施。此外,"非洲发展新伙伴计划"对"发展"的理解更加宽泛,更加符合"治理"的内涵。除了国家的发展(GDP)外,政治的发展(善治)、人的发展(教育、健康、女性权利等)、经济和环境的可持续发展等都成为"非洲发展新伙伴计划"关注的重点。进一步,在对"发展伙伴"的定义上,面对"计划"实施前期的批评和质疑,"非洲发展新伙伴计划"开始重视公民社会和非政府组织(NGO、INGO)的意见和作用。此外,随着新兴发展中大国的快速崛起,与这一国家群体加强合作被非洲国家和"非洲发展新伙伴计划"提上了新的认识高度。可以说,新世纪启动的"非洲发展新伙伴计划"集中表现出"宽领域、多主体"的治理特点。

2. 历史分析框架

历史事件的发生是零散的,历史进程的发展是系统的。这就要求我们在研究宏观问题时,辨析历史事件、理清历史脉络、发现历史的框架。通过历史回顾,我们发现独立后的非洲发展史围绕着"主权"独立(经济主权、自主权)与国家"发展"这对基本任务的动态关系展开。

如图 0 - 1 所示,在由"主权"和"发展"两条坐标轴线标定的独立

---

① 最初命名为"新非洲倡议"(New African Initiative, NAI)。该"倡议"是由南非、尼日利亚和阿尔及利亚三国提出的"非洲千年复兴计划"(Millennium Partnership for the African Recovery Program)与塞内加尔总统瓦德倡议的"奥米茄计划"(Omega Plan)合并而来的。2001 年 10 月"新非洲倡议"执行委员会首脑会议决定将"新非洲倡议"更名为"非洲发展新伙伴计划"(NEPAD)。

② Ian Taylor, *Nepad: Toward Africa's Development or Another False Start*, Boulder: Lynne Rienner Publishers, 2005, p. 10.

后非洲发展的历史中,以往的各项发展战略(计划)在"强调自主"与"对外依赖"之间摇摆,并没有使非洲摆脱依附和不发展的状态。虚线框定的"非洲发展新伙伴计划"代表了非洲国家通过内部治理与外部参与(全球治理)结合的方式实现非洲真正发展的努力。此外,在非洲的内部治理上,政府主导的治理模式(主要表现为政府能力的强化以及治理机制的完善)与发展导向的治理模式的结合也隐含在"非洲发展新伙伴计划"的框架中。这种表里兼修、内外互动的治理(发展)模式是"非洲发展新伙伴计划"相较历史上各发展计划的新特点。

本书将"非洲发展新伙伴计划"定位为一个历史过程(进程)。21世纪,"非洲发展新伙伴计划"框架下的非洲治理集中表现为其对历史上发展战略或发展模式(主权与发展的关系模式)的继承与调整。以独立后非洲发展的历史逻辑(摇摆、继承与调整)为基本思路、以"主权"与"发展"的动态关系为历史分析框架(视角),本书试图对新世纪非洲国家如何通过"非洲发展新伙伴计划"实现"非洲治理"的问题进行研究。

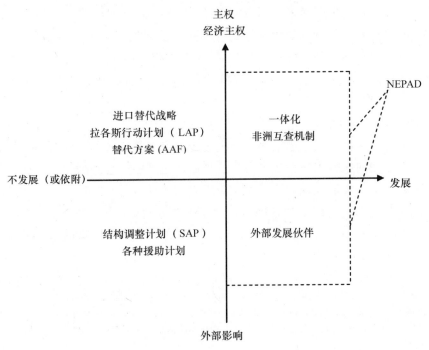

图 0-1 独立后非洲发展历史中的"非洲发展新伙伴计划"

（二）概念界定与说明

本书涉及的基本概念主要是"主权"、"发展"与"（非洲）治理"。以下对这些基本概念进行界定和说明，同时对它们之间的关系以及本书涉及的历史时段、历史内涵等问题进行澄清和特别说明。

第一，关于主权概念的界定与说明。主权是指一个国家处理本国对内对外事务的最高权力。独立性是国家主权的最基本属性，对本国（经济）发展的自主权是国家主权独立性的重要表现。[①]"非洲发展新伙伴计划"的制定和实施是独立后非洲发展历史的继承和延续，不能单纯地将其看作是一项发展战略或一系列发展（治理）机制。本书对"非洲发展新伙伴计划"的研究主要基于独立后非洲发展历史之"主权"与"发展"互动的视角和框架，因此，本书中的主权主要是指发展的自主权或经济主权。

第二，关于"治理"以及"非洲治理"概念的界定与理解。"治理"在形式上可以区分为政府主导的治理与市民社会等广泛参与的多元治理，在层次上主要可以分成国家治理与全球治理。本书对"非洲发展新伙伴计划"框架下的非洲治理并不做上述区分。"非洲治理"并不是单纯意义上的或上述任何一种单一维度的"治理"，而是在非洲意义上对治理概念的整合。事实上，在"非洲发展新伙伴计划"的框架中既包括如"非洲互查机制"（APRM）等主要由政府主导的治理机制，也存在公民社会、NGOs 等非政府行为体多元参与的改革压力。内部治理是非洲发展的基础，建立与外部伙伴的平等发展关系也是非洲寻求治理主动权的重要方面。在"非洲发展新伙伴计划"框架下，外部发展伙伴（包括新兴大国和各种国际经济机制）对非洲治理进程的参与正是全球治理的表现，是非洲导向的全球治理。因此，本书将"非洲治理"概括为，由内部与外部各种行为主体广泛参与的，实现非洲政治、经济、社会等全面发展的过程和状态。

第三，有关本书中（非洲）"发展"与"治理"关系的理解。二者在内容上有相当的重合，均涉及非洲经济、政治、社会各方面的不断进步与完善。然而，"治理"概念相较"发展"概念在内涵上更多地强调（内

---

① 刘青建：《当代国际关系新论——发展中国家与国际关系》，清华大学出版社 2004 年版，第 105—110 页。

外）不同主体的参与，以及具体的运作机制；在外延上，"治理"概念涉及的问题领域也更加广泛。"非洲发展新伙伴计划"特别强调"治理"对非洲发展的重要意义。[①] 在其战略框架下，"发展"更多地代表了一种"话语"的历史延续，相对抽象，而治理内涵则更贴合新世纪"非洲发展新伙伴计划"的设计与运行的实际。因此，在行文时，尤其是在对新世纪以来"非洲发展新伙伴计划"的分析中，本书更多使用"治理"的概念。还需要强调的是，本书将"非洲发展新伙伴计划"视为独立后非洲发展历史的继承和延续。在过程主义的研究视角下，本书并不寻求对新世纪非洲的"发展"与"治理"进行静态（成效）评估，而是侧重于考察其历史继承与调整的进程。因此，本书是对"非洲发展新伙伴计划"与非洲治理的"进程分析"，而非"成效评估"。

第四，关于研究时段以及历史内涵的界定和说明。"非洲发展新伙伴计划"制定于2001年，21世纪后的这十余年是本书研究的重点时段。如果将"非洲发展新伙伴计划"看作独立后非洲发展的一个历史过程，并考察其历史逻辑（继承与调整）的话，那么，本书的研究时段就不能只限于21世纪以来的非洲发展历史。20世纪中后叶非洲发展的历史也是本研究不可忽视的背景时段。此外，本书对独立后非洲发展（治理）历史的考察以非洲（国家）制定和实施过的各项发展战略为主线，以（经济）"主权"和"发展"的互动、调整为历史分析的视角和框架。因此，本书要考察的非洲发展与治理的历史是由非洲各主要发展战略（计划）贯穿起来的历史。

四　框架结构与主要观点

本书的章节结构根据前述独立后非洲发展之"主权—发展"的历史框架展开。依据这一历史（分析）框架，在研究逻辑或行文顺序上，本书对独立后非洲（国家）制定或实施的一系列发展战略进行"由远及近"的分析，以研究"非洲发展新伙伴计划"在战略方向、实践操作等方面对历史的继承与调整问题。本书的框架结构与主要观点如下：

---

① 《非洲发展新伙伴计划》，http：//www. nepad. org/2005/files/documents/inbrief. pdf。

（一）框架结构

本书主要由导论、正文和结论三部分构成。正文部分共分为五章。各章的安排或布局为研究新世纪的"非洲发展新伙伴计划"服务，其逻辑关系如下：第一章既是对背景的分析，又是对非洲发展的历史逻辑及其历史分析框架的提炼。基于这一历史分析框架，其后各章以"总—分—总"的形式分别分析了"非洲发展新伙伴计划"的宏观战略（第二章）、非洲治理的内、外机制（第三、四章）以及非洲治理的模式问题（第五章）。

第一章历史进程：独立后非洲的发展战略，通过对 20 世纪后半叶非洲（国家）制定和实施的一系列重要发展战略的分析，提炼出由"主权"与"发展"构成的历史分析框架。第一节按时间顺序分析独立初期非洲（国家）制定或实施的三项主要发展战略。其中，过渡时期经济政策和进口替代工业化战略主要在国家层面实施，而《拉各斯行动计划》是非洲国家在地区层面制定的第一个发展战略。三者的共同特点在于其都强调战略方向上的内向、自主之于发展的重要性。第二节从背景、战略方向以及影响等方面集中分析 20 世纪 80 年代"结构调整计划"在非洲的实施问题。基于对独立前后非洲发展历史主题的分析，第三节提炼出"主权—发展"的分析框架。基于这一历史分析框架，本节认为，独立初期非洲的一系列发展战略在过度追求自主与盲目对外依赖之间摇摆，在战略方向上发生了转向甚至断裂，并没有能够探索出一条引领非洲走向发展的道路。

第二章为继承与调整：新世纪的"非洲发展新伙伴计划"。本章对"非洲发展新伙伴计划"进行宏观分析。基于"主权—发展"之历史分析框架，发现并分析"非洲发展新伙伴计划"对于以往发展战略之继承与调整的历史特征问题。第一节对"非洲发展新伙伴计划"的制定背景、制定过程、主要内容及其机制安排进行分析、说明。第二节主要从思想基础以及战略方向上对"非洲发展新伙伴计划"进行分析。非洲复兴思想与新自由主义理论是"非洲发展新伙伴计划"的思想基础，其理念对"非洲发展新伙伴计划"的制定产生了重要影响。第三节首先在宏观战略层面分析"非洲发展新伙伴计划"对以往发展战略之继承与调整的性质；进而，在（战略的）操作层面讨论"非洲发展新伙伴计划"之治理内涵。新世纪的"非洲发展新伙伴计划"代表了非洲的发展问题在治理意义上的延伸。此外，本章对"非洲发展新伙伴计划"在背景、内容、战略方向以及治理内涵的整体（宏观）分析，将传统的非洲发展问题正式与新世纪的非洲治理问题衔接起来，为其后各章对以"非洲发展新伙伴计划"为代表的非洲治理问题展开具体研究做好铺垫。

第三章是内部治理：一体化、互查机制与地区动力。本章对非洲的内部治理问题进行分析。非洲的内部治理或内部机制的建立和完善是"非洲发展新伙伴计划"的重要方面。一系列治理机制的建立和完善为新世纪非洲的发展提供了基础保障。本章第一节集中分析以次地区经济组织为基石的非洲一体化进程中的机制（制度）合理化问题。长期以来，次地区经济组织的严重交叠对非洲一体化进程产生了巨大的（负面）影响。本节运用"制度互动"的理论透镜，观察非洲的经济一体化从制度（机制）间无序互动到合理化调整的过程，并特别对"非洲发展新伙伴计划"在其中发挥的作用进行分析。第二节集中对"非洲发展新伙伴计划"框架下的非洲互查机制进行分析。非洲互查机制是独立后非洲发展战略中第一个负责治理责任与监督的专门机制，其建立与运作为非洲发展之良好内部环境的营造提供了机制化的保障。第三节主要分析非洲内部治理的动力问题。与国际上（特别是欧洲或欧盟）较成熟的治理实践不同甚至相反，非洲内部治理的动力是地区倒逼形成的。相较于非洲国家低下的治理条件，非洲地区层面的治理机制具有"超前性"。以"非洲发展新伙伴计划"为代表的非洲地区层面之治理机制的制定、运作和完善对非洲国家层面治理的发展形成了推动力或压力。由此，本书认为，非洲内部治理的生成是地区驱动的。

第四章外部参与：非洲导向的全球治理，集中对非洲治理的外部参与问题进行分析。外部的参与或影响一直以来都是非洲发展进程中无法回避的基本方面，是影响所有非洲发展战略之原则、方向与实践的关键因素。在对外部参与的态度上，"非洲发展新伙伴计划"对以往的非洲发展战略进行了调整与规范，将其整合进了新世纪非洲治理的机制化框架。这样，外部对新世纪非洲发展的参与带有了全球治理的内涵。本章第一节以八国集团为例，从对非联系的常态化、议题设置的进程化以及机制的建设与完善三个方面分析西方与非洲关系的机制化问题。经过长时间的发展，以八国集团为代表的由西方主导的全球治理机制在对非关系上形成了比较完善的制度安排。尽管八国集团在对非承诺的兑现程度上并不理想，但是其对非关系机制化的经验值得发展中国家及其主导的新兴机制重视和借鉴。第二节主要从历史和现实两方面回顾、分析发展中国家（南方国家）国际机制与非洲关系的发展和演进问题。其中，新兴发展中大国主导的新兴机制与"非洲发展新伙伴计划"之间开展的机制间合作（互动）是南南合作新的生长点。第三节对南北合作中的非洲议题进行分析。本节主要关注"海利根达姆进程"（G8＋5）和二十国集团框架下非洲发展议题的演进问题，其对"非洲发展新伙伴计划"的态度、支持措施等是分析重点。第四节集中分析中国与非洲合作关系的演进问题。半个多世纪以来，中国与非洲（国家）始终保持着良好的合作关系，然而，这种合作关系在不同的时代背景下表现出不同的特点和内涵。进入 21 世纪，中非在发展领域的合作加速发展，特别是"中非合作论坛"的建立与运作为中非合作搭建了机制化平台。随着"中非合作论坛"的不断完善，其与"非洲发展新伙伴计划"之间的合作也得到了发展，逐渐成为中非在发展领域合作的新亮点。非洲的发展既是地区性问题又是全球性问题，外部对非洲发展的机制化参与是非洲导向的全球治理的重要体现。

　　第五章非洲治理的主动权：进程与模式，主要分析非洲治理的过程性以及非洲治理之过程（进程）与模式的关系问题。以"非洲发展新伙伴计划"为代表的治理实践，经过十余年的发展初步形成了非洲治理模式的雏形。"非洲发展新伙伴计划"的机制化、进程化及其承载的非洲治理模式的初步形成是新世纪非洲寻求发展和治理主动权的体现。本章第一节以"非洲发展新伙伴计划"并入非盟框架的历程以及非洲农业发展议题的进程化（非洲农业综合发展计划的制定和实施）为例，对非洲治理的过程性问题进行专门探讨。第二节探讨非洲治理的"政府主导"和"发展导向"问题，非洲治理模式的雏形即以此为基本特征。第三节以"联合国千年发展目标"的兑现问题为线索，对非洲治理的过程与模式的关系问题进行分析。"千年发展目标"内含的价值以及其具体量化指标对非洲治理模式的完善和治理进程的制定产生了重要的影响。一系列具体治理进程的制定和实施承载着治理模式的雏形，而治理模式的不断完善也进一步规范、形塑了具体治理进程的实践。尽管根据"千年发展目标"的量化指标，截止到 2015 年，非洲未能兑现"目标"，但是，如果用更加开放的心态进行观察，"千年发展目标"对非洲治理之进程与模式的巨大影响无疑是另一种意义上的成功。以"非洲发展新伙伴计划"为代表的非洲治理之进程与模式互构的过程主义哲学预期了非洲在新世纪实现真正发展的希望。

（二）主要观点

本书并不像既有的多数研究那样寻求对"非洲发展新伙伴计划"的实施效果进行某种形式的评估（但也不排斥必要的评估），而是将其定位为独立后非洲发展历史中的一个过程或进程，主要表现为非洲国家对独立后制定和实施过的发展战略（模式）的继承和调整。本书的主要观点如下：

第一，"非洲发展新伙伴计划"不仅是发展计划的文本或发展机制的集合，更是对历史上一系列发展战略（模式）继承与调整的过程，这个过程代表了非洲国家寻求发展与治理主动权的努力。独立后的非洲发展史，从国家层面的过渡性经济政策、进口替代战略到地区层面的"蒙罗维亚宣言""拉各斯行动计划"，再到其后的"结构调整计划"，非洲的发展陷入"从封闭到依附"的怪圈。如果将"非洲发展新伙伴计划"置于独立后非洲发展的历史中进行观察，其作为一个历史过程对以往发展战略的继承与调整、改革与创新的脉络就显得格外明晰。

第二，以"非洲发展新伙伴计划"为代表的非洲治理是非洲内部治理与非洲导向的全球治理的有机整合。在战略方向上，"非洲发展新伙伴计划"在继续坚持自主发展的同时，欢迎外部对非洲发展的参与。与此相应，在战略操作层面，"非洲发展新伙伴计划"通过一系列治理机制、进程的建立和实施为内外多元主体的参与提供了机制化的平台。具体来说，内部治理机制的建立、完善为新世纪非洲的发展营造了较好的环境和条件，而外部（国家、国际机制）在"非洲发展新伙伴计划"框架或原则下的参与则为非洲的发展注入了活力。"非洲发展新伙伴计划"对内外治理因素的规范和整合代表了非洲（国家）新世纪探寻发展与治理主动权的努力。

第三，非洲治理带有明显的过程性特点，其进程与模式是相互建构的关系。这种非洲治理的过程主义哲学主要表现为，"非洲发展新伙伴计划"框架下的具体治理进程承载了初现雏形的非洲治理模式，而非洲治理模式的不断完善也进一步形塑、规范了新的治理进程的制定和实施。经过十余年的实践，以"非洲发展新伙伴计划"为代表的非洲治理表现出了比较明显的非洲特色。这种立足于本土发展经验（教训）和客观现实的战略选择是非洲国家寻求发展和治理主动权的最新实践，初步形成了"发展导向—政府主导"的非洲治理模式。

第一章

历史进程:独立后非洲的发展战略

全球共同发展的诺言并没有兑现，这一点，非洲比其他大洲感受更为明显。事实上，一系列的发展战略给这个大洲带来的不是经济状况的改善，而是经济的停滞以及相比其他地区而言更易受到工业化国家经济和社会危机的侵害。

——《拉各斯行动计划》第 1 款

第二次世界大战结束后，非洲大陆上的独立运动风起云涌。20 世纪 60 年代，非洲人民争取独立的斗争进入高潮，仅 1960 年，就有 17 个非洲国家获得独立，这一年被称为"非洲独立年"。独立后，摆在非洲国家面前的最紧迫任务是维护主权独立和谋求国家发展。主权独立是实现国家发展的前提条件，而国家的快速发展也为主权的独立奠定了必要基础。正是认识到这一点，独立后的非洲国家在国家层面和地区层面制定和实施了一系列的发展计划（战略），取得了一定的成绩，但也产生了不少的问题。历史证明，20 世纪后半叶，非洲国家并没有处理好"主权独立"与"国家发展"之间的关系，在不同的发展计划（战略）之间摇摆，未能找到适合自己的发展道路。

第一节　追求自主的发展

独立伊始，非洲人民沉浸在当家做主的喜悦中，非洲国家对尽快摆脱殖民经济桎梏、实现独立自主的发展有着比较乐观的预期。国际上，苏联等社会主义国家的发展经验对非洲国家起到了鼓舞和示范作用，加之当时主流发展理论的影响，独立初期多数非洲国家选择了相对"内向"的发展战略。这一时期，国家（政府）在发展中占有主导地位，此时制定和实施的发展计划（战略）强调独立自主的重要性。

一　过渡时期的发展政策

独立后，非洲国家选择了不同的发展道路，主要有"社会主义道路"①、"自由资本主义道路"和"有计划的资本主义模式"等。尽管各国在"道路""模式"的选择上不尽相同，但在具体的政治、经济政策（战略）的制定和实施上，却有很多相似之处。总体来说，独立初期，各国都采取了带有过渡性质的政治、经济政策，这是由其面临的相似发展形势决定的。过渡时期的发展政策对日后非洲发展战略的选择也产生了重要的影响。

"过渡时期"主要是指独立后非洲国家摆脱殖民体制、寻求独立自主发展道路的最初阶段。由于非洲各国独立的时间不一，"过渡时期"难以划分为一个明确、具体的时间段，但每个国家都经历了这样一个历史时期。对这一时期进行观察，需要注意两方面问题：一是在非洲国家独立前夕，殖民地发展的基本形势和特征，其对非洲的发展产生了何种影响；二是非洲国家独立后，对历史遗留的殖民体制的态度、相应的政策和后续影响是什么。

（一）独立前夕殖民地发展的基本形势及其影响

公元 1415 年，葡萄牙殖民者占领摩洛哥休达城，自此，西方对非洲的殖民掠夺揭开了序幕。1884—1885 年，西方列强召开瓜分非洲的"柏林会议"，英、法、德、比、葡等 15 国协调了彼此在非洲的利益，通过了《最后议定书》。从此，殖民列强"有法可依"地在非洲大肆扩张，极大地加速了瓜分非洲的进程。第一次世界大战结束至第二次世界大战前夕，在经济上，非洲的殖民地化已经基本完成。上述关键历史节点串联起了非洲逐步丧失自主发展权，沦为殖民附庸的历史进程。到独立前夕，殖民列强对非洲的殖民统治已经形成了比较完整的体系，殖民地的经济在投资方向、产业结构（布局）、政策设计等方面都以宗主国的利益为导向和

---

① 从 20 世纪 50 年代开始，非洲先后有 23 个国家宣称走"社会主义"道路。但需要指出的是，多数非洲国家宣称的所谓"社会主义道路"主要是对社会主义国家发展模式的模仿，意识形态上与科学社会主义不同，实质上是一种经济民族（国家）主义或带有非洲特色的传统村社式的社会主义，如坦桑尼亚前领导人尼雷尔提倡的"乌贾玛（Ujamaa）社会主义"等。

依归。

　　长期的殖民掠夺和殖民统治遏制了非洲生产力的正常发展,使非洲经济始终徘徊在比较低的发展水平上。独立前,农业在非洲经济中是绝对的"第一产业",工商业尚处于萌芽阶段,极不发达。据统计,独立前夕,非洲国家农业人口占总人口的比例在中部非洲为70%,法属赤道非洲和肯尼亚为74%,比属刚果为79%,尼日利亚为85%,尼亚萨兰为89%,冈比亚和乌干达更是高达98%。[①] 严重失衡的产业结构加之低下的(农业)生产力水平使非洲国家和人民极端贫困。至1960年,撒哈拉以南非洲的国民生产总值仅为172.3亿美元,人均年收入仅为110美元,许多国家甚至还不足100美元。根据联合国的统计,至1960年,非洲人均年收入最高的国家是毛里求斯,为232美元,最低的国家为埃塞俄比亚,仅为30美元。[②]

　　尽管在殖民统治下非洲整体的经济发展水平十分低下,但需要指出的是,独立前,在一些特定的时期、特定的生产部门和领域中,非洲仍取得了一定程度的发展。两次世界大战期间,西方国家的经济受到战争的极大冲击,为了填补战争的巨大消耗以及加快战后经济的恢复,西方国家加紧将非洲殖民地纳入自己的战略轨道。两次大战期间,西方宗主国一方面加紧在非洲"建章立制","规范"殖民地的农业生产,另一方面,不断加大对非洲矿业的开发力度。与此相关,交通等基础设施领域的建设速度也得到了提升。

　　在农业方面,两次世界大战之间,殖民当局通过经济、行政、强制等各种手段将非洲农业锁定在单一(或几种)经济作物种植的生产轨道上。这一时期,非洲的咖啡、可可、花生、烟草等几种重要经济作物的产量增长了2—5倍,其占世界总产量的比例也有所上升。到第二次世界大战前,非洲生产的几种主要农产品在全世界的总产量中已经占到了相当高的比例,其中,棕榈仁占世界总产量的97%,丁香占90%,棕榈油占70%,西沙尔麻占70%,花生占60%,可可占65%,甘蔗占58%,芝麻

　　① 　J. C. De Graft-Johnson, *An Introduction to the African Economy*, Bombay, 1962, p. 56.

　　② 　United Nations, *Department of Economic and Social Affairs-Economic Survey of Africa Since* 1950, New York, 1959, p. 15.

占 47%。①

在工矿业方面，宗主国和殖民当局在原有矿区的基础上加大了对新矿区的投资和开发力度，两次世界大战之间，非洲的煤、铁、铜等战略物资的产量都有了较大的增长。以煤炭为例，到一战结束时，尼日利亚煤炭年产量接近 19 万吨，南罗德西亚万基的年产量达 50 万吨，同期南非奥兰治的年产量已达近百万吨。② 在二战期间，非洲的矿业又有了明显的发展。1938—1942 年，撒哈拉以南非洲的铜产量由 40 万吨增至 45 万吨，锡产量从 2.1 万吨增至 3.1 万吨，铬矿石产量从 17.2 万吨增至 32.8 万吨，锌矿产量从 3 万吨增至 3.8 万吨。③ 第二次世界大战结束后，由于西方国家战后恢复的需要，加之宗主国殖民地发展计划的实施，非洲工矿业又得到了一定程度的发展，据统计，1948—1960 年，非洲采矿业和制造业增长率分别达到了 6.7% 和 7.4%。④

在基础设施领域，为了便利农产品和矿产资源的运输，两次世界大战之间各宗主国都明显增加了在殖民地交通等基础设施领域的投资。比属刚果对铁路建设的投资从 1920 年的 4.8 亿金法郎（gold francs）增加到了1935 年的 5.35 亿金法郎，铁路总里程从 1940 公里增长到了 2410 公里。法属西非在 1921—1934 年建成铁路 550 公里，其中，1926—1934 年铁路建设投资达到了 5.2 亿法郎。⑤ 此外，非洲的港口建设在两次世界大战间也有了比较快的发展，除了原有的港口得到扩建和改进外，非洲又修建了苏丹港、吉布提港、科纳克里（Conakry）港、塔科拉迪港（Takoradi）等 10 余座新港。⑥

上述事实表明了非洲经济殖民地化的三个基本特征：第一，独立前

---

① 谈世中主编：《反思与发展：非洲经济调整与可持续性》，社会科学文献出版社 1998 年版，第 7 页。

② 舒运国、刘伟才：《20 世纪非洲经济史》，浙江人民出版社 2013 年版，第 31 页。

③ 葛佶主编：《简明非洲百科全书（撒哈拉以南）》，中国社会科学出版社 2000 年版，第323 页。

④ P. L. Wickins, *Africa, 1880 – 1980: An Economic History*, Cape Town: Oxford University Press, 1986. 参见谈世中主编《反思与发展：非洲经济调整与可持续性》，社会科学文献出版社 1998 年版，第 9 页。

⑤ Boahen, Adu A., *General History of Africa VII: Africa under Colonial Domination 1880 – 1935*, Unesco, 1985, pp. 378 – 379.

⑥ 舒运国：《试析非洲经济的殖民地化进程（1890—1930）》，载《世界历史》1991 年第 1 期，第 51 页。

夕，非洲的整体经济（发展）受到抑制，经济水平十分低下，但在特定领域和部门有了一定程度的发展；第二，独立前得到较快发展的部门和领域都由宗主国直接选定，其发展以宗主国的利益为导向；第三，特定部门或领域的发展导致非洲经济结构的单一化和初级化。

经济的殖民地化抑制了非洲经济、社会的正常发展，即便特定部门和领域有所发展，却并未给非洲国家和人民带来福音。在农业领域，经济作物种植的片面发展严重影响了粮食作物的生产。这种畸形的农业生产结构延伸到独立后非洲国家的农业生产中，成为粮食危机频发的重要原因。在矿业及交通运输部门，如前所述，为了便利矿石运输，殖民当局修建了大量公路和港口，建设资金的主要来源是宗主国的贷款。因此，与矿业和运输部门发展相伴随的是殖民地债务的节节攀升。一战后，1913 年，英属殖民地（不含南非）的债务利率为 3.5%，到 1932 年时提高到 4.85%，个别地区则高达 6%。1928 年，比属刚果债务本息占其收入的 20%，到 1933 年时已高达 50%；在法属赤道非洲和法属西非，债务本息分别占其总收入的 80% 和 1/3。[①]

非洲经济的殖民地化是一个长期的历史过程，是西方殖民列强长期推行殖民主义的历史结果。如前所述，特定的时代和历史事件对非洲殖民地经济格局的形成起到了关键的推进作用。尤其是在两次世界大战之间，宗主国的战时政策直接导致非洲经济殖民地化的最终完成。二战后，非洲各殖民地纷纷取得独立，如何以政治独立为基础进一步推动经济的独立，并最终掌握自身发展的主导权成为非洲国家需要解决的关键问题。

（二）过渡时期的经济政策及其影响

独立伊始，新生的非洲国家面临方方面面的难题和挑战，其中，如何有力地维护"主权"并尽快地实现"发展"，是众多难题和挑战中最基础、最关键的两个。在发展的意义上，国家的主权主要表现为国家对经济发展的自主权，具体化为经济主权；在主权独立的意义上，国家的发展主要表现为其成果或收益最终由本国及其人民享有，强调的是发展的目的和归属。1961 年召开的第三届"全非人民大会"的决议中指出，"享有完全

---

① P. L. Wickins, *Africa, 1880 – 1980: An Economic History*, Cape Town: Oxford University Press, 1986, pp. 143 – 144. Boahen, Adu A., *General History of Africa VII: Africa under Colonial Domination 1880 – 1935*, Unesco, 1985, p. 356.

政治独立的国家，必须以获得经济独立来保卫与巩固它"，必须"消除殖民主义和新殖民主义的经济基础以及同时建设本国的民族经济"①。

尽管独立后非洲国家选择了不同的发展道路或模式，但却面临着相似或共同的深层次发展矛盾、困难和挑战。显然过渡时期经济政策无法有效对其加以应对和解决，但却在以下三方面打下初步基础：

第一，解决外国资本问题，建立本国主导的经济。独立前，宗主国掌控着非洲殖民地的经济命脉。独立初期，这一局面并没有得到实质性改变，非洲国家的经济支柱产业仍然控制在宗主国手里。为了改变这一现状，非洲国家采取了一系列措施。

宣称走"社会主义道路"的非洲国家实施了比较广泛的国有化政策。非洲最早取得独立的国家加纳，于 1961 年底放弃了实施不久的"五年计划"，为建设"社会主义"制定了《七年发展计划（1963—1970）》。该"计划"强调国家对经济的控制，国家对私营经济、外资经济进行直接接管或限制。1958 年，获得独立的几内亚，开始在艾哈迈德·塞古·杜尔（Ahmed Sekou Toure）的领导下探索"社会主义"发展道路。独立伊始，几内亚就对法国控制的矿山、铁路和工厂实施了大规模的国有化，并于 1960 年宣布退出法郎区。

奉行资本主义的非洲国家采取了比较灵活的政策，没有对外国资本强制实施国有化。然而多数国家仍强调国营和合资经济的重要性，并通过一定程度的国家（政府）干预和计划谋求经济发展的主导权。例如，科特迪瓦奉行资本主义但"不排斥计划和干预"，喀麦隆推行了"统一平衡发展战略"，博茨瓦纳则实施了《过渡时期社会和经济发展计划》。实际上，在过渡时期，非洲多数"资本主义"国家实践的是一种"混合经济模式"。通过一定程度的"干预"和"计划"，在这些国家，国营、合营经济的比重较独立前有了较大的提高。② 根据联合国的统计资料，1960—1976 年，撒哈拉以南非洲国家共接管了 628 家外国企业，占全球 71 个被

---

① 第三届"全非人民大会"于 1961 年在埃及首都开罗举行，会议通过了《关于改组结构和消除殖民主义残余的决议》和《关于经济问题的决议》两个文件。参见《第三届全非人民大会文件汇编》，世界知识出版社 1962 年版，第 320 页。

② 舒运国、刘伟才：《20 世纪非洲经济史》，浙江人民出版社 2013 年版，第 80—99 页。

调查发展中国家接管外资企业总数的 43.4%。[①]

第二，实施土地制度改革。独立前，非洲国家的土地分配极不合理。一方面殖民列强通过强制和订立"法律"等手段强占了大量黑人原住民的土地，建立起由白人经营的庄园。另一方面，传统的土地分配制度造成严重失衡的土地占有格局。在北非，封建地主占据了大量的土地，在撒哈拉以南非洲，部落酋长在土地分配上占有绝对优势。不合理的土地分配制度限制了非洲农业的多样化发展，导致占人口多数的农民生活极端贫困。独立后，非洲国家通过实施农业部门本地化、大型农场建设以及定居计划等政策使农村生产关系发生了一定的变化。非洲的土地制度改革最先起始于北非国家埃及。1952 年纳赛尔革命后，埃及先后于 1952 年、1961 年和 1969 年颁布了三个土改法令，用十多年时间完成了土地改革。到 20 世纪 60 年代末，拥有土地 20 费担（埃及土地单位，1 费担等于 6.3 亩）以下（含 20 费担）的农户占全国农户总数的 99.7%，其所占耕地占全国耕地总面积的 87.4%。[②] 在撒哈拉以南非洲，根据不同情况，各国对土地制度的改革或对土地分配的调整在方式和程度上有所不同。坦桑尼亚、几内亚、马里等国对白人占有的土地实行了大规模国有化。其中，坦桑尼亚还在土地制度改革的基础上施行了以"乌贾玛村"为生产单位的农业集体化。而在有较多白人定居的国家，如肯尼亚，津巴布韦、刚果等国，土地调整和分配制度改革进行得比较温和。以肯尼亚为例，独立后，肯尼亚政府的"安置计划"将 50 万人迁移到原来由白人占有的 150 万英亩土地上，白人土地有所减少。但是为了保护大规模农场的完整性，肯尼亚政府还是将 80% 的"白人高地"（white highlands）[③] 保存了下来（参见表 1 – 1）。肯尼亚政府在土地分配制度的改革中不得不在现代化的白人大农场与贫困、无地的黑人农民之间进行某种妥协和权衡。综上所述，尽管仍存在着种种问题，但独立后非洲各国对土地制度的改革还是在相当程度上改变了原有不合理的分配格局，客观上推动了非洲国家农业发展自主性的提高。

[①]　谈世中主编：《反思与发展：非洲经济调整与可持续性》，社会科学文献出版社 1998 年版，第 13 页。

[②]　王京烈：《埃及的小土地所有制及其对农业发展的影响》，载《西亚非洲》1989 年第 4 期，第 17 页。

[③]　主要分布在内罗毕以北的高原地带，占肯尼亚国土面积的 18%，是该国自然条件最优越的地区。肯尼亚独立前，这一地区大部分土地被白人占作农场和种植园，因此被称为"白人高地"。

表1-1   肯尼亚大型农场规模分布的变化

农场面积（公顷）	1954 年		1971 年	
	农场数	占总数的比率（%）	农场数	占总数的比率（%）
49 及以下	467	14	741	23
50—399	1162	37	1253	40
400 及以上	1535	49	1182	37
总计	3164	100	3175	100

资料来源：S. E. Migot-Adholla, "Rural Development Policy and Equality", in Joel D. Barkan and John J. Okumu ed., *Politics and Public Policy in Kenya and Tanzania*, New York: Praeger Publishers, 1979, p. 161.

第三，推进国家管理、教育等的"本土化""非洲化"。独立前，殖民地主要公、私部门和技术性岗位都由白人占据，黑人主要从事低级办事员工作，很少有黑人担任高级管理职位。独立后，一部分前宗主国撤走了白人管理人员和技术人员，致使许多非洲国家在政治、经济的运转上出现了严重困难。为了应对这一问题，非洲国家采取了一系列措施，锻炼和培养本国人才以促进国家管理等方面的本土化。经过一段时间的调整，非洲国家管理、技术等岗位的本土化比例有了明显提高。以科特迪瓦为例，1973 年科政府推出了"资本和干部的科特迪瓦化"政策，到 1978 年时，本国人担任高级管理职务的比例达到 22%，担任中级管理职务的比例提高到 52.2%，一般管理职务的本国化更是达到 72%。[①]

与此相关，独立后，非洲国家在教育、人才培养等方面也加大了本土化、非洲化力度，取得了一定的成绩。1961 年 5 月，联合国教科文组织（UNESCO）在埃塞俄比亚首都亚的斯亚贝巴召开会议，集中讨论了非洲国家的教育体制等问题，并通过了"亚的斯亚贝巴非洲教育发展计划"。非洲国家在本次会议上规划了本土学校在入学率方面的量化指标，并强调新的教育应在教材使用、课程设置、教师配备等方面实现"非洲本土化"。非洲国家希望通过对教育的支持与改革，为非洲全面、自主的发展储备智力资源。可以说，独立后，非洲国家在教育方面的投入和改革取得

———————————

① 谈世中主编：《反思与发展：非洲经济调整与可持续性》，社会科学文献出版社 1998 年版，第 14 页。

了一定的成绩。根据联合国教科文组织 1982 年的数据,非洲初、中、高三级教育的整体招生率(各国并不平衡)均呈上升趋势。[①]

非洲国家通过"过渡时期"一系列政策、措施的实施,初步扭转了国家经济(发展)完全"受制于人"的局面,迈出了寻求自主发展征途上的第一步。总体来说,非洲国家在过渡时期的政策致力于提高发展的"自主性",重视"国家干预"以及"发展计划"的作用。这种带有"干预"和"计划"性质的发展政策所产生的"历史惯性"对非洲国家日后发展战略(国家层面、地区层面)的选择和制定产生了深远的影响。

二 进口替代工业化战略

经过"过渡时期"的初步调整,20 世纪中期以后,非洲国家致力于在更大规模、更深层次上推动国家的发展。这一时期,"进口替代工业化战略"(Import-Substituting Industrialization, ISI)得到大多数非洲国家的认可和选择。进口替代工业化战略,最简单的理解就是用本国生产的工业品替代由外部进口的工业品。这一战略的最终目的是通过政策性措施(国家干预或主导)的实施扶植本国工业的发展。因此,从保护本国弱势工业的角度考虑,该战略也被称作"幼稚工业保护战略"(Infant-Industry Protection Strategy)。[②] 非洲国家之所以普遍采纳这种发展战略是内部与外部、理论与实践各种因素共同作用的结果。

首先,非洲国家(领导人)在发展观念上的变化影响了工业化战略的选择。如前所述,殖民地经济的畸形发展使非洲国家的国民经济主要依赖一种或几种产品(经济作物和矿产资源)的出口。这种经济上的单一性和依附性严重制约了非洲国家的发展。在如何打破这种制约并实现发展的认识上,独立前后,非洲领导人的观念普遍经历了变化。以加纳开国总统恩克鲁玛(K. Nkrumah)为例,可能是出于独立斗争的需要或者是源于个人朴素的认识,独立前,恩克鲁玛关于经济发展的认识完全是政治性的,他曾说"首先寻求政治王国,其他一切会随之而来"[③]。按照恩克鲁

---

① [肯尼亚] A. A. 马兹鲁伊主编:《非洲通史》(第八卷),中国对外翻译出版公司 2003 年版,第 501 页。

② 朱天飚:《比较政治经济学》,北京大学出版社 2006 年版,第 60 页。

③ Kwame Nkrumah, *Ghana: The Autobiography of Kwame Nkrumah*, Edinburg: Tomas Nelson and Sons Ltd, 1957; New York: International Publisher, 3rd edn, 1976, p. 164.

玛的说法，经济的发展可以被看作是政治独立的"副产品"之一，随着政治的独立而"水到渠成"，因此，工业化并不是一个必须的选择。1957年加纳独立时，恩克鲁玛关于国家发展的观点发生了变化。他说，"自由一旦获得，接下来便有一项更伟大的事业提上日程"，需要全民动员"实现政治独立之后的经济独立，并反过来维护政治上的独立"。① 为此，恩克鲁玛特别强调了工业在实现国家发展中的重要作用。他指出，工业发展不仅是国家的惯常任务之一，而且应成为主权和真正民族独立所必备的条件。② 事实上，恩克鲁玛在发展观念上的变化及其对工业化之于国家发展的作用看法在当时的非洲领导人中很有代表性。独立后，多数非洲国家都选择了工业化的国家发展战略。

其次，西方国家早期的发展历史以及以苏联为首的社会主义国家的工业化经验对非洲国家的发展战略选择具有示范效应。英国是最早实现工业化的国家，如果以英国为历史基准，那么按照时间顺序则可以区分出三代后发展国家：以美国、比利时为代表的第一代后发国家（19世纪中期），以法国、德国为代表的第二代后发国家（19世纪晚期），以及俄国—苏联和日本为代表的第三代后发国家（20世纪初期）。通过对历史的回溯不难发现，三代后发国家在追赶先进国家的过程中都曾实施过内向型的工业化发展战略。③ 如果说西方国家的发展经验为独立后的非洲国家提供了历史参照的话，那么苏联等社会主义国家依靠"计划"快速推进工业化的实践则为非洲国家提供了先例和示范。受其直接影响，宣称走"社会主义道路"的非洲国家将国营或国有工业作为实现本国发展的重要方向。而选择资本主义模式的非洲国家也普遍出台了一系列带有"计划"色彩的政策，对本国的工业化进程进行某种形式的国家（政府）干预和协调。可以说，"有计划"地推动工业化并借此提高本国发展的自主性是独立后非洲国家在发展战略上的普遍共识。

再次，20世纪中叶（二战结束后），国际上较有影响的发展学理论

---

① Kwame Nkrumah, *Ghana: The Autobiography of Kwame Nkrumah*, Edinburg: Tomas Nelson and Sons Ltd, 1957, p. x.

② Kwame Nkrumah, *Towards Colonial Freedom*, London: Heinemann, 1962. 参见［肯尼亚］A. A. 马兹鲁伊主编《非洲通史》（第八卷），中国对外翻译出版公司2003年版，第265—266页。

③ 朱天飚：《比较政治经济学》，北京大学出版社2006年版，第69—81页。

"形塑"了非洲国家对发展问题的认识。当时,国际上较有影响的发展理论主要有现代化理论、结构主义理论和依附论。虽然这三种理论在发展问题上各有主张,但三者在通过工业化实现后发国家发展这一问题的认识上却有着相似之处。

现代化理论是在经济学增长理论的基础上发展起来的。其核心内容即在于讨论发展中国家的现代化(方式)问题。现代化理论以西方发达国家的发展经验为模板,认为存在一条普世性的发展道路。根据西方的经验,现代化理论认为,进入现代社会的重要表现除了人均收入的提高外,还包括经济结构的变化。其中,工业在国民经济中比重的上升(以及农业比重的下降)是现代化的关键指标。[1] 现代化理论的代表人物罗斯托(W. W. Rostow)将社会经济发展划分为传统社会、起飞前准备、起飞、向成熟迈进、高额大众消费五个阶段[2]。在关键的起飞阶段,罗斯托认为,发展中国家资金不足,不可能同时发展所有产业部门,只能集中力量发展那些具有向前或向后联系效应的产业,以带动整个经济增长。由此,工业被确定为发展中国家经济"起飞"的基础和主导部门。

结构主义理论即结构主义的非均衡经济发展理论,是在批判新古典主义经济学的基础上发展起来的。威廉·阿瑟·刘易斯(William Arthur Lewis)、纲纳·缪达尔(Karl Gunnar Myrdal)、辛格(H. Singer)、劳尔·普雷维什(R. Prebisch)、阿尔伯特·赫希曼(Albert Otto Hirschman)和霍利斯·钱纳里(H. Chenery)等是结构主义理论的代表学者。结构主义理论认为新古典主义经济学强调的自然、和谐的市场机制在发展中国家(尤其是非洲国家)并不适用。非洲等发展中国家的经济结构(特别是部门结构)存在不平衡性。发展中国家需要通过工业化打破既有经济结构的束缚,实现国家的发展。

依附论是对结构主义理论的继承和发展,结构主义是依附论分析的起点。[3] 20世纪60年代初以来,将结构理论用于世界经济分析的潮流为依附论的发展提供了契机。依附论认为,所谓依附就是某些国家的经济取决

---

① 葛佶主编:《简明非洲百科全书(撒哈拉以南)》,中国社会科学出版社2000年版,第326—327页。

② 1971年,罗斯托又补充了第六个阶段即追求生活质量阶段。W. W. Rostow, *The Stages of Economic Growth*: *A Non-Communist Manifesto*, Cambridge University Press, 1960.

③ 张建新:《激进国际政治经济学》,上海人民出版社2011年版,第165—221页。

于它们所从属的另外一些经济的发展与扩张。[1] 依附论把资本主义世界体系划分为"中心"和"边缘",认为资本主义本质上是中心国家对边缘国家的国际剥削体系,中心国家的发达是以边缘国家的"不发达"为代价的。作为一个理论集群,依附论的不同流派在发展中国家摆脱依附状态的具体道路上有不同的看法,但是各流派都认同并强调内向的(甚至是脱钩的)工业化对于"边缘"国家实现真正发展的重要性。[2]

上述三种发展理论从不同的角度分析了工业化之于发展中国家的重要性,对独立后非洲国家发展战略的选择产生了重要影响。如果说现代化理论和结构主义理论更多地是从国家层面分析工业化的重要性的话,那么依附论则是从国际经济体系的角度说明了内向的工业化之于发展中国家的意义。

如前所述,非洲国家在独立初期对进口替代工业化的选择源于其主观意愿、外部经验以及理论影响的共同作用。在实践中,非洲国家为了促进本国工业的快速发展普遍实施了贸易保护、税收减免以及币值高估(有利于机械及零部件的进口)等一系列配套经济政策。20世纪中期以后,许多非洲国家制定了本国的工业发展计划(规划),并通过国有化、国家投资、公私合营、外资利用等形式建立了一批工业企业。总之,无论是搞"社会主义"模式还是走"资本主义"道路,独立初期非洲国家发展战略的一个共同特点是寻求改变工业的不发达状况,最大程度地促进本国工业的快速发展,以增强本国发展的自主性。[3] 经过十几年的发展,进口替代工业化战略取得了一定的成效,非洲工业化水平有所提高(参见表1-2)。到1970年时,非洲工业占到国内生产总值的11%,其中,肯尼亚在1964—1982年,制造业产值增长了11倍,喀麦隆的工业产值在1960—1979年增长了20倍,坦桑尼亚工业品的自给率在独立时(1965年)只有25%,到1974年时,这一数字提高到了67%。[4] 内向的进口替代工业化战略一方面保障了非洲国家对工业发展的集中关注和支持,为其工业化

---

① Theotonio Dos Santos, "The Structure of Dependence", in George T. Crane and Abla Amawi, eds. , *The Theoretical Evolution of International Political Economics: A Reader*, p. 144.

② 张建新:《激进国际政治经济学》,上海人民出版社2011年版,第188—213页。

③ [肯尼亚] A. A. 马兹鲁伊主编:《非洲通史》(第八卷),中国对外翻译出版公司2003年版,第268页。

④ 舒运国:《失败的改革——20世纪末撒哈拉以南非洲国家结构调整评述》,吉林人民出版社2004年版,第22页。

打下了一定的基础。另一方面，经过一段时间的实施，该战略也暴露了其本身固有的一系列严重问题，很大程度上促成了 20 世纪 80 年代非洲国家严重危机的发生。

表 1-2　　　　　1960 年、1982 年部分非洲国家工业、制造业

占 GDP 百分比　　　　　　　　（单位：%）

	工业		制造业	
	1960 年	1982 年	1960 年	1982 年
埃塞俄比亚	12	16	6	11
马拉维	10	20ᵃ	5	13
坦桑尼亚	11	15	5	9
加纳	10	8	2ᵇ	5
肯尼亚	18	22	9	13
塞内加尔	17	25	12	15
赞比亚	63	36	4	19
津巴布韦	35	35	17	25
尼日利亚	11	39	5	6
科特迪瓦	14	23	7	12

表格说明：ᵃ 为 1980 年数据；ᵇ 为 1959—1961 年的平均值。

资料来源：John Sender and Sheila Smith, *The Development of Capitalism in Africa*, London and New York：Methuen, 1986, p. 96.

三　《拉各斯行动计划》的制定及其原因

独立后十余年间，通过对殖民地经济（体制）的变革以及相应发展战略、政策的实施，非洲国家在经济发展上取得了一定的成绩。然而政府主导的内向（工业化）发展战略在实施过程中也积累了一系列严重的问题，如工农业发展的失衡、生产效率的低下、建设中的粗放与浪费以及经济管理的官僚化与寻租等。与此同时，伴随着国际市场原材料价格的波动，从 20 世纪 70 年代后半期开始，非洲国家的经济普遍陷入衰退。为了应对危机，非洲国家在国内进行相应的政策调整的同时，也寻求加强彼此在地区层面的合作，以克服困难、共谋发展。《拉各斯行动计划》（*Lagos Plan of Action*，*LAP*）的制定就是这一努力的结果，非洲统一组织（OAU）为地区层面的合作提供了平台。

1963 年，非洲统一组织的诞生是非洲历史上具有里程碑意义的事件，标志着非洲的独立和发展事业进入新的阶段。《非洲统一组织宪章》在对该组织的"宗旨"进行说明时，特别提出，各国应该协调并加强"经济合作"，以"改善非洲各国人民的生活"。[①] 然而，由于非洲当时面临的严峻政治、安全形势，在成立初期，非统很难对非洲大陆的经济合作与发展问题进行统一规划。进入 20 世纪 70 年代，随着非洲国家解放事业的初步完成，非统开始将注意力更多地投向非洲的发展问题。为此，非统通过了一系列的宣言：如 1973 年，第十届非统首脑会议通过的《关于合作、发展和经济独立的非洲宣言》、1976 年，非统部长理事会通过的《金沙萨宣言》，以及 1979 年，第 16 届非统首脑会议通过的《蒙罗维亚宣言》等。上述宣言代表了非统和非洲国家对当时的内外经济形势以及经济发展方式等问题的基本认识和判断。其中，《蒙罗维亚宣言》（全称是《关于为建立国际经济新秩序而在社会和经济发展中实现国家的和集体的自力更生的纲领和措施的蒙罗维亚宣言》）最具代表性，比较集中地阐明了非洲国家对其（不）发展问题的整体认识。《蒙罗维亚宣言》认为，不合理的国际经济旧秩序是非洲落后的根源，非洲国家需要"不断增强自力更生和自给自足能力"以实现真正的发展。[②]

1980 年，在尼日利亚首都拉各斯召开的第 16 届非统峰会特别召集了一次由 49 个非统成员国参加的经济首脑特别会议。在本次特别会议上，非洲国家（非统）通过了《拉各斯行动计划》[③]。《拉各斯行动计划》除前言外，共有 13 章，在内容上涉及粮食与农业、工业、自然资源、人力资源开发与利用、科学技术、交通运输、贸易与金融、建立与加强经济技术合作的措施、环境与发展、非洲最不发达国家、能源、妇女与发展、发展规划、统计和人口问题等。"前言"部分对《拉各斯行动计划》进行了原则性阐述，并对非洲独立后 20 年的发展历史、发展困难和障碍以及未来发展的前景进行了评价、说明和展望。"前言"特别说明了《拉各斯行

---

① 《非洲统一组织宪章》，参见唐大盾选编《泛非主义与非洲统一组织文选（1900—1990）》，华东师范大学出版社 1995 年版，第 164 页。

② 《蒙罗维亚宣言》，参见唐大盾选编《泛非主义与非洲统一组织文选（1900—1990）》，华东师范大学出版社 1995 年版，第 206 页。

③ 全称是《1980—2000 年非洲经济发展拉各斯行动计划》，在"计划"文本的最后还附带有"最后行动方案"（Final Act of Lagos）和两个"决议"（Resolution）文件。

动计划》是对上一年（1979 年）非统通过的《蒙罗维亚宣言》的再确认和具体化，并进一步强调了非洲国家以及非洲整体"自力更生"（self-reliance and self-sustenance）的重要性。[1]《拉各斯行动计划》是非洲第一个地区层面（continent-wide）的综合性发展计划，是基于以下严峻的内外发展形势做出的战略选择。

第一，鉴于外部环境的变化，谋划"集体—内向"（collective and inward looking）的发展。独立以来，非洲外部贸易环境总体呈恶化趋势，特别是到 20 世纪 70 年代后半期，国际市场对初级产品、原材料（经济作物、矿产资源）的需求明显减少。由于早前普遍实施的进口替代工业化战略未能改变经济的单一性和依附性，此时，非洲国家的经济陷入困境，发展举步维艰。有鉴于此，《拉各斯行动计划》开篇（前言）指出：

> 全球共同发展的诺言并没有兑现（unfulfilled promises），这一点，非洲比其他大洲感受更为明显。事实上，一系列的发展战略给这个大洲带来的不是经济状况的改善，而是经济的停滞以及相比其他地区而言更易受到工业化国家经济和社会危机的侵害。因此，20 年来，非洲没有能够取得明显的增长率和令人满意的总体幸福指数（index of general well-being）。面对这一形势，必须采取措施对我们大洲的经济基础进行根本重建。为此，我们决定实施一项主要基于集体自力更生原则的广泛的地区性方案（approach）。[2]（《拉各斯行动计划》第 1 款）

《拉各斯行动计划》进一步确认了对外依赖的单一经济结构是非洲实现真正发展的最主要障碍，认为这种经济结构的形成和持续有着深刻的外部原因，并受到外部力量的推动和支持。《拉各斯行动计划》还认为，在独立后的 20 年中，新殖民主义（neo-colonialist）继续对非洲进行直接的剥削，并寻求对非洲国家的经济政策和国家发展方向（directions of African States）施加影响。[3]非洲国家要实现发展就必须培育"自力更生的精神"，非洲的发展必须要与自身市场的重建和扩展相结合。因此，非洲需

[1]　OAU, *Lagos Plan of Action for the Economic Development of Africa: 1980 – 2000*, Lagos, 1980, pp. 4 – 7.

[2]　Ibid., p. 4.

[3]　Ibid., p. 5.

要规划适合自己的发展战略，并有力地贯彻和执行。① 将贫困、落后更多地归因于外部因素和环境的作用，是这一时期非洲对自身发展（或不发展）问题的基本认识，《拉各斯行动计划》是这一认识在地区层面的反映。此外，1979 年，联合国教科文组在厄瓜多尔首都基多（Quito）召开了以新的发展观念为主题的会议，会议提出了以整体发展、内源发展和综合发展为核心的发展理念。新的发展理念对非洲国家发展战略的选择产生了影响。《拉各斯行动计划》的制定很大程度上是非洲（国家）对这一新发展理念的诠释和回应。②

第二，针对内部发展的困境，寻求平衡发展。如前所述，非洲国家普遍实施的进口替代工业化战略取得了一定成绩。然而，随着该战略的进一步实施，一系列严重问题暴露了出来，其中，经济部门间的发展失衡问题最为突出。独立初期，非洲国家在大力扶植和发展工业的同时，并没有给予其他经济部门应有的重视。尤其是政府对农业（特别是粮食作物种植）的忽视进一步抑制了整体经济的发展。根据相关的数据统计，1960—1980年，非洲仅有少数几个国家在人均农业和粮食产量上实现了（较大的）增长，撒哈拉以南非洲的绝大多数国家农业生产停滞不前，甚至出现了（严重）倒退。③ 农业生产的停滞和倒退使非洲整体粮食自给能力下降，随着世界粮价的上涨，非洲粮食进口的费用逐年增加，挤占了本已捉襟见肘的财政资金。

认识到这一问题，《拉各斯行动计划》对非洲整体的综合发展进行了比较全面的规划。其中，第一章即是针对"粮食和农业"（Food and Agriculture）问题的规划。《拉各斯行动计划》（第一章）清醒地认识到独立后十余年来非洲"粮食和农业形势急剧恶化"的现实，认为非洲"粮食问题的根源是成员国通常没有给予农业以应有的优先重视，在资源分配以及促进生产、改善农村生活方面的政策关注力度不足"。《拉各斯行动计

---

① OAU, *Lagos Plan of Action for the Economic Development of Africa*: *1980 - 2000*, Lagos, 1980, p. 7.

② 参见李安山等《非洲梦：探索现代化之路》，江苏人民出版社 2013 年版，第 134 页。

③ 1960—1980 年，在人均农业和粮食产量上实现较大增长的非洲国家主要有：喀麦隆、卢旺达、马拉维、布隆迪、科特迪瓦、斯威士兰等；苏丹、博茨瓦纳的粮食增产率勉强超过了其人口的增长水平。农业出现严重倒退的国家主要有：加纳、坦桑尼亚、刚果、尼日利亚、乍得等。参见 J. Hinderink and J. J. Sterkenburg, "Agricultural Policy and Production in Africa: the Aims, the Methods, and the Means", *The Journal of Modern African Studies*, Vol. 21, No. 1, March 1983, pp. 1 - 23.

划》指出,要改善非洲的粮食形势,需要在政治(政策)上做出调整,"不能孤立地考虑农业的发展问题,需要将其整合进社会、经济发展的进程中"。为此,《拉各斯行动计划》对非洲农业在未来,特别是五年内(1980—1985 年)的发展方向、原则和(量化)目标等方面进行了规划,建议非洲各国应在"粮食损失"(food losses)、粮食安全、粮食生产等方面采取紧急措施。其中,在"粮食安全"一项中,《拉各斯行动计划》强调了次地区粮食安全安排(sub-region food security arrangements)对非洲实现"集体自力更生"(collective reliance)的重要意义。此外,《拉各斯行动计划》对相关资金的来源、实施和监督等也做了规划和说明。[①] 《拉各斯行动计划》是非洲国家对独立十余年来经济发展过程中出现的严重问题(结构失衡)的反思和回应。

第三,根据次地区经济组织的发展情况和存在的问题,谋求自主发展。非洲国家在次地区层面的经济合作早在殖民时代就已经起步。以西部非洲为例,西非的 8 个法国殖民地[②]是法属西非联邦的成员,曾被作为统一的经济体进行治理。而 4 个英属西非殖民地[③]虽然在行政上彼此分立,但在经济和其他事务上却有着十分密切的联系。英属西非各殖民地使用由西非货币局发行的共同货币、联合经营西非航空公司并建有教育合作组织——西非考核理事会。[④] 独立后,非洲次地区经济合作得到进一步发展,许多次地区经济组织得以建立。独立后的十余年间,非洲大陆上建立起了超过 20 个政府间的多部门(multisectoral)经济合作组织以及超过120 个单一部门(single sectoral)的双边或多边经济、技术合作组织。[⑤]

尽管次地区(经济)组织的广泛建立客观上有利于推动非洲国家间的经济合作,但由于"殖民后遗症"的影响,其成效并不明显。多数非洲次地区经济合作组织建立在狭隘的语言和意识形态基础之上,其存在有

---

① OAU, *Lagos Plan of Action for the Economic Development of Africa*: *1980 - 2000*, Lagos, 1980, pp. 8 – 14.

② 8 个法属西非国家分别是:达荷美(今贝宁)、几内亚、象牙海岸(今科特迪瓦)、毛里塔尼亚、尼日尔、塞内加尔、苏丹(今马里)和上沃尔特(今布基纳法索)。

③ 4 个英属殖民地分别是:冈比亚、加纳、尼日利亚和塞拉利昂。

④ 舒运国、刘伟才:《20 世纪非洲经济史》,浙江人民出版社 2013 年版,第 161 页。

⑤ S. K. B. Asante, "Regionalism as a Key Element of African Development Strategy", in S. K. B. Asante ed., *Regionalism and Africa's Development*: *Expectations*, *Reality*, *and Challenges*, London: Macmillan Press, 1997, p. 37.

赖于前宗主国的支持。事实上，许多组织建立的初衷就是为了加强与西方国家的贸易联系以及获得更多的援助。① 当时，没有一个新的次地区组织制定了足够的措施以减少外部依附问题。西非国家经济共同体（ECOW-AS）被广泛认为是非洲第一个本地化的（indigenous），更多内向自主（inward-looking self-reliance）且较少对外依赖（outward dependence）的次地区经济安排②，即便如此，西共体也没有能够处理好外国所有权和"外部渗透"的问题。③ 因此，要实现真正意义上的自主发展，非洲国家需要一个更广泛、可行的地区层面的经济（发展）安排。

有鉴于此，1979 年，《蒙罗维亚宣言》强调指出，非洲国家需要"共同承担义务建立国家的、区域的和地区的机构，以便有助于达到自力更生和自给自足的目标"。④ 第二年（1980 年）通过的《拉各斯行动计划》（第 3 款）复述并进一步确认了《蒙罗维亚宣言》的主张。继《蒙罗维亚宣言》提出建立非洲共同市场（African Common Market）和非洲经济共同体（African Economic Community）的主张之后，《拉各斯行动计划》进一步确定在 2000 年之前（by the year 2000）建立非洲经济共同体，并规划了两个阶段（80 年代、90 年代）的实施方案。其中，第一阶段的任务就是加强（新建）并整合各次区域经济组织，以逐步建立非洲共同市场。⑤

《拉各斯行动计划》代表了非洲通过制定地区层面的（continent-wide）综合性计划（战略）寻求（自主）经济发展的第一次尝试。⑥ 该"计划"以"自力更生"为主旨精神，是对独立以来非洲矢志追求的"自主发展"理念与实践的继承。虽然《拉各斯行动计划》表达了非洲国家

---

① Francis Nguendi Ikome, *From the Lagos Plan of Action（LAP）to the New Partnership for Africa's Development（NEPAD）: The Political Economy of African Regional Initiatives*, Doctoral Dissertation to University of the Witwatersrand, December 2004, p. 76.

② Ibid. , pp. 80 – 81.

③ ［肯尼亚］A. A. 马兹鲁伊主编：《非洲通史》（第八卷），中国对外翻译出版公司 2003 年版，第 536 页。

④ 《蒙罗维亚宣言》，参见葛佶主编《简明非洲百科全书（撒哈拉以南）》，中国社会科学出版社 2000 年版，第 775 页。

⑤ OAU, "Annex I : Final Act of Lagos", in *Lagos Plan of Action for the Economic Development of Africa: 1980 – 2000*, Lagos, 1980, pp. 98 – 100.

⑥ 参见 Robert S. Browne and R. J. Cummings, *The Lagos Plan of Action Versus the Berg Report: Contemporary issues in African economic development*, Virginia, Lawrenceville: Brunswick Publishing Company, 1984.

摆脱依附状态、寻求自主发展的雄心，但其各项规划存在着脱离实际、内向封闭（inward-looking）等严重问题。在非洲经济危机逐步加深的情况下，《拉各斯行动计划》并没有得到有效执行，3/4 的非洲国家为了获得援助资金，最终接受了由世界银行和国际货币基金组织主导的"结构调整计划"（见表 1 – 3 和 1 – 4）。①

表 1 – 3　　　　　接收世界银行贷款（SAL、SECAL）的国家　　（单位：百万美元）

时期 \ 国家	1980—1982	1983—1985	1986—1988	1989—1991	金额总计
贝宁	/	/	/	100	100
布基纳法索	/	/	/	80	80
布隆迪	/	/	121	33	154
喀麦隆	/	/	/	150	150
中非共和国	/	/	85	45	130
乍得	/	/	/	98	98
科摩罗	/	/	/	8	8
刚果（布）	/	/	70	/	70
加蓬	/	/	50	/	50
冈比亚	/	/	17	23	40
加纳	/	203	303	296	802
几内亚	/	/	107	20	127
几内亚比绍	/	15	15	23	53
科特迪瓦	150	250	250	330	980
肯尼亚	70	131	172	295	668
马达加斯加	/	60	301	/	361
马拉维	45	60	140	70	315
马里	/	/	40	149	189
毛里塔尼亚	/	16	62	65	143
毛里求斯	15	40	25	/	80

---

① Chijioke Iwuamadi, *NEPAD and the Challenges of Millennium Development Goals in 21st Century: A Critical Analysis of Modernization Prescription on Africa's Development*, Verlag: LAP LAMBERT Academic Publishing, 2010, p. 13.

续表

国家＼时期	1980—1982	1983—1985	1986—1988	1989—1991	金额总计
莫桑比克	/	/	89	90	179
尼日尔	/	/	140	/	140
尼日利亚	/	250	452	620	1322
卢旺达	/	/	/	90	90
圣多美和普林西比	/	/	197	10	207
塞内加尔	60	/	149	125	334
塞拉利昂	/	22	/	/	22
索马里	/	/	63	70	133
苏丹	65	50	/	/	115
坦桑尼亚	50	/	96	335	481
多哥	/	78	45	69	192
乌干达	/	70	65	225	360
扎伊尔	/	/	229	/	229
赞比亚	/	110	118	237	465
津巴布韦	/	71	/	/	71

资料来源：R. Lensink, *Structural Adjustment in Sub-Sahara Africa*, London：Longman, 1996, pp. 75 – 76.

表1－4　接收国际货币基金组织贷款的国家及其贷款金额、贷款时间

（单位：百万特别提款权）

接收国家＼贷款项目	结构调整贷款（SAF）	强化结构调整贷款（ESAF）
贝宁	21.91（1989 年）	/
布隆迪	29.89（1986 年）	/
中非共和国	21.28（1987 年）	/
乍得	21.42（1987 年）	/
赤道几内亚	12.88（1988 年）	/
冈比亚	10.86（1986 年）	20.52（1988 年）
加纳	129.86（1987 年）	388.55（1988 年）
几内亚	40.53（1987 年）	/

续表

贷款项目 接收国家	结构调整贷款（SAF）	强化结构调整贷款（ESAF）
几内亚比绍	5.25（1987年）	/
肯尼亚	99.40（1988年）	261.40（1989年）
莱索托	10.57（1988年）	/
马达加斯加	46.48（1987年）	76.90（1989年）
马拉维	/	66.96（1988年）
马里	35.56（1988年）	/
毛里塔尼亚	23.73（1986年）	/
莫桑比克	42.70（1987年）	130.05（1990年）
尼日尔	21.40（1986年）	47.18（1988年）
圣多美和普林西比	2.80（1989年）	/
塞内加尔	54.04（1986年）	144.67（1988年）
塞拉利昂	40.53（1986年）	/
索马里	30.94（1987年）	/
坦桑尼亚	74.90（1987年）	/
多哥	26.80（1988年）	46.08（1989年）
乌干达	69.72（1987年）	219.12（1989年）
扎伊尔	203.70（1987年）	/

资料来源：R. Lensink, *Structural Adjustment in Sub-Sahara Africa*, London: Longman, 1996, pp. 65 - 66.

第二节 西方主导的发展

从 20 世纪 70 年代后半期开始，非洲面临的发展形势日趋严峻。外部环境方面，西方国家（主要是美国）经济进入"滞涨"时期，国际市场需求不旺，原材料价格持续走低。在非洲内部，独立后粗放、内向的发展所积累的一系列问题，集中显现出来。这一时期（70—80 年代）频繁发生的自然灾害，更催化了非洲经济危机的发生。如前所述，为了应对危机，非洲国家进行了一系列国内政策调整与地区战略协调。然而，由于发展资金的严重短缺，非洲国家最终只得接受西方的"计划"，开启了"结构调整"的进程。

一 国际经济环境与非洲发展困局

独立以后，尽管非洲国家普遍实施了内向型的进口替代战略，但单一的经济结构并没有得到实质性的改变。多数非洲国家的经济仍主要依赖一种或有限几种初级产品的出口，其经济的对外依附性（依赖性）仍十分严重。有数据统计，多数国家的出口收入占到其国内生产总值的 60% 以上。[①] 非洲（国家）的经济发展对外部（尤其西方国家）具有十分明显的敏感性和脆弱性。

敏感性（sensitivity）和脆弱性（vulnerability）这对概念最经典的定义出自罗伯特·基欧汉（Robert O. Keohane）和约瑟夫·奈（Joseph S. Nye）合著的《权力与相互依赖》一书。"敏感性"是指，在既定框架内一方变化导致另一方发生有代价变化的程度。而"脆弱性"则指，行为体因外部事件强加的代价而遭受损失的程度；或可理解为，为了改变既定框架须付出代价的程度。[②] 由此，基欧汉和奈发现了在相互依赖条件下权力的又一重要来源。进一步，通过理论分析可知，当"相互依赖"的条件或环境发生动态变化时，由"敏感性"和"脆弱性"产生的权力关系也会表现得更加明显。其中，"敏感性"更多地涉及行为体与外部的关系，而"脆弱性"则主要代表了行为体进行（自我）调整的能力。

具体到非洲与外部（尤其是西方国家）的关系，随着 20 世纪 70 年代中后期世界市场原材料价格的波动，非洲国家的（出口）经济受到了极大的影响。如前所述，非洲国家试图通过政策和发展方向的调整或改变摆脱困境，但没有取得明显的效果。此时，在与西方的"相互依赖"关系中，非洲的"敏感性"与"脆弱性"都有明显的上升。非洲国家已经深深地陷入发展的内外困局。

在与外部（西方）的经济关系上，非洲（国家）的"脆弱性"主要表现为 70—80 年代出口（收入）的下降与债务的攀升。这一时期，撒哈拉以南非洲（不包括尼日利亚）贸易年均下降 0.4%，其中矿产品贸易损失最大，年均下降 1.5%，铁、铜、锡、锰、黄金、钻石等非洲主要矿产

---

① 谈世中主编：《反思与发展：非洲经济调整与可持续性》，社会科学文献出版社 1998 年版，第 26 页。

② Robert Keohane and Joseph Nye, *Power and Interdependence* (3rd Edition), Longman, 2001.

品，出口量都有所下降。农副产品方面，这一时段的年均贸易量下降了
0.3%，其中，可可、花生油、棕榈油的出口下降明显（参见表1-5）。
1970—1986年，非洲非石油生产国的出口总体下降了30%，其中，矿产
品下降了50%。[1] 在出口价格方面，由于非洲对世界市场的"实质性依
赖"（substantial dependence），非洲在世界市场价格的确定上不具有主动
权。1980—1982年，非洲的总体出口价格相较于其总体的进口价格下降
了6%。[2] 出口收入的下降直接导致政府财政，尤其是外汇收入的下降。
与此相关，非洲的进口贸易也出现了明显下降。

表1-5 撒哈拉以南非洲出口商品数量与价格年均增长率

	数量增长（%）		价格增长（%）	
	1961—1970	1970—1982	1961—1970	1970—1982
铜	2.7	-0.3	9.5	-7.2
咖啡	4.3	1.0	0.3	1.8
可可	-0.4	-1.2	4.9	3.0
茶	9.5	4.0	-4.5	-2.8
花生油	5.4	-7.1	0.1	4.0
棕榈油	-9.7	-6.7	-2.3	-3.2

资料来源：World Bank, *Towards Sustained Development in Sub-Sahara Africa: A Joint Programme of Action*, Washington, 1984, p. 68.

相应地，出口收入的下降导致非洲国家债务的急剧上升。出口贸易的
衰退，使非洲国家有大量的公司和农户亏损甚至破产。为了应付局面、维
持国家的基本运转，非洲国家在严重缺乏财政收入的情况下不得不向外国
和国际金融机构举债。据统计，1970年时，非洲的外债总额尚不足60亿
美元，仅1973—1983年十年，外债总额增长了十几倍，到1983年时，非
洲外债总额已达到810亿美元（另有估计为1070—1500亿美元）。[3] 需要

---

① 舒运国、刘伟才：《20世纪非洲经济史》，浙江人民出版社2013年版，第115页。参见 World Bank, *Adjustment in Africa: Reform, Result and Road ahead*, New York: Oxford University Press, 1994, pp. 26 - 27.

② Michael Hodd, *African Economic Handbook* (first edition 1986), London: Euromonitor Publications Ltd., 1986, p. 12.

③ R. Lensink, *Structural Adjustment in Sub-Sahara Africa*, London: Longman, 1996, p. 22, 454.

支付的贷款利息，1973 年时占到年支付总额的 25%，到 1982 年时，这一数字涨到了 43%。[①]

表 1-6　　　　非洲总体以及部分非洲国家负债（外债）程度　　　　（单位:%）

国别	FD/GNP 1980	FD/GNP 1986	FD/GNP 1992	DS/E 1980	DS/E 1986	DS/E 1992
非洲总体	30.1	63.5	69.7	9.7	24.9	16.9
加纳	31.8	48.8	63.1	13.1	28.4	26.7
科特迪瓦	76.9	127.7	207.1	38.7	35.1	31.5
肯尼亚	48.2	65.5	75.9	21.0	34.9	24.5
马达加斯加	30.6	106.4	153.9	17.1	47.9	20.7
尼日利亚	10.1	60.6	110.7	4.2	32.7	30.6
坦桑尼亚	48.3	89.8	268.4	19.6	29.2	32.5

注：以 FD/GNP 表示的负债程度是外债与国民生产总值之比；以 DS/E 表示的负债程度是到期外债本息与当年出口值之比。

资料来源：R. Lensink, *Structural Adjustment in Sub-Sahara Africa*, London：Longman, 1996, p. 23. 参见舒运国、刘伟才《20 世纪非洲经济史》，浙江人民出版社 2013 年版，第 117 页。

通过以上数据可知，20 世纪 70 年代中后期到 80 年代，出口贸易的下降给非洲经济带来了极大的影响。图 1-1 显示的是非洲长期的贸易变动趋势。可以看出，非洲贸易整体的变动趋势与西方工业化国家的贸易变动基本一致，说明非洲贸易较易受到西方经济波动的影响，非洲经济对外（尤其是西方国家）具有十分明显的"敏感性"。

回到非洲（国家）内部，20 世纪 70 年代中后期到 80 年代，非洲内部的经济出现了一系列严重的问题，主要表现为国营经济（工业）的衰退和农业（粮食）生产的萎靡。如前所述，独立后的非洲，国家（政府）在经济发展中普遍起着主导作用。国营经济是非洲国家寻求自主发展的重要基础，取得了一定的成绩，但也积累了很多问题。国营经济在建设和运转过程中的粗放浪费、效率低下是其中最为严重的问题。以国营工业为

---

① R. Lensink, *Structural Adjustment in Sub-Sahara Africa*, London：Longman, 1996, p. 455；L. Timberlake, *Africa in Crisis*, Washington：International Institute for Environment and Development, 1986, p. 34.

（贸易指数）

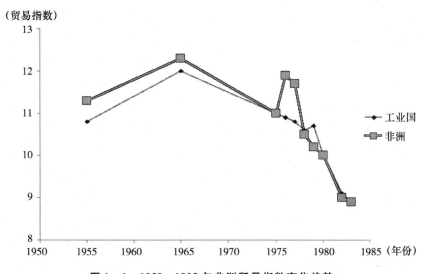

图 1 - 1　1950—1985 年非洲贸易指数变化趋势

注：本图以 1980 年为基期绘制；纵轴数字 ×10，1980 年 ＝100。

资料来源：根据 Michael Hodd, *African Economic Handbook* (first edition 1986), London: Euromonitor Publications Ltd, 1986, pp. 12 - 13 中的数据绘出。

例，独立初期，非洲国家片面追求工业的高投入、高增长，盲目投资、上马了一大批缺乏严格论证、脱离本国实际的工业项目。许多国家建立了（大型）工厂，但却缺乏进行生产或适合生产的原材料，只得从国外进口，造成了巨大的浪费。例如，赞比亚曾耗资 3200 万英镑建造了大型钢铁厂，却因为国内没有铁矿砂，只得动用有限的外汇从国外进口，最后工厂只得下马。[1] 另外，在国有企业的实际运转过程中，普遍存在的官僚化、寻租和效率低下等问题，也严重影响了非洲国家经济的健康发展。根据相关的调查，70 年代，非洲整体国营经济亏损占 GDP 的比例平均为3.3％，其中，赞比亚的数字高达 10％。[2]

农业方面，这一时期农业生产（尤其是粮食生产）的萎靡甚至衰退使非洲陷入严重的"生存危机"。独立后非洲国家普遍实施了"重工轻农"（甚至是"重工抑农"）的经济政策，通过价格管制等办法人为压低农产品

[1]　谈世中主编：《反思与发展：非洲经济调整与可持续性》，社会科学文献出版社 1998 年版，第 92—93 页。

[2]　R. Lensink, *Structural Adjustment in Sub-Sahara Africa*, London: Longman, 1996, p. 299.

价格，以工农业"剪刀差"的形式掠夺农业，推动工业的发展。独立后的非洲农业生产，特别是粮食生产受到了极大的抑制。另外，20 世纪 70—80 年代的三次大旱灾进一步加剧了非洲国家的粮食危机。这一时期，非洲人均粮食产量逐年下降（参见表 1-7）。非洲 1975 年的人均粮食产量是 110 公斤；到 1978 年时，这一数字下降到了 100 公斤；到了 1984 年，这一数字更是下降到了 80 年代的最低值——92 公斤。[①] 另据联合国粮农组织（FAO）统计，20 世纪 60 年代，非洲粮食自给率是 98%，70 年代这一数字下降到了 70%，到 80 年代进一步降到了 50%。与此对照，非洲的粮食进口量持续快速增加，1960 年时，热带非洲共进口粮食 200 万吨，1970 年这一数字增长到了 600 万吨，1976 年粮食进口突破了 1000 万吨，到了两年后的 1978 年非洲粮食的进口量达到了 1200 万吨。[②] 尽管粮食进口逐年增长，但未能阻止非洲粮食危机的恶化。到 1989 年时，非洲人均粮食占有量仅为 120 公斤，远低于世界平均水平的 319 公斤（发达国家为 749 公斤），甚至还达不到发展中国家平均水平（278 公斤）的一半。[③]

表 1-7 非洲农业及粮食生产增长率 （单位：%）

	总　计		人　均	
	1960—1970	1970—1980	1960—1970	1970—1980
农业生产				
非洲	2.7	1.3	0.2	-1.4
发展中国家	2.8	2.7	0.3	0.3
粮食生产				
非洲	2.6	1.6	0.1	-1.1
发展中国家	2.9	2.8	0.4	0.4

资料来源：FAO, *World Development Report*, Rome：FAO, p. 41. 参见 ［肯尼亚］ A. A. 马兹鲁伊主编《非洲通史》（第八卷），中国对外翻译出版公司 2003 年版，第 259 页。

---

① A. O'Connor, *Poverty in Africa*, London：Belhaven Press, 1991, p. 83.

② ［法］勒内·杜蒙、玛丽-弗朗斯·莫坦：《被卡住脖子的非洲》，隽永等译，世界知识出版社 1983 年版，第 36 页。

③ 参见谈世中主编《反思与发展：非洲经济调整与可持续性》，社会科学文献出版社 1998 年版，第 24 页。

　　为了应对严重的危机,非洲国家进行了发展战略的调整。如前所述,这一时期,非洲国家加强了在地区层面的发展整合与安排,制定了综合性的发展战略,如《拉各斯行动计划》等。非洲国家试图通过地区层面的合作,实现内向、自主的发展,以摆脱对外部(尤其是西方)的严重依赖。《拉各斯行动计划》的制定是"雄心勃勃"的,然而现实是,深陷危机的非洲并不具备兑现如此"宏大"计划的能力。可以说,这种自我调整能力(包括制定切实可行的发展战略和计划的能力)的低下是"脆弱性"的集中表现。非洲在危机应对上的"敏感性"与"脆弱性",导致其发展战略(在西方的主导下)发生了重大转变。

二 "结构调整计划"的进程及其主要政策倾向

　　20世纪70年代后期,在非洲国家加紧制定地区性发展战略(计划)以应对危机的同时,西方世界也开始重视非洲经济危机造成的严重问题。1979年秋,世界银行的非洲主管们(African Governors of World Bank)向世行行长提交了一份备忘录,提请世行注意撒哈拉以南非洲暗淡的经济前景,并要求世行准备一份应对非洲发展危机的"特别报告"(special paper)。[①] 而此时,在非洲,《拉各斯行动计划》也进入了最后起草阶段。1981年,世行的"特别报告"最终以"撒哈拉以南非洲的加速发展:行动议程"为题发表。由于这份"特别报告"的主要起草者是世界银行高级顾问、美国学者埃利奥特·伯格(Elliot Berg)教授,因此该报告通常被称为"伯格报告"(Berg Report)。"伯格报告"问世后的近十年中,针对非洲的发展问题,世界银行又相继发表了《撒哈拉以南的非洲:关于发展前景和计划进展的报告》(1983年)、《为撒哈拉以南非洲的持续发展而努力》(1984年)、《80年代非洲的调整和增长》(1989年)、《撒哈拉以南非洲:从危机到持续增长》(1989年)等四个专题报告。这四份报告与"伯格报告"一起勾画了西方主导的"结构调整计划"的基本框架。其中,"伯格报告"最早地为非洲国家的"结构调整"定下了基调,其代表了西方对此时非洲经济形势、改革思路的基本认识和判断,是西方主导非洲经济改革的指导性文件。

---

　　① World Bank, *Accelerated Development in Sub-Sahara Africa: An Agenda for Action*, Washington, D. C: World Bank, 1981, p. 1.

"伯格报告"开篇即阐明,"撒哈拉以南非洲是一个十分多样化的地区",因此,其并不寻求,也不可能,处理具体国家的特殊项目(program)和问题。然而,在整体的改革方向或导向上,"结构调整计划"却有着明确的战略(政策)倾向或指向性。"伯格报告"在其导言中明确指出,该报告建立在 1980 年非统通过的《拉各斯行动计划》的基础上,与《拉各斯行动计划》致力于自力更生、地区整合的长期目标不同,该报告寻求在中短期内通过国际社会的支持回应非洲当前的经济困难。① 《伯格报告》除"导论"(第一章)外共有 8 章外加一个"附件"。整个报告分别讨论了非洲发展的"基本制约因素"(第二章)与"外部因素"(第三章)、"政策和管理框架"(第四章)、"农业政策及其优先项目"(第五章)、"人力资源"(第六章)、"其他生产部门"(第七章)、"长期议题"(第八章)以及"80 年代的外部援助"(第九章)等问题。

在非洲发展的形势以及经济发展中存在的问题等方面,"伯格报告"进行了比较全面的讨论。在导致危机的内外因素上,"伯格报告"认为,源于"历史环境"和"物质环境"(physical environment)的一系列内部因素是独立后 20 年非洲发展的"结构性限制"(structural constraints)。这些因素包括:不发达的人力资源、伴随去殖民化和后殖民巩固(postcolonial consolidation)进程的经济干扰、不利于发展的环境和地理条件以及快速增长的人口等。在外部因素方面,"伯格报告"认为,特别是 1974 年以来国际经济中出现的一系列不利趋势对非洲经济造成了显著的影响。这些外部不利因素包括:工业化国家经济中出现的"滞胀"(stagflation)现象、较高的能源价格、主要产品贸易的低增长等。通过对内外不利因素的分析,"伯格报告"认为,非洲国家国内政策的失误进一步加剧了上述内外因素对非洲经济增长的阻滞作用,导致了非洲经济严重危机的发生。其中,三方面政策的负面作用最为明显:其一,过度保护工业的贸易、汇率政策抑制了农业的发展;其二,政府行政能力的低下和公共部门的过度扩张限制了经济发展;其三,对农业在价格、税收以及汇率政策上存在着持续的歧视。可见,与《拉各斯行

---

① World Bank, *Accelerated Development in Sub-Sahara Africa: An Agenda for Action*, Washington, D. C: World Bank, p. 1.

动计划》对形势的判断不同,"伯格报告"将非洲的发展困境更多地归因于非洲内部的不利因素(结构性因素)以及非洲国家政策的失误。相应地,该"报告"指出,今后非洲国家应该将"增长导向"(growth-oriented)的政策更多地集中到贸易和汇率、公共部门的资源利用效率以及农业政策的改善三个方面上。[①]

尽管随着"结构调整"的进一步深入,世界银行和国际货币基金组织对"结构调整计划"进行了部分微调,比如从"重视市场机制建设"更多地转向"重视发展能力建设"等,但是,由西方主导的"结构调整"的政策倾向(宏观目标)始终是明晰的。我们可以将"结构调整计划"概括为"稳定"(stabilize)、"私有化"(privatize)和"自由化"(liberalize)三个关键词,这也正代表了世界银行和国际货币基金组织这一时期在(非洲)发展问题上的基本理念(conviction)。[②]

在具体的政策领域,非洲国家"结构调整"的重点主要有以下几个方面:第一,将农业发展放在首位,放开农业行政控制,在重视粮食生产的情况下,积极发展经济作物,实行农业"出口导向战略";第二,调整工业产业结构,鼓励出口工业和为农业提供服务的加工工业的发展;第三,实行国营企业私有化,减少国家对经济的干预,发展以私营经济为基础的市场经济;第四,贸易和金融政策上,减少政府管制,推进金融和贸易自由化;第五,缩减政府规模和公共开支规模,实现财政收支结构平衡。(具体政策措施参见图1-2)

"结构调整计划"代表了这一时期西方对(非洲)发展问题的基本认识。在战略倾向和政策方向上,"结构调整计划"与以往的非洲(国家)发展战略截然不同,它按照西方的规范对非洲的发展轨迹进行了"修正"。进入21世纪,在非洲发展(治理)战略的选择上,我们仍能发现"结构调整计划"产生的影响。

[①]　World Bank, *Accelerated Development in Sub-Sahara Africa: An Agenda for Action*, Washington, D. C: World Bank, pp. 4 – 5.

[②]　D. Rodrik, "Goodbye Washington Consensus, Hello Washington Confusion", *Journal of Economic Literature*, Vol. 44, No. 4, 2006, p. 973.

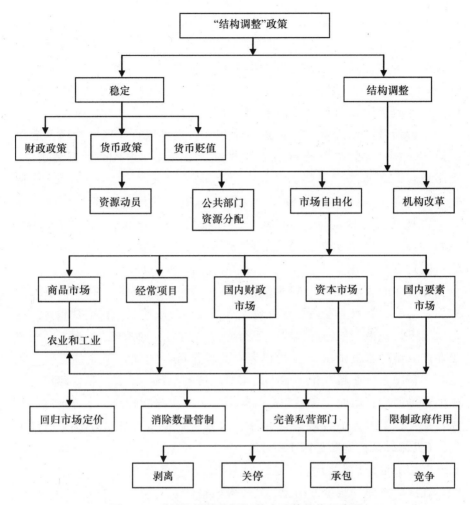

图1－2 "结构调整计划"基本政策结构示意图

资料来源：John Toye, "Structural Adjustment: Context, Assumption, Origin and Diversity", in R. Van der Hoeven and F. Van der Kraaij eds., *Structural Adjustment and Beyond in Sub-Sahara Africa*, The Hague- London: James Currey-Ministry of Foreign Affairs, the Netherlands, p. 23.

三 "结构调整计划"对非洲发展战略的影响

整个20世纪80年代，撒哈拉以南非洲有超过3/4的国家参加了"结构调整计划"。由于"结构调整"以国家为单位开展，因此，其实施效果"因国而异"、并不统一。国际上对"结构调整计划"有着不同形式的评估，得出了不同甚至是相反的结论。应该说，作为一项长期的、涉及国家众多领域的全面（结构性）经济改革计划，不同角度、不同立场的评估一定（完全可能）会得出各自相异的结论，实际上，这也是（非洲）发展问题复杂性的表现。然而，过于"纷乱"的评价也确实有碍于我们对"结构调整计划"形成一个相对完整的认识，这就要求我们寻找一种新的或者是更加"超脱"的方法对其进行观察。

将"结构调整计划"置于非洲独立后的发展历史中进行观察，不难发现其对独立后非洲发展战略（在理念、方向等方面）的改变和影响。如前所述，独立后的非洲国家致力于追求自主的发展。从国家层面的过渡性经济政策和工业化政策的实施到地区层面的《拉各斯行动计划》的制定，非洲国家都将增强经济（发展）的自主性作为明确的战略目标。其中，对前宗主国资产的国有化、对国有企业的扶持是追求经济自主的重要手段。相应的，非洲国家认为，不合理的国际经济秩序以及内部单一的经济结构使非洲过于依赖国际（特别是西方）市场，这种不平等的贸易关系，使非洲遭受了严重的剥削和损失。因此，"内向的"发展（如进口替代战略）是独立后非洲国家在发展问题上"顺理成章"的选项。特别是进入20世纪70年代中后期，国际市场的衰退促使非洲国家进一步认识到"内向"发展以及加强区域内经济合作（非洲共同市场）的紧迫性和重要性。事实上，在非洲国家制定和实施的（国内和地区层面）一系列发展战略中，我们能够发现发展方向上的"内向性"是一以贯之的，其勾勒出了独立初期非洲发展进程的基本脉络。在这种"内向"发展战略的选择和实施过程中，国家（政府）一直发挥着核心和主导的作用。对于非洲在发展理念和方向上的上述选择，"结构调整计划"并不认同，其认为非洲严重经济危机的出现正是源于发展战略选择上的失误。

在理念和方向上，"结构调整计划"对独立以来非洲国家制定和实施的发展战略总体上予以否定，特别是对《拉各斯行动计划》的绝大部分"立场"持批评态度。代表西方立场的"伯格报告"强烈反对《拉各斯行动计划》将"国家"作为经济增长"主引擎"的观点。与《拉各斯行动计划》截然相反，"伯格报告"将国家对市场的干涉以及治理不善（mal-governance）认定为非洲经济困境的主要原因。[1] 另外，"结构调整计划"

---

① G. Arrighi, "The African Crisis: World Systemic and Regional Aspects", *New Left Review*, Vol. 15（May-June）, 2002, pp. 5 - 35.

对非洲国家的所谓"自主""内向"的发展并不认同。"伯格报告"认为，非洲应该将"以农业为基础的出口导向型"发展战略作为长期经济转型以及工业化的开端。在地区经济合作上，世界银行和国际货币基金组织对《拉各斯行动计划》倡导的"地区主义"缺乏兴趣。世界银行和国际货币基金组织更多关注的是世界体系中一个个具体的非洲国家。① "伯格报告"认为，非洲地区层面的经济合作在历史上成功的范例极少，在中短期的机制建设以及长期的合作成本分担和利益分配上存在着大量的问题。进一步，"伯格报告"认为，20年来，多数非洲国家将主要精力放在了自身政权的巩固上，在安全、政策连贯性（continuity）和政治自信上不具备推动地区经济合作的条件。② 因此，"伯格报告"认为，相较于非洲内部的发展合作，外部的援助与参与对于非洲的发展来说显得更加重要。通过对《拉各斯行动计划》的否定，"结构调整计划"事实上为非洲（国家）规划了全然不同甚至相反的发展战略和方向。

在具体操作上，不同的非洲国家实施"结构调整"的程度并不一致（参见表1-8）。从整体的发展数据和结果上看，"结构调整计划"并没有取得预期的效果（在很多国家还产生了"负效果"）。甚至世界银行在"结构调整"开展一段时间后也委婉地承认，虽然"调整"在起作用，但"见效较慢，预期不能太高"。③ 历史证明，20世纪80年代，由西方主导的"结构调整计划"并没改变非洲深陷危机的处境。但从发展战略和方向上讲，"结构调整计划"的实施却改变了非洲既定或预定的发展战略轨迹。在"结构调整"期间，西方要求非洲将国有企业的私有化作为改革的重点。到1990年时，已有尼日尔、马里、扎伊尔、毛里求斯、马达加斯加、赞比亚等40多个非洲国家执行了或许诺执行私有化政策。④ 尽管按照世界银行的统计（说法），非洲国家对国有企业私有化的执行力度不

---

① Timothy Shaw, "The African Crisis: Debates and Dialectics over Alternative Development Strategy for the Continent", in John Ravenhill ed., *Africa in Economic Crisis*, Basingstoke: Macmillan, 1986, p. 117.

② World Bank, *Accelerated Development in Sub-Sahara Africa: An Agenda for Action*, Washington, D. C: World Bank, pp. 118 – 120.

③ World Bank, *Adjustment in Africa: Reform, Results, and the Road Ahead*, Oxford University Press, 1994, p. 4.

④ Ralph A. Young, "Privatization in Africa", *Review of African Political Economy*, No. 15, 1991, p. 51.

足,效果并不理想,[①] 但私有化的进程在 90 年代并没有停下脚步,非洲国家普遍放松了对经济的干预和控制。在政府公共开支、关税控制、农产品价格管制等方面,国家(政府)对经济的主导作用进一步降低。在与外部的经济关系方面,独立以来非洲国家普遍实施的"进口替代工业化战略"被放弃。非洲国家大幅降低了对工业品进口的限制,外国工业品和投资开始大量进入非洲市场。相应地,在农业方面,以经济作物为主的"出口导向"战略被确立了起来。

表 1-8　　　　　　部分非洲国家"结构调整计划"执行程度

国家	总体改革力度 强（S）或弱（W）	农业控制（C）或自由化（L） 出口	粮食作物	公共企业监管（X 为无监管）
贝宁	W	C		X
博茨瓦纳		C	C	X
布基纳法索	W	C		
布隆迪	S	C		
喀麦隆				X
中非共和国	S	C		X
刚果（布）	S	C		X
科特迪瓦	S	C		X
赤道几内亚	W	C	C	
埃塞俄比亚	W		C	X
冈比亚	S	C	L	
加纳	S	C		X
几内亚	S	L	L	X
几内亚比绍	S	C	C	X
肯尼亚	S		C	X
利比里亚	W	C	C	X
马达加斯加	S	C	L	X
马拉维	S	C	C	X

---

① World Bank, *Adjustment in Africa: Reform, Results, and the Road Ahead*, Oxford University Press, 1994.

续表

| 国家 | 总体改革力度 | 农业控制（C）或自由化（L） | | 公共企业监管 |
	强（S）或弱（W）	出口	粮食作物	（X 为无监管）
马里	S	L	L	X
毛里塔尼亚	S			X
毛里求斯	S			X
莫桑比克		C	C	
尼日尔	S	L	L	X
尼日利亚	S	L	L	X
卢旺达		C		X
塞内加尔	S	C	L	X
塞拉利昂	W	C	C	X
索马里	S	L		X
苏丹	W			X
坦桑尼亚	S		C	X
多哥	S			X
乌干达				X
扎伊尔	S	L	L	X
赞比亚	W	C	C	X
津巴布韦	W	C	C	X

资料来源：World Bank, *World Debt Tables*: *External debt of Developing Countries（1988－1989）*, Washington, D. C., 1989.

　　此外，作为经济改革的"溢出效果"，"结构调整计划"的实施对 90 年代非洲出现的"民主化浪潮"起到了重要的推动作用。"结构调整计划"对非洲国家权力以及政府行政能力的削减，客观上促进了地方民族主义和非政府组织以及公民社会力量的发展，为"民主化"创造了条件。① 总之，从本质上讲，"结构调整计划"是对充斥着"国际经济新秩序色彩"（NIEO-informed）的非洲发展战略（尤其是《拉各斯行动计划》）的否定，它的实施代表了西方在宏观发展方向上对非洲施加影响的

① Obioma M. Iheduru, *The Politics of Economic Restructuring and Democracy in Africa*, Westport: Greenwood Press, 1999, pp. 105－144.

开端。①

事实上,整个 80 年代,针对非洲的发展困境,非洲和国际社会(联合国主导)还制定了其他一些"发展倡议"。1985 年,非统通过了《1986—1990 年非洲经济复兴优先方案》(APPER),该"方案"体现了《拉各斯行动计划》的基本原则。1986 年,在"审议非洲的紧急经济形势问题"的特别联大上,联合国通过了《1986—1990 非洲经济复兴和发展联合国行动方案》(UN – PAAERD),其认可了前一年由非统通过的"经济复兴优先方案"。1988 年 10 月,在对"联合国行动方案"(UN – PAAERD)进行中期评估时,联合国大会敦促非洲国家在地区、次地区和国家层面针对"结构调整计划"的长期发展战略和目标制定一项可行的实施框架。为此,联合国非洲经济委员会(UNECA)召集了一个由来自非洲和非洲以外的专家、顾问(包括世界银行、国际货币基金组织和联合国开发计划署的官员)组成的"国际咨询委员会"。该委员会主要负责对"结构调整计划"的实施进行评估和分析,并对当时的政治经济挑战提供可能的替代建议。② 1989 年,非统首脑会议通过了非洲经济委员会提出的《替代"结构调整计划"的非洲方案》(AAF – SAP),并将其确定为地区层面的行动框架。上述"方案"集中代表了非洲国家在经济改革上的主张,其在发展的战略方向等方面有别于"结构调整计划",因此也被统称为"替代方案"。

在发展方向上,"替代方案"继承了"拉各斯行动计划"的基本精神,继续强调"(集体)自力更生""非洲经济一体化""减少外部依赖"以及"适度的国家干预"的重要性。但在发展策略上,相较"拉各斯行动计划"更进一步,"替代方案"借鉴了"结构调整计划",认可非洲国家进行改革和调整的必要性。"替代方案"吸取了"结构调整计划"有关减少政府开支、重视农业生产、鼓励出口等方面的合理内容。事实上,"替代方案"更符合当时非洲发展的实际,③ 但是,西方对其并不认可。

---

① R. Browne and R. Cummings, *Lagos Plan of Action vs. the Berg Report*, Lawrenceville, VA: Brunswick, 1985.

② Adebayo Adedeji, *Structural Adjustment for Socio-economic Recovery and Transformation*: *The African Alternative*, Addis Ababa: UNECA, 40.

③ 谈世中主编:《反思与发展:非洲经济调整与可持续性》,社会科学文献出版社 1998 年版,第 130 页。

与"伯格报告"针对《拉各斯行动计划》的制定而出台这一情况类似，针对"替代方案"，世界银行于 1989 年发表了题为"撒哈拉以南非洲：从危机到持续增长"的新报告。该"报告"指出，治理不善（malgovernance）是非洲困局的重要原因，非洲国家的政府和不负责任的外国投资者要为非洲大陆的危机承担责任。[①] 由于西方的反对和执行资金的缺乏，"替代方案"并没有得到有效实施。"结构调整计划"主导并深刻转变了 80 年代及其后非洲发展战略的制定和方向。

第三节　独立后非洲发展战略的历史思考

历史事件的发生是零散的，而历史进程的发展却是系统的。这就要求我们在研究宏观问题时，辨析历史事件、理清历史脉络、发现历史的框架。只有对独立后非洲的发展进程进行宏观的历史观察和思考，我们才能够发现不同发展战略之间的内在联系和演进关系，并由此归纳、梳理出非洲发展的历史框架和脉络。

一　"主权"与"发展"的历史框架

非洲是世界上最贫弱的大陆，有着长时期被殖民的历史，然而非洲人民反抗殖民统治的斗争却从没有停止过。可以说，非洲大陆被殖民的历史就是一部非洲人民与殖民者进行斗争的历史。从西非达荷美的反法斗争到东非坦葛尼喀的反德斗争，从南部非洲马塔贝莱兰的起义到非洲之角埃塞俄比亚的反意斗争，早期的反抗斗争发出了非洲人民争取自主与独立的先声。在思想领域，首先产生于海外的"泛非主义"的历史回归（"返回非洲"），为非洲的解放与独立注入了历史意义和精神动力。马库斯·加维（Marcus Garvey）在"世界黑人协进会"第二次代表大会（1921 年 8 月）上发出号召："各种族之间到处出现追求民族独立的热潮。我们到处听到自由、解放和要求民主的呼声。……砸掉锁在非洲母亲身上的镣铐是我们的责任。"[②] 到了 20 世纪中叶，思想的准备转化为追求主权独立的实践，

---

　　① World Bank, *Sub-Sahara Africa*：*From Crisis to Sustainable Growth-A Long-Term Perspective Study*，Washington, D. C.：World Bank, 1989, p. 27.
　　② 引自马库斯·加维在"世界黑人协进会"第二次代表大会上的演说。参见唐大盾选编《泛非主义与非洲统一组织文选（1900—1990）》，华东师范大学出版社 1995 年版，第 252 页。

经过四个阶段①的不懈斗争，非洲终于获得了独立与解放。

主权的独立对于非洲来说具有特殊的意义。几个世纪以来，非洲饱受贩奴、侵略、殖民的严酷对待，非洲人民对来之不易的主权格外地珍视。独立后的非洲国家在与外部（西方）交往时在涉及主权的问题上格外敏感。在制定内外政策时，非洲国家也往往将主权独立（自主）作为基本考量。随着国家政治独立任务的基本完成，尽速实现国家发展的历史任务提上了日程。在殖民时代，非洲从未实现过真正意义上的（自主）发展，即使某些部门或领域有所发展，也是由西方前宗主国选定的，非洲人没有或很少受惠于这种外部主导的发展。某种意义上说，非洲人民追求主权独立的最根本目的（之一）就是为了真正享有发展的成果、实现自主的发展。残酷的历史告诉非洲，只有主权的独立才能实现真正自主的发展。对于独立后各方面（尤其是经济）仍严重依赖西方的非洲来说，国家的快速发展也更多了一层"主权自主"的历史意涵。在主权与发展的辩证关系上，非洲国家有着清醒的认识。加纳是非洲第一个获得独立的国家，加纳的"开国之父"恩克鲁玛在国家独立之初就认识到：

> 自由一旦获得，接下来便有一项更伟大的事业提上日程。所有依附的殖民地在教育、农业和工业上都极其落后，因此就需要广大人民的共同努力，需要智慧和人力上的全民动员，来实现政治独立之后的经济独立，并反过来维护政治上的独立。那些其他国家用三百年或更长的时间取得的成就，一个曾经没有独立主权的殖民地国家必须尽可能地在一代人身上实现，否则就无法生存。②

"主权（独立）"与"（国家）发展"是独立前后非洲发展历史的两项核心任务或历史主线。非洲获得独立后，二者之间的辩证关系显得更加

---

① 非洲国家争取独立主权的斗争经历了第二次世界大战前的精英鼓动阶段、大众参与反对纳粹和法西斯阶段、第二次世界大战后的群众性非暴力斗争阶段和为追求政治独立而开展武装斗争阶段等四个阶段。参见［肯尼亚］A. A. 马兹鲁伊主编《非洲通史》（第八卷），中国对外翻译出版公司 2003 年版，第 74—75 页。

② Kwame Nkrumah, *Ghana*: *The Autobiography of Kwame Nkrumah*, Edinburg: Tomas Nelson and Sons Ltd. , 1957, p. x. 参见［美］约翰·伊斯比斯特《靠不住的诺言——贫穷和第三世界发展的背离》（第六版），蔡志海译，广东人民出版社 2006 年版，第 6 页。

紧密和明显。在发展的意义上，主权的独立主要表现在国家对经济发展的自主权上，强调的是国家对自身发展过程、发展方向的主导；而在主权独立的意义上，发展更多强调的是其结果，即发展成果是否为本国及其人民所享有。"主权"与"发展"之间的这种逻辑关系是由前述非洲特有的历史所决定的。

历史进程的发展是系统的，要发现或提炼这种历史的系统就必须对长时段的历史进行宏观或整体的观察和分析。法国"年鉴学派"的代表人物费尔南·布罗代尔（Fernand Braudel）将历史区分为三种不同的时间度量（time period）：短时段、中时段和长时段。其中，短时段记录的是突发性、偶然性的事件；中时段可以是 10 年、25 年（甚至是康德拉季耶夫的 50 年），"局势"（conjuncture）是其主要记录方式；而长时段往往是几百年甚至几千年，在长时段中，历史似乎是静止的，从中人们能够观察到相对稳定的历史结构。①借鉴"年鉴学派"观察历史的方法，我们发现，独立后非洲发展历史中的"局势"或"结构"是明显的，"主权"与"发展"就是其中最基本的方面。二者的辩证或互动关系像坐标的两轴一样，标定了非洲独立后发展历史的基本边界与大致方向。可以说，由一系列发展战略串联起来的独立后非洲发展史就围绕着"主权"与"发展"构成的历史结构或坐标框架展开。运用这一历史（坐标）框架进行观察，我们能够进一步发现独立后非洲主要发展战略在原则与方向上的前后继承与转变。

二　发展战略的继承与转变

"发展"是意涵十分丰富的概念。从内涵上讲，"发展"的主体可以是国家也可是人。在外延上，"发展"涉及的领域包括经济的发展、政治的发展、社会的发展等。而从宏观动态的角度看，"发展"主要是指"社会的变迁"②。具体到 20 世纪中后叶的非洲，初获独立、百废待兴的非洲国家对发展的理解与追求最集中也最清晰地体现在其制定和实施的一系列发展战略中。

---

① Fernand Braudel, "History and the Social Sciences", in Peter Burke ed. , *Economy and Society in Early Modern Europe: Essays from Annals*, Routledge, 2005, pp. 15 – 18.

② Peter Wallace Preston, *Development Theory: An Introduction*, Oxford: Blackwell Publishing Limited, 2002.

非洲国家在发展战略的制定上,主要受到当时的(内、外)环境与发展思潮(理论)的影响。内外经济环境(的变化)是发展战略制定的限制性条件,而主要的发展思潮与理论则可以被看作是非洲发展战略制定的构成性条件,其极大地影响和形构了非洲国家对发展问题的认识与理解。关于内外经济环境,前文在对非洲主要发展战略进行分析时已有较多说明,不再赘述。以下主要对 20 世纪中后叶对非洲发展战略起到较大影响的(主流)发展思潮和理论进行简要说明,从中我们能够观察到非洲发展战略的继承与转变。

真正意义上的发展问题研究兴起于二战结束后。20 世纪 50 年代以前,第三世界的发展问题几乎从未被提及,即使有人提到过,也是从殖民地发展的角度来看的。① 直到大批殖民地国家独立后,(西方)学术界对这些新兴国家发展问题的兴趣才被激发出来。

"增长理论"是这一时期发展理论的代表。二战后,凯恩斯革命、欧洲复兴以及第三世界国家对民族发展的需求为增长理论打下了政治和经济基础。从本质上看,增长理论既是一种经济学理论又是一种以民族国家发展为导向的干预主义意识形态。② 从凯恩斯主义、哈罗德"增长模型"对国家干预经济的"合法化",到刘易斯"二元模型"对落后国家政府作用的说明,增长理论对第三世界国家发展的推动力量进行了最初的研究。更进一步,廷伯根、钱纳里、赫希曼等学者更直接地强调了政府主导的发展计划(战略)对国家发展的重要作用,其认为发展中国家政府应对本国经济的发展进行统筹计划与安排。③

继增长理论之后,20 世纪 60 年代,现代化理论的"话语"很快成为发展思潮的主流。现代化理论强调发展中国家可以通过效仿西方的发展道路获得发展,而工业化是实现发展的关键。罗斯托的"经济成长阶段论"是现代化理论的代表。在罗斯托的理论中,工业化在第三世界国家的发展中占有重要地位,是经济起飞阶段的重要标志。同时,他认为,各个发展

---

① [英]安德鲁·海伍德:《政治学核心概念》,吴勇等译,天津人民出版社 2008 年版,第 260 页。

② [英]彼得·华莱士·普雷斯顿:《发展理论导论》,李小云等译,社会科学文献出版社 2011 年版,第 150 页。

③ 张凡:《发展中国家政府干预思想的演变》,载《拉丁美洲研究》2000 年第 4 期,第 3 页。

阶段的顺利完成有赖于国家（政府）在发展进程中核心作用的发挥。[①]

作为"替代性"思潮，结构主义和依附理论从第三世界发展的内外结构（环境）入手进行分析，认为第三世界国家的国内经济及其参与的国际经济均存在着结构失衡，要打破这种不利的结构，需要实施国家主导的进口替代战略。

随着世界经济的动荡，新自由主义经济学（政治上也被称为新右派）的理论和实践在 70 年代中后期开始占据上风。到 80 年代初，自由市场的意识形态已经统治了在第三世界从事发展活动的主要国际经济机构。世界银行和国际货币基金组织不断施加压力，要求第三世界国家实施经济自由化。

通过对二战后主要发展理论的简要梳理，不难发现它们之间演进与转变的内在关系。80 年代之前，各主流发展理论的核心思想从聚焦政府对发展的作用，到强调工业化之于发展的推动意义，再到倡导进口替代之内向发展的重要性，各主流理论在逻辑上是连贯和互补的。进入80 年代（70 年代末），新自由主义对以往发展理论的核心观点进行了颠覆，其认为市场机制、出口导向才是第三世界国家实现发展的关键。将发展研究的理论史与独立后的非洲发展史进行比照，可以发现二者在演进（转变）的时间节点上基本一致。可见，主流发展理论对非洲国家发展战略的选择产生了巨大影响，主要表现在以下几方面：

其一，对战略主体的影响。独立后的非洲国家实施了过渡性经济战略（政策）以及进口替代工业化战略。二者在基本原则与目标上是一致的，都强调国家（政府）对经济发展的计划和主导，以达到提高发展自主性的目的。事实上，过渡性经济战略（政策）与进口替代工业化战略在非洲的实施并没有明确的时间区分，二者是连贯和相互衔接的。过渡性经济战略的实施为进口替代工业化做好了（政策）铺垫，打下了一定的（物质）基础。前者更多是对殖民时期的经济格局在操作层面、技术层面的转变（国有化、土地改革、人员本土化），而后者则主要致力于对深层次经济结构（单一经济结构、中心—边缘的依附结构）进行变革。

---

① W. Rostow, *The Stages of Economic Growth: A Non-Communist Manifesto*, Cambridge University Press, 1960, pp. 2 - 74.

其二,对战略方向的影响。在地区层面,20 世纪 80 年代,非洲国家制定的《拉各斯行动计划》和"替代方案",继承了国家层面发展战略(过渡性经济战略、进口替代战略)的基本原则和方向。《拉各斯行动计划》将非洲发展困境的根本原因归结为(新)殖民主义以及不合理的国际、国内经济结构,并强调独立自主、自力更生的地区合作在非洲发展中的重要作用。[①] 在"替代方案"中"(集体)自力更生"以及国家对经济进行"适度干预"的原则继续得到确认。[②]

其三,对战略转型的影响。新的发展"话语"、新的发展参与者在对非洲如何摆脱困境、实现发展的问题上有不同的解释。70 年代中后期开始主导非洲的新自由主义发展理论将非洲经济的"结构性"问题理解为由于国家干预而造成的市场扭曲(market distortion)。基于这种理解,非洲的政治经济挑战既不是源于其被殖民的历史,也非由于过多地卷入全球经济。阻碍发展的经济"结构"不是外在、给定的,而是非洲国家过多干预经济的结果。[③] 由此,在新自由主义理论及其结构调整实践的影响下,非洲国家由积极的"主导者"(经济自主、经济主权)被调整为消极的"守夜人",自力更生的"内向"发展战略被调整为西方主导的"外向"出口经济。

通过"主权"与"发展"的历史框架进行观察,我们能够发现 20世纪中后叶,独立后的非洲国家的一系列发展战略在基本原则和方向上的前后继承、转变与断裂(见图 1 - 3)。独立初期,非洲在国家和地区层面制定和实施的发展战略在原则和理念上是一致和连贯的。进入 80年代,"结构调整计划"对非洲既有的发展战略进行了质的调整,非洲的发展在战略层面经历了大的转变甚至是断裂。在发展战略的实施效果上,各项发展战略虽然在具体细节上取得了一定的成效,但总体上都没有使非洲摆脱发展困境。总之,20 世纪后半叶,非洲的发展战略在单纯地强调经济自主权(经济主权)与盲目对外(西方)依赖之间摇摆,

① OAU, *Lagos Plan of Action for the Economic Development of Africa: 1980 - 2000*, Lagos, 1980, pp. 4 - 7.

② UNECA, *The African Alternative Framework for Structural Adjustment Programs for Scio-Economic Recovery and Transformation (AAF - SAP)*, Addis Ababa: UNECA, 1989.

③ P. Engberg-Pedersen, P. Gibbon, P. Raikes and L. Udsholt, *Limits of Structural Adjustment: the Effects of Economic Liberalization (1986 - 1994)*, Oxford-London: James Currey-Heinemann, 1996, pp. 3 - 4.

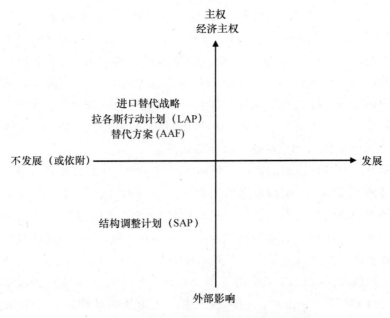

图 1-3   20 世纪后半叶非洲发展战略的演变

并没有找到一条真正适合自身发展的道路。然而，既有的探索也为新世纪非洲的发展积累了经验，新世纪的非洲要走向真正的发展需要做出新的战略选择。

第二章

继承与调整:新世纪的 "非洲发展新伙伴计划"

"非洲发展新伙伴计划"认可历史上关于设立地区层面发展计划的努力。由于非洲在指导方针以及主导权等种种内外因素上的失误,以往的努力并不成功。但当前的一系列新环境,使这些"计划"得以整合并实际执行。

——《非洲发展新伙伴计划》第 42 款

20 世纪中后期,一系列发展战略(计划)的实施给非洲国家带来了一定程度的发展,但同时也产生了十分严重的问题。特别是到 80 年代,非洲陷入严重的经济危机。由西方主导的"结构调整计划"不但没有使非洲摆脱困境,反而在许多国家产生了适得其反的效果。结构调整的十年被称为"失去的十年"(the lost decade)。进入 90 年代,非洲国家仍没有走出经济危机的阴霾,站在新世纪的门槛上,非洲面临进一步边缘化的危险。为了应对这一问题,非洲国家在新世纪之初制定了"非洲发展新伙伴计划"(简称"计划")。

将"非洲发展新伙伴计划"的制定和实施视作一个历史过程或进程置于独立后非洲发展的历史框架(主权与发展)中进行观察,能够发现其对以往发展战略(计划)的继承与调整。宏观上讲,这种继承与调整主要表现在思想基础和战略方向两个方面。在操作层面,"非洲发展新伙伴计划"将治理设定为发展的手段和目标,代表了非洲国家对发展问题更综合的认识与实践。

第一节　制定背景与基本内容

新世纪前后，特别是 20 世纪 90 年代，非洲发展经历了内外环境的深刻变化。外部环境方面，90 年代，两极格局的终结使非洲的国际战略地位骤然下降，国际上（尤其是西方）对非洲发展的援助和支持不断降低。同时，全球化的加速发展也使非洲经济面临进一步边缘化的危险。在非洲内部，80 年代的严重危机持续蔓延，未有明显好转。这些内外不利因素叠加在一起，构成了新世纪前后非洲发展的基本背景和限制条件。

一　新世纪前后非洲发展的内外环境

在外部环境方面，新世纪前后，国际政治、经济形势发生了显著变化。冷战的结束和经济全球化的加速发展构成了这一时期非洲发展之外部环境的两个基本方面：

其一，两极格局瓦解，非洲在西方全球战略中的地位下降。冷战时期，美国和苏联出于各自全球战略的考虑在非洲展开了激烈的争夺，各种援助（发展援助、军事援助）成为美、苏争取、拉拢甚至控制非洲国家的重要手段。冷战结束后，两大阵营的对峙不复存在，非洲在西方全球战略中的重要性显著降低，这最直接地表现在援助数额的变化上（参见图 2 -1）。独立以来，非洲接受的外部援助在数量上一直呈上升趋势，但 90 年代以后，西方尤其是援助大户欧洲调整了对外援助的重点和方向，对非援助数额持续下降。

其二，全球化加速发展，非洲经济受到了新的冲击。新的经济全球化以信息通信技术、生物技术以及新能源技术等一系列高新技术为代表，在冷战后加速发展。在这一进程中，非洲经济受到了严重的冲击，直接表现在其对外经济数据的降低上。在外国直接投资（FDI）方面，70 年代，投向非洲的资金占到了发展中国家的 19%，到了 90 年代，这一数字下降到了 3%。[①] 在进出口贸易方面，非洲出口贸易占世界总量的比重从 1960 年的 5.1% 下降到了 1990 年的 2.1%，而进口贸易的数据从 4.2% 下降到了

---

① World Bank, *World Development Indicators*, Washington: World Bank, 2003.

援助额
（百万美元）

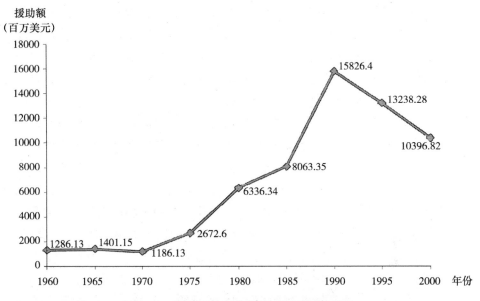

图 2 - 1　经合组织对非洲官方发展援助情况

资料来源：经合组织发展援助委员会（OECD/DAC）统计数据

2.3％。[①] 沃勒斯坦认为外围国家或地区"融入"资本主义世界体系的过程同时也是一个不断"边缘化"的过程，"融入"与"边缘化"是同一个历史进程的两个方面。[②] 发轫于地理大发现的资本主义经济全球化在全世界完成横向的"开疆拓土"之后，又以高新技术为主导开启了对全球经济的纵向整合。其中，非洲被更牢固地锁定在了全球生产链的初级和低端环节，在世界经济体系中，非洲面临着进一步边缘化的危险。

在非洲内部，发展环境的变化主要表现在以下两个方面：

其一，内部政治环境的民主化。整个 80 年代，西方主导的"结构调整计划"严重削弱了非洲国家政府对经济的控制能力，致使非洲国家难以应对新的（经济）形势。[③] 国家能力的降低，加之国际局势的变化（冷战终结）以及西方的推动，催化了非洲民主化的发展。90 年代初，民主

---

①　张向晨：《发展中国家与 WTO 的政治经济关系》，法律出版社 2000 年版，第 46 页。

②　Immanuel Wallerstein and William G. Martin，"The Incorporation of Southern Africa into the World-Economy，1800 - 1940"，*Review（Fernand Braudel Center）*，Vol. 3，No. 2，Fall，1979.

③　Eyob Balcha Gebremariam，*The Quest for Development Alternative in Africa：Questioning development assumptions of AAF – SAP & NEPAD*，Thesis presented in partial fulfillment of Master of Philosophy，Leiden University，August，2011，p. 64.

化的浪潮首先在西非小国贝宁冲开一道缺口,其后迅速席卷了整个非洲大陆。新世纪前后,多数非洲国家建立起以多党制为特征的民主政体。[①] 非洲政治民主化对经济发展也产生了重要影响,政治体制在主导价值、参与者、运行机制等方面的变革为经济的发展开拓了空间。在地区层面,这一影响集中体现在非洲经济一体化的发展上。

其二,非洲经济共同体的建立与发展。新世纪前后,非洲国家继续致力于经济一体化的建设。特别是在外部投资以及非洲进出口贸易份额持续下降的 90 年代,非洲地区和次地区的一体化显得更为重要。非洲经济共同体(AEC)的建立是这一时期非洲经济一体化的重要成果。《蒙罗维亚宣言》最早提出了建立非洲经济共同体和非洲共同市场的设想(《蒙罗维亚宣言》第五条)[②]。随后,《拉各斯行动计划》再次确认了这一设想,并规划两阶段实施方案,确定在 2000 年之前(by the year 2000)建立起非洲经济共同体。(《拉各斯行动计划最后行动方案》)[③]

尽管非洲国家十分重视经济一体化问题,但是,一直以来,区内(包括次区域间)贸易在非洲国家外贸总额中所占的比例始终很低,并且发展缓慢。非洲国家对外贸易的主要对象是西方发达国家,次区域间贸易的平均占比低于 5%。[④] 为了回应早前的承诺以及区内贸易水平低下等问题,1991 年 6 月 3 日,非统第 27 届首脑会议在尼日利亚首都阿布贾通过了《非洲经济共同体条约》(又称《阿布贾条约》)。《条约》首先明确了其制定的历史根据,并重申了《蒙罗维亚宣言》和《拉各斯行动计划》关于建立国际经济新秩序以及集体自力更生的精神和原则。《条约》阐明非洲经济共同体建立的宗旨是:推动非洲经济、社会、文化以及经济一体化的发展,并为实现内源性的(endogenous)发展和人力资源、自然资源的开发、利用搭建平台。为实现这一宗旨,非洲经济共同体将非洲的次地区经济组织(RECs)作为基石,确认其建设有赖于既有和未来的次地区经济组织间的协调和整合。《条约》计划建立由国家首脑大会、部长理事

---

① 李安山等:《非洲梦:探索现代化之路》,江苏人民出版社 2013 年版,第 83 页。

② 《蒙罗维亚宣言》,参见唐大盾选编《泛非主义与非洲统一组织文选(1900—1990)》,华东师范大学出版社 1995 年版,第 207 页。

③ OAU, *Lagos Plan of Action for the Economic Development of Africa*: *1980 - 2000*, Lagos, 1980, pp. 99 - 100.

④ S. K. B. Asante ed., *Regionalism and Africa's Development*: *Expectations*, *reality*, *and challenges*, London: Macmillan Press, 1997, p. 46.

会、泛非议会、经济和社会委员会、裁决法院、总秘书处和专门技术委员会组成的共同体机构,并规划用34年时间分6个阶段将非洲经济共同体最终建成。① 为了满足签约国数量上的最低要求,在签订后的第三年(1994年5月12日),《非洲经济共同体条约》才正式生效。与此同时,非洲经济共同体与非洲统一组织在组织机制上实现了合并(OAU/AEC)。

尽管《非洲经济共同体条约》再次确认了《拉各斯行动计划》提出的非洲国家"集体自力更生"的精神,但实质上,其与《拉各斯行动计划》在经济发展的原则与理念上并不相同。《非洲经济共同体条约》内含了更多的(政治经济)新自由主义、市场导向以及竞争与效率的思想和内容。非洲经济共同体的建立可以被看作是非洲国家对"结构调整计划"带来的自由主义范式的首次积极回应。与独立后非洲国家始终强调的内向、干预政策不同,该《条约》将以往非洲发展战略(计划)对政府(经济)作用的重视更多地转向了个人、非政府组织、公民社会以及私营部门。另外,《非洲经济共同体条约》十分重视对次地区经济共同体的协调与整合,强调其在消除贸易壁垒方面的作用,这集中凸显了"非洲经济共同体"的超国家性质(supranationality)。② 因此,有学者将非洲经济共同体的建立称作非洲的"第二代一体化"尝试。③

《非洲经济共同体条约》针对非洲的一体化建设制定了比较翔尽的计划,对历史上的一体化战略进行了调整并有所创新。然而,对于现实中的非洲来说其理念与规划仍显得过于超前。在《非洲经济共同体条约》中,非洲领导人宣称,非洲国家"在区域和次区域部门经济合作上付出的努力正激励着更大范围、更宽领域的经济一体化,这证明了非洲一体化有进一步拓展的必要性"。④ 但事实上,《非洲经济共同体条约》关于经济一体化的规定更多只是停留在文本阐述上,在现实中并没有得到有效执行。非洲领导人在消减地区贸易壁垒、促进商品和劳务流动上的成果乏善可陈,使其对非洲经济共同体甚至非洲共同市场的规划和追求显得更加不切实

---

① OAU, *Treaty Establishing the African Economic Community* (*Abuja Treaty*), Abuja, 1991.

② S. K. B. Asante ed., *Regionalism and Africa's Development: Expectations, reality, and challenges*, London: Macmillan Press, 1997, pp. 89 – 90.

③ Percy S. Mistry, "Africa's Record of Regional Cooperation and Integration", *African Affairs*, Vol. 99, No. 397, October, 2000, pp. 559 – 560.

④ OAU, *Treaty Establishing the African Economic Community* (*Abuja Treaty*), Abuja, 1991, Preamble.

际。《非洲经济共同体条约》的出台更多地是受到政治的驱动而不是出于经济的考量，更多是源于国内的需求而不是地区的压力。①

新世纪，非洲要实现真正的发展，需要在分析历史经验、洞悉时代背景的基础上，在战略上进行新的选择和调整。

二 "非洲发展新伙伴计划"的制定与主要内容

2001 年 10 月，非洲国家启动了"非洲发展新伙伴计划"（NEPAD）。作为继《拉各斯行动计划》之后非洲第二个地区层面的发展计划，"非洲发展新伙伴计划"是在经济全球化加速发展的形势下，由非洲地区大国发起、非洲国家广泛参与的地区性发展战略，被定位为新世纪非洲的综合性发展蓝图。

（一）制定历程

"非洲发展新伙伴计划"的最终制定经历了一个演变的过程。该计划最初被命名为"新非洲倡议"（NAI），由早前制定的"非洲千年复兴计划"（MAP）和"奥米茄计划"（OPA）两项发展倡议合并而成。在合并之前，两项发展倡议经历了各自的酝酿和形成过程。相较"奥米茄计划"，"非洲千年复兴计划"在国际上受到了更多的关注。

1994 年，摆脱了种族隔离制度的新南非诞生。此后，新南非快速融入非洲，并寻求在非洲事务中扮演更加积极的角色。为此，90 年代后期，时任南非副总统塔博·姆贝基（Thabo Mbeki）提出了"非洲复兴"（African Renaissance）的理念。为了将这一理念付诸实践，姆贝基展开了一系列政治宣传（宣讲）工作。1999 年，姆贝基当选总统，在就职演说中，他强调，新的世纪将会是"非洲的世纪"（African century）。2000 年，姆贝基在国际舞台上积极展开活动，先后会见了英国首相托尼·布莱尔（Tony Blair）、美国总统比尔·克林顿（Bill Clinton）、候任美国总统小布什（George W. Bush）等英美国家政要。他还先后出席（参与）了欧洲理事会、七国集团东京峰会、联合国千年峰会等国际多边活动，进一步推介"非洲复兴"的理念。2000 年 7 月 10—12 日，在多哥首都洛美召开的

---

① Jeffrey Fine and Stephen Yeo, "Regional Integration in Sub-Saharan Africa: Dead End or a Fresh Start", in Oyejide Ademola, Ibrahim Elbadawi, and Paul Collier ed. , *Regional Integration and Trade Liberalization in Sub-Saharan Africa*, Vol. 1, op. cit. p. 429.

非洲统一组织第 36 届首脑会议上，姆贝基联同尼日利亚总统奥巴桑乔以及阿尔及利亚总统布特弗利卡向与会的非洲国家领导人提交了"非洲复兴"的相关文件。2001 年 1 月 28 日，姆贝基在瑞士达沃斯参加世界经济论坛时最终提出了以"非洲复兴思想"为核心理念的"非洲千年复兴计划"（Millennium Partnership for the African Recovery Program）。在论坛发言中，姆贝基强调，"非洲千年复兴计划"代表了非洲自主（ownership）与负责任地推进大陆经济可持续发展的坚定承诺。他指出："'非洲千年复兴计划'对其他非洲国家的加入是开放的，只要它们准备好并愿意接受本计划的思想和原则。"[1] 姆贝基的这一表述得到了随后致辞的尼日利亚总统奥巴桑乔、坦桑尼亚总统本·姆卡帕（Ben Mkapa）以及塞内加尔总统阿卜杜拉耶·瓦德（Abdoulaye Wade）的回应和支持。

2001 年 5 月，在阿尔及利亚首都阿尔及尔召开的联合国非洲经济委员会部长会议上，南非政府提交了"非洲千年复兴计划"的最终文本，塞内加尔总统瓦德向会议提交了"奥米茄计划"（Omega Plan for Africa）文本[2]。在此次会议上，非洲经济委员会也提出了一份名为"非洲复兴协定"（Compact for African Recovery）的文件。最终，会议决定将三份文件整合成一个文本提交给非洲统一组织首脑峰会。2001 年 7 月，整合后的版本以"新非洲倡议"（A New African Initiative）为名提交给在赞比亚首都卢萨卡召开的非盟峰会审议，并获得通过。为了寻求国际社会更广泛的了解与支持，2001 年 10 月，"新非洲倡议"执行委员会首脑会议决定将其名称最终确定为"非洲发展新伙伴计划"（NEPAD）。[3] 2002 年 7 月，非洲联盟第一届首脑会议发表宣言，将"非洲发展新伙伴计划"确定为新世纪非盟的经济社会发展纲领。

（二）主要内容

在文本上，《非洲发展新伙伴计划》由八个部分组成，共 205 款。除前言（Ⅰ）和总结（Ⅷ）外，其余六部分内容分别涉及：当今世界中的非洲角色（Ⅱ）、非洲领导人新的政治意愿（Ⅲ）、对非洲人民的呼吁

---

① Mbeki, 2001, as quoted on W. D. Naburdere, "NEPAD: Historical Background and Its Prospects", in P. A. Nyong'o etc. , *NEPAD, a New Path*?, 2002, pp. 49 – 71.

② 2001 年 1 月，瓦德总统首先将"奥米茄计划"提交给了在喀麦隆召开的法语国家峰会。

③ Henning Melber, Richard Cornwell, Jephthah Gathaka, Smokin Wanjala, *The New Partnership for Africa's Development* （NEPAD）*—African Perspectives*, Uppsala: Nordiska Afrikainstitutet, 2002, pp. 6 – 7.

（Ⅳ）、新世纪实现可持续发展的战略（Ⅴ）、新的全球伙伴关系（Ⅵ）以及"非洲发展新伙伴计划"的实施（Ⅶ）等。其中，前四个部分主要是对非洲发展的历史、现状、规划的原则性阐述和说明，第五、六、七部分是整个"计划"的核心内容，第五部分是对非洲发展的"优先目标"以及长期目标的说明，第六部分规划了非洲与全球发展伙伴关系，第七部分主要是对该"计划"组织机制的规定。

在第五部分，"非洲发展新伙伴计划"列出了非洲发展的六个"优先部门"（sectoral Priorities），分别是：基础设施、人力资源发展、农业、环境、文化以及科技平台。其中，每一个"部门"又进一步细分，规定了具体的优先方向及其目标、要求，例如，针对"人力资源发展"，其目标就被细分成减贫、教育、人才流失以及健康等几个具体的方向。此外，还有六项具体"倡议"（Initiative）内嵌在第五部分中，分别是"和平和安全倡议""民主与政治治理倡议""经济和公司治理倡议""环境倡议""资本流动倡议"以及"市场准入倡议"等。在对长期目标（Long-term objectives）进行说明时，"非洲发展新伙伴计划"在第五部分中强调，需要：

　　·消减非洲国家的贫困，使非洲国家个体地和集体地走上可持续发展
　　　道路，以阻止非洲国家在全球化进程中边缘化的状况；
　　·全面提高妇女在各领域的地位和作用。（第 67 款）

在具体内容上，"计划"规划了 2015 年内的两方面长期目标：

　　·在下一个 15 年内实现并保持国内生产总值（GDP）年均增长 7%
　　　的目标；
　　·确保整个大陆实现国际发展目标（联合国千年发展目标）。（第 68 款）

进一步，"计划"列出了四方面的预期成果：

　　　　经济与就业实现增长；贫困与不公正得到消减；实现生产的多元化、国际竞争力的提高以及出口的增长；非洲一体化得到增强。（第69 款）

此后，随着"非洲发展新伙伴计划"的进一步实施，其工作重点又被集中设定在包括农业和粮食安全、环境变化和国家资源管理、地区一体化和基础设施、人的发展、经济和公司治理以及包括性别、发展能力和信息通信技术（ICT）在内的交叉问题等六大领域上。①

"非洲发展新伙伴计划"的第六部分对非洲发展的全球伙伴关系进行了规划和说明。"计划"强调历史上对非洲发展的不公正对待需要得到改正，非洲的真正发展需要建立在与外部新的伙伴关系基础上。其中，非洲与发达工业化国家（industrialised countries）及其国际机构的新伙伴关系得到特别说明和强调。此外，"非洲发展新伙伴计划"还说明了非洲的发展可能为全球发展伙伴带来的巨大潜在收益，其呼吁全球发展伙伴特别是西方伙伴（西方国家、主要国际机构）肩负起促进非洲发展的历史、现实义务和责任。为了加强非洲与西方平等、负责任的新伙伴关系，"非洲发展新伙伴计划"规划了十三个方面的内容，全面涵盖包括冲突管理、债务减免、官方发展援助（ODA）、教育与健康、公平贸易、投资（机构）、基础设施建设、国际经济组织的治理改革、打击腐败等非洲与西方关系的重要内容。在可量化的指标上，为了扭转官方发展援助下降的趋势，"非洲发展新伙伴计划"特别呼吁，发达国家在可接受的时间内应尽快使官方发展援助达到占其国民生产总值（GNP）0.7%的目标水平。②

三　"非洲发展新伙伴计划"的机制安排

在组织结构上，"非洲发展新伙伴计划"在第七部分（"非洲发展新伙伴计划"的实施）做出了初步规定。根据 2001 年 7 月非统卢萨卡峰会的决定，"非洲发展新伙伴计划"（2001 年）规定该"计划"的最高执行机构是国家元首执行委员会（HSIC），也被称为国家元首和政府首脑执行委员会（HSGIC）。该委员会由"计划"最早的 5 个创始国（promoter）以及其他 10 个国家组成（每个次地区选举两个国家）。另外，卢萨卡峰会决定在元首执行委员会下设立一个指导委员会（NEPAD Steering Committee）负责项目的指导和监督，并设立秘书处（NEPAD Secretariat）负责协调与管理日常事务。

---

① 参见"非洲发展新伙伴计划"官方网站，http：//www. nepad. org/about。
② OAU/AU, *The New Partnership for Africa's Development*, Abuja, October 2001.

　　随着"非洲发展新伙伴计划"的进一步实施，其组织机构在名称、设置和职能上又历经了一系列变化。2010 年 2 月，在埃塞俄比亚首都亚的斯亚贝巴召开的非盟第 14 届首脑峰会决定将"非洲发展新伙伴计划"并入非盟组织框架，并对其机制和职能进行相应调整。此届峰会决定将"非洲发展新伙伴计划"国家元首和政府首脑执行委员会（HSGIC）改组为国家元首和政府首脑方针政策委员会（Orientation Committee），将原来的秘书处改组为计划与协调办事处（NEPAD Planning and Coordinating Agency），简称"非洲发展新伙伴计划"办事处（NEPAD Agency）。关于"非洲发展新伙伴计划"并入非盟架构的相关内容，第五章作进一步分析。

　　在机制组成上，为了扩大代表性，改组后的"非洲发展新伙伴计划"首脑方针政策委员会（NEPAD Orientation Committee）将国家席位从原来的 15 个提高到 20 个。其中 5 个创始国拥有常任席位，其他 15 个国家从 5 个非洲次区域选出或通过协议产生，每两年轮换一次。非盟委员会主席有权参加方针政策委员会会议，同时，非盟委员会主席所在国被视为当年方针政策委员会的成员，有权参加会议。此外，部分非洲次地区经济共同体也可被选为方针政策委员会成员参加会议。方针政策委员会每年至少召开两次会议，其中一次固定与非盟峰会相连，安排在非盟峰会前召开。关于"非洲发展新伙伴计划"指导委员会，其构成由方针政策委员会国家首脑指派一名个人代表（创始国首脑指派两名个人代表）组成，指导委员会原则上每年召开 4 次会议，每季度召开一次会议。

　　在职能上，方针政策委员会在战略层面领导"非洲发展新伙伴计划"的实施。方针政策委员会为非洲国家首脑就特定发展议题和战略的协调与协商提供了直接的平台和渠道。方针政策委员会的具体职责包括判定地区层面需要讨论、规划的发展议题，审查决议执行情况并采取相应行动，以及为审查设立新机制等。[①] 在 2010 年，"非洲发展新伙伴计划"并入非盟后，方针政策委员会需向非盟负责，并且每年向非盟提交工作报告并提出工作建议。关于指导委员会的具体职责，其主要负责辨别、整合具体项目报告并提交方针政策委员会审议。另外，指导委员会还制定本组织财政预算和决算报告等。关于计划与协调办事处（简称办事处），其主要负责"非洲发展新伙伴计划"框架下次地区以及地区项目的实施与协调等日常

---

　　① OAU/AU, *The New Partnership for Africa's Development*, Abuja, October 2001. par. 201.

工作。2010 年改组后，非盟委员会主席有权监督办事处的工作，办事处对方针政策委员会每年度提交给非盟的工作报告给予技术支持。

此外，2003 年，非盟在"非洲发展新伙伴计划"框架内启动了"非洲互查机制"（参见图 2-2），其具有相对独立的一套组织机制、运作程序和具体职能，第三章将进行专门说明和分析。

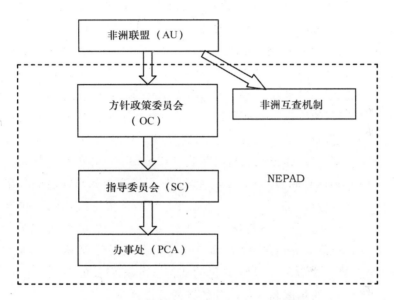

图 2-2　"非洲发展新伙伴计划"组织结构

第二节　思想基础与战略方向

作为新世纪非洲的综合性发展战略，"非洲发展新伙伴计划"具有许多新的特点，在宏观层面（战略层面），其主要体现在思想基础的多元化以及战略方向的兼容性两个方面。战略思想是发展战略（计划）的灵魂，而战略方向的设定是战略思想的外化及其在实践中的延伸，二者是一体两面的关系。在思想基础上，南非前总统姆贝基的非洲复兴思想对"非洲发展新伙伴计划"的"气质"形成了直接影响。在战略方向上，"非洲发展新伙伴计划"在继续强调自主发展、打造内部发展平台的同时，力求与外部特别是西方建立新的发展伙伴关系。这种"内外兼修"的发展模式是非洲新世纪在发展战略上做出的新选择。

一　非洲复兴：从理念到实践

独立后，由非洲（国家）主导的发展战略很大程度上都是泛非主义独立运动的延续，在发展理念（精神、原则）上强调内向和自主，但最终都没能使非洲走向真正的发展。曾引领非洲实现解放的泛非主义思想在历史任务的转换中（由解放到发展）逐渐失去了动力。站在新世纪的门槛上，非洲在发展战略上需要新的指导思想（思想基础）。

1994 年，在突尼斯召开的非洲统一组织第 30 届首脑会议决定接纳新南非为正式成员，曼德拉总统（Nelson Mandela）在参加此届峰会并发表演讲时最早使用了"非洲复兴"（African Renaissance）的说法，[1] 但当时并没有引起特别的注意。如前所述，"非洲复兴"概念的真正阐发者和推动者是后来成为新南非第二任总统的姆贝基。1997 年 4 月，时任南非副总统的姆贝基在美国弗吉尼亚州尚蒂利（Chantilly）出席了"非洲企业理事会"（Corporate Council on Africa）为非洲引资举办的高峰会议。在发表演讲时，姆贝基对"非洲复兴"的概念进行了首次正式说明。同年，南非副总统办公室发布了一份题为"非洲复兴：一个可以实现的梦想"（*The African Renaissance*：*A Workable Dream*）的文件，阐述了非洲大陆发展需要注意的五个领域，包括文化的交流、非洲妇女的解放、青年的动员、可持续民主的拓展和深化以及经济的可持续发展等。[2]

"非洲复兴"理念的提出一方面因应了 90 年代非洲发展形势的大背景，另一方面也符合新南非谋求地区事务领导权的战略抱负。因此，"非洲复兴"的理念凝聚了强大的推动力，在国际上获得了较多的关注，同时得到了非洲国家的认可。1997 年 9 月 28 日，南非非洲人民大会（ANC）在约翰内斯堡专门召开了"非洲复兴大会"。其后，南非于 1998 年和 1999 年先后两次举办了"非洲复兴研讨会"，并于 1999 年，在博茨瓦纳哈博罗内成立了协调各国"非洲复兴"研究的"非洲复兴学会"（African Renaissance Institute）。随着关注度和研究水平的不断提高，"非洲复兴"的理念逐渐丰富起来并最终发展成为新世纪指导非洲发展的重要思想理论。

---

[1]　Van Kessel，"In Search of an African Renaissance：An Agenda for Modernisation，Neo-traditionalism or Africanisation"，*Quest*，XV，1 - 2，（2001），p. 43.

[2]　P. Vale and S. Maseko，"South Africa and the African Renaissance"，*International Affairs*，Vol. 74，No. 2，p. 274.

在内涵上,非洲复兴思想的构成是多元的,它根源于非洲早期的一系列意识形态和哲学思想,如泛非主义、黑人性(Negritude)、乌班图意识(Ubuntu Consciousness)和黑人意识等。① 非洲复兴思想是对这些早期非洲思想形式新的整合和诠释。在内容上,非洲复兴的思想体系涵盖了非洲政治、经济、文化、对外关系等各个方面。从发展的意义上讲,凸显非洲人的自我认同(历史自信与现实自信)、新时代非洲政治、经济革新的成绩以及非洲发展的全球意义是非洲复兴思想的主要特点。非洲复兴思想强调,非洲拥有灿烂辉煌的历史和文化,认为所谓"非洲没有历史"的含米特理论(Hamitic theory)以及"非洲人低人一等"的论断是殖民主义和欧洲(西方)中心主义造成的。姆贝基曾在不同场合多次自豪地表达自己非洲人(I am an African)的身份属性。他曾动情地说,非洲人不是负重的牲畜,而是有着伟大动能和创造性的人、是非洲人(human and African being)。② 在新的时代,非洲(能够)复兴的自信来源于民主政治在非洲的快速发展。独裁统治在非洲的终结使非洲人民能够选择适合非洲的民主体制,并通过选票决定自己的命运。姆贝基曾强调说,那些依然将非洲视作战乱频仍(strife-torn)大陆的人们并没有摘下他们的有色眼镜,非洲的复兴正在发生。③ 在全球定位上,非洲复兴思想对全球化持欢迎的态度,认为非洲应当进一步融入全球化的进程中。作为殖民主义的延续,姆贝基认为独立后至 20 世纪 90 年代是新殖民主义统治非洲的时期,而蒙博托政权的垮台则标志着新殖民主义在非洲的终结。新的全球化时代,非洲的复兴需要国际社会的关注和支持。作为相互依赖的整体,只有非洲实现发展,世界才能实现真正的繁荣与自由。④

作为新时期谋划非洲发展的主要思想基础,非洲复兴思想的重要意义在于其实践性。作为一种政治实践,南非将非洲复兴思想作为其外交战略的基本原则,认为新南非的解放有赖于全非洲人民的团结,因此,南非有责任为非洲的发展事业做出表率和贡献。在南非的推动以及非洲国家的支持下,非洲复兴思想对新时期非洲发展战略的制定和实施形成了直接的影

---

① Henning Melber, Richard Cornwell, Jephthah Gathaka, Smokin Wanjala, *The New Partnership for Africa's Development (NEPAD) —African Perspectives*, Uppsala: Nordiska Afrikainstitutet, 2002, p. 6.

② Thabo Mbeki, *The African Renaissance*, *South Africa and the World*, http: //archive. unu. edu/unupress/mbeki. html.

③ Thabo Mbeki, *Africa's Time Has Come*, pp. 200 – 204, http: //www. gov. za/speeches/index. htm.

④ 钟伟云:《姆贝基非洲复兴思想内涵》,载《西亚非洲》2002 年第 4 期,第 14—17 页。

响，被认为是"泛非主义"的重生。①

如前所述，由南非发起并获得阿尔及利亚、尼日利亚、埃及等国支持的《非洲千年复兴计划》（MAP）的核心内容直接贯彻了非洲复兴思想的基本精神。它的酝酿和制定是非洲复兴思想由理念到实践的重要转折点。《非洲千年复兴计划》阐明，非洲的命运需要非洲自己决定，国际社会可以在许多方面对非洲的努力给予支持和补充。该"计划"认为，非洲民主机制的建立为人权的保护提供了保障。以人为本的发展（people centred development）以及市场驱动的经济虽然取得明显的进步，但仍然是不充足和不平等的。因此，《非洲千年复兴计划》强调，几个世纪以来由于不平等关系造成的发展鸿沟的填补有赖于非洲与国际社会，特别是与高度工业化国家（highly industrialised countries）新伙伴关系的建立。②

"非洲发展新伙伴计划"是在《非洲千年复兴计划》（以及《奥米茄计划》）的基础上制定的（二者在文本上甚至存在许多完全相同的内容）。③ 因此可以说，非洲复兴思想对"非洲发展新伙伴计划"战略方向的选择产生了直接的影响。

首先，"非洲发展新伙伴计划"体现了非洲国家和人民对非洲实现复兴的战略自信。重拾非洲的自信与自我认同是非洲复兴思想的前提和基础。受其影响，"非洲发展新伙伴计划"阐明，非洲是人类的发源地，非洲人民需要理解并珍视这一历史遗产，重建自信和认同。非洲国家需要利用这一共同的历史遗产和认同改变大陆贫穷和边缘化的状态。在现实中，非洲的发展有丰富的矿产资源、生态资源、生物资源以及文化资源作为物质和精神保障。同时，非洲的发展也能够为全世界，特别是非洲的发展伙伴在市场、人力资源、投资和发展空间等方面提供巨大的利益和机会。④ "非洲发展新伙伴计划"认为，非洲的发展和复兴有着良好的基础和光明的前景。

---

① 罗建波：《通向非洲复兴之路：非盟与非洲一体化研究》，中国社会科学出版社 2010 年版，第 40—43 页。

② Par. 6-par. 7, in *The Millennium Partnership for the African Recovery Programme* (*MAP*), Jan 28th, 2001.

③ 具体可参见《非洲发展新伙伴计划》（*NEPAD*）与《非洲千年复兴计划》（*MAP*）的文本。*NEPAD*, http://www.nepad.org/system/files/framework_0.pdf; *MAP*, http://www.unesco.org/africa/seminar/Documents/map.pdf.

④ Part II and Part VI in OAU/AU, *The New Partnership for Africa's Development*, Abuja, October 2001.

其次,"非洲发展新伙伴计划"强调非洲对发展(战略)的主导权。自主发展是非洲复兴思想的重要内涵,"非洲发展新伙伴计划"集中体现了这一思想。与历史上的非洲发展战略不同,"非洲发展新伙伴计划"十分强调战略的"非洲主导"和"非洲管理"(African ownership and management)。"非洲发展新伙伴计划"始终强调非洲以及国际上针对非洲的发展项目、安排应在它的原则和机制框架下进行。这一前提(方向)的重要意义在于,为战略的设计和实施预留了弹性,可以对战略的可接受性进行直接的调整和影响。[①] 经过不断的发展,在机制上,"非洲发展新伙伴计划"建立起了比较完善的组织和管理结构。2003 年,"非洲互查机制"的启动是"非洲发展新伙伴计划"之非洲主导理念的又一重要体现。"非洲互查机制"是非洲(联盟)内部的自我监督机制(self-monitoring),旨在通过非洲国家间在政治、经济和社会治理领域的相互审查增强非洲国家的发展能力,为非洲的自主发展夯实基础、创造条件。[②]

再次,"非洲发展新伙伴计划"将外部参与作为非洲发展的重要推动力量。基于对全球化之相互依存属性以及非洲发展前景的认识,非洲复兴思想重视内外互动对新世纪非洲发展的重要意义。受其影响,在对外部参与的态度上,"非洲发展新伙伴计划"阐明:根据非洲人民自己的倡议(initiatives)和意志,同时为了掌握非洲自己的命运,本"计划"致力于为世界各国,包括工业化国家和多边组织,参与非洲的发展打造互动的平台。[③]

此外,某种意义上说,非洲复兴思想可以被看作是新自由主义思想的"非洲形式",在"非洲发展新伙伴计划"的设计与运行中二者的整合是兼容和有机的。因此,非洲复兴思想对"非洲发展新伙伴计划"的直接影响还在于它为新自由主义思想和政策的内嵌提供了条件。因此,通过对非洲复兴思想的分析,不难发现其内含了较多新自由主义的思想成分。

二 新自由主义:从被动接受到主动选择

新自由主义(Neoliberalism)是 20 世纪 70 年代在国际上流行的一种(政治)经济学理论思潮和运动。由于它与新古典主义经济学的紧密关

---

① Ronald Kempe Hope, "From Crisis to Renewal: Towards a Successful Implementation of the New Partnership for Africa's Development", *African Affairs*, 101 (2002), p. 396.

② 参见"非洲互查机制"官方网站, http://aprm-au.org/。

③ Par. 48, in OAU/AU, *The New Partnership for Africa's Development*, Abuja, October 2001.

系，二者也经常被混用，在政治领域，新自由主义通常被称作新右派。

在经济领域，新自由主义继承了古典自由主义的传统，倡导不受政府管制的市场和贸易。新自由主义认为自由的市场和贸易以及全球化条件下资本（跨国）的自由流动能够带来最大的经济、政治和社会收益。因此，在经济（发展）政策上，新自由主义主张公共开支的最小化以及政府对经济干预的最小化，最大限度地发挥市场机制的作用。在国际贸易上，新自由主义主张国家取消贸易壁垒和管制，利用价格优势和比较优势，积极参与国际市场竞争。总之，新自由主义的思想内核在于强调自由市场机制的作用，认为在市场机制的调节下，（国际、国内）经济可以得到持续发展，利益能够惠及社会全体，并达到"帕累托最优"（Pareto Optimality）状态。国家（政府）在经济（发展）中的作用仅仅是提供一套基本的法律和安全保障体系，以支持市场行为者合法地追求利益。

在政治领域，新自由主义或新右派思想认为政治自由能够为工作部署、资源分配和权力控制问题提供平衡的办法，从而确保政治自由的最大化。[1]新自由主义重视民主政治对个人权利的保障作用，在政治价值和政治运行（参与）上反对专制主义和集权主义，认同个人、（非政府）组织、公民社会的政治作用。新自由主义的代表人物弗里德曼（Milton Friedman）认为，自由放任（laissez-faire）的资本主义是政治自由的必要条件，[2] 国家的作用，无论是在经济领域还是政治领域，都应该被禁锢在最小的范围内。

20 世纪 70 年代后，新自由主义主宰了在第三世界从事发展活动的主要国际经济机构。世界银行和国际货币基金组织作为主要推手，在发展中国家推动了一系列经济自由化改革。非洲国家普遍实行的"结构调整计划"就是这次全球经济自由化浪潮的一部分。但实践证明，"结构调整计划"倡导的新自由主义改革并不符合非洲的实际。首先，新自由主义强调的市场机制、价格信号在非洲落后的经济环境（落后的交通、通信以及不健全的经济法规等）中很难发挥作用；其次，由于非洲初级产品出口的需求弹性较小，因此，汇率以及贸易政策的改革并没有明显带动非洲出口的增长；再次，新自由主义的私有化政策和财政政策降低了国家的经

---

① ［英］彼得·华莱士·普雷斯顿：《发展理论导论》，李小云等译，社会科学文献出版社2011 年版，第 242、243 页。

② M. Friedman, *Capitalism and Freedom*, University of Chicago Press, 1962.

济作用。这些政策非但没有促进本地私营经济发展，反而加强了外资对国民经济的控制。此外，政府财政开支的削减带来公共服务的减少，实际降低了非洲国家人民的生活水平。事实上，非洲国家政府和人民并不认同新自由主义的"结构调整计划"，非洲人将"结构调整计划"称作"肚皮调整计划"（Stomach Adjustment Programme），将国际货币基金组织斥为"大众饥饿组织"（Institute for Mass Famine）。[①]

然而，进入新世纪，非洲对新自由主义的态度发生了明显变化。这种变化的集中体现就是"非洲发展新伙伴计划"对新自由主义在发展思想和发展战略上的主动选择。尽管早前（20世纪90年代）建立的非洲经济共同体已对新自由主义理念做出了相对积极的回应，但相较之下，"非洲发展新伙伴计划"更进一步，其更加全面地贯彻了新自由主义的思想和原则。新世纪，非洲主动选择新自由主义的原因在于：

首先，以往内向发展战略的失败促使非洲国家选择新自由主义。尽管80年代新自由主义"结构调整计划"的实施效果不理想，甚至失败，但它对非洲国家内部体制的改变却是明显的。经过十余年结构调整，非洲国家引入并初步建立了市场机制，政府对经济的干预甚至垄断被削弱，经济的外向性明显增强。作为副效应，新自由主义的结构调整还催生了90年代非洲的民主化进程。内部体制的变革为非洲国家新世纪对自由主义的选择打下了基础、铺垫了道路。

其次，国际发展环境的变化与非洲大国的推动促使非洲国家选择新自由主义。如前所述，新世纪前后，经济全球化加速发展，新自由主义在国际上赢得发展话语的主导权。在这一背景下，以南非为首的非洲（经济）大国对自由主义思想和政策（战略）的推动，进一步影响了非洲国家的选择。根据联合国主要涉非机构的数据，这些非洲国家（大国）主导着非洲的区内贸易[②]，接受了非洲大陆最多的外国直接投资（FDI），[③] 是非

---

①　E. Harsch, "Recovery or Replace?" *African Report*, Vol. 33, No. 6, 1988, p. 58.

②　根据联合国非洲经济委员会2003年的统计，5个国家在非洲区内（出口）贸易中占有主导地位，分别是科特迪瓦（占非洲区内贸易出口总额的25%）、尼日利亚（20%）、肯尼亚（9%）、津巴布韦（9%）、加纳（9%）。UNECA, *Economic Report on Africa 2003*, Addis Ababa: UNECA, p. 40.

③　1991—2002年，非洲接受外国直接投资最多的十个国家：南非、埃及、尼日利亚、阿尔及利亚、苏丹、突尼斯、莫桑比克、安哥拉、乍得、摩洛哥。UNCTAD, *World Investment Report, 2003: FDI Policies for Development: National and International Perspectives*, New York and Geneva: UNCTAP, 2003, pp. 249 – 250.

洲地区全球化水平最高的国家。以国家利益为根本动因的选择为新自由主义在非洲的扩展打下了比较扎实的基础。

再次，与上一点相关，非洲内、外行为体的战略重合是非洲国家选择新自由主义的重要原因。世界银行以及其他国际投资者希望以南非为首的非洲大国主导地区经济自由化进程，协助私营机构在新的经济环境中发挥积极作用。① 这与南非等国的地区外交战略不谋而合。非洲大国对新自由主义的选择和推动既符合自身（战略）利益，也契合外部参与者对非洲发展方向的期待。

表 2 - 1   全球化指数（2004）与"非洲发展新伙伴计划"国家

国家	在 62 个全球化程度最高的国家中的排名	在 NEPAD 中的角色
博茨瓦纳	30	成员国、NEPAD 指导委员会
突尼斯	35	成员国、NEPAD 指导委员会
乌干达	38	APRM 参加国
塞内加尔	40	NEPAD 创始国
尼日利亚	42	NEPAD 创始国
摩洛哥	47	—
南非	49	NEPAD 创始国
肯尼亚	54	APRM 参加国
埃及	60	NEPAD 创始国

注：2004 年的全球化指数测算主要跟踪和评估了 4 项指标，包括：贸易和金融流动、人口的跨国流动、国际电话交流、国际条约的参与和使用。另外，由于有争议的西撒哈拉（Western Sahara）被承认为非统/非盟成员国，因此摩洛哥没有加入非盟；摩洛哥也因此没有加入"非洲发展新伙伴计划"，事实上其游离于大部分非洲"倡议"。

资料来源：表中的排名来源于"卡内基国际和平基金会"（CEIP）在其《外交政策》杂志（*Foreign Policy*）中公布的年度全球化指数（2004）。

总之，作为独立后非洲发展历史的新进程，新世纪的"非洲发展新伙伴计划"绝不是孤立的，其制定和实施是对 20 世纪非洲发展战略的历史延续。"非洲发展新伙伴计划"对新自由主义绝不是盲目的接受，而是基于非洲发展历史的主动选择。历史地看，内嵌于"非洲发展新伙伴计

---

① F. Cheru, "Civil Society and Political Economy in South and Southern Africa", in S. Gill ed., *Globalization, Democratization and Multilateralism Basingstoke*, UK：Macmillan, 1997, p. 239.

划"框架中的思想基础和战略方向经历了非洲发展经验的筛选、调整与整合，带有明显的非洲特征。

第三节　继承、调整与整合

基于对 20 世纪后半叶非洲发展战略的观察和分析，笔者发现独立后在非洲发展的历史中存在一个"主权与发展"的"坐标系"。进入新世纪，通过前文的分析，不难发现非洲发展的一系列（战略）问题在宏观上仍然主要围绕自主发展（经济主权）与外部影响（参与）所构成的轴线展开，因此，"主权与发展"的历史分析框架在新世纪仍是适用的。运用这一分析框架对"非洲发展新伙伴计划"进行纵向分析，能够发现其作为新的历史进程在宏观上对以往发展战略（计划）的继承和调整。在实施过程中，这种继承和调整，主要表现为"非洲发展新伙伴计划"对非洲的"内部治理"和非洲导向的"全球治理"等方面的推动和整合。

一　宏观层面的继承与调整

"非洲发展新伙伴计划"，将自主发展设定为非洲发展的基本原则和目标，但在战略方向上进行了新的探索，主要表现为其对以往发展战略的继承和调整。继承的一面主要表现在"非洲发展新伙伴计划"对发展之国家（政府）主导的坚持，而调整的一面则主要表现为对非洲发展之外部影响在认识上的转变。"继承"主要强调非洲发展的内部因素，而"调整"则主要侧重非洲发展的外部参与。需要进一步说明的是，这种战略方向上的"继承"与"调整"并不是绝对可分的，"继承"并不代表僵化和教条，其中内含变化的因素，而"调整"也绝非另辟蹊径，其无法脱离非洲发展的历史逻辑。战略上的继承与调整是"非洲发展新伙伴计划"追求非洲发展主动权的体现，二者是相互补充、一体两面的关系。

首先，在战略的继承性上，"非洲发展新伙伴计划"继续坚持国家（政府）对发展进程的主导。如前所述，为了获得发展的自主权，独立以来，非洲国家（政府）主导了一系列发展战略的制定和实施。进入新世纪，"非洲发展新伙伴计划"继续重视国家（政府）之于经济发展的重要作用。然而，与以往的发展战略在实施中单纯或过于强调国家对经济发展的优先"权力"不同，"非洲发展新伙伴计划"更加重视和强调国家"能力"的建设（state capacity-building）：

> 国家能力的建设对于良好发展环境的营造十分重要。在促进经济的增长与发展以及减贫项目的实施上，国家应起到主导作用。然而，在现实中，许多政府缺乏实现这种主导作用的能力。这些国家缺乏引导私营部门实现增长所必需的政策和法规框架。甚至在资金到位的情况下，也没有能力执行相应的发展计划。（《非洲发展新伙伴计划》第86款）
>
> 因此，国家能力的建设需要被作为首要的优先目标。各领域的发展项目在实施之前需要首先进行（国家）能力评估，通过后才能获得合理的支持。[①]（第87款）

在地区层面，"非洲发展新伙伴计划"致力于非洲（地区、次地区）一体化的建设，希望通过一体化的发展，增强非洲发展的自主能力及其在经济全球化进程中的竞争能力。与国家层面的能力建设相呼应，"非洲发展新伙伴计划"也强调地区（组织）在能力建设上的重要意义：

> （不利的）经济条件决定了非洲国家需要汇集资源、促进地区发展和经济一体化，以改善非洲的国际竞争力。因此，非洲的五个次地区经济集团（economic groupings）必须被加强。（第91款）
> ……
> 为了促进既有地区组织（结构）的合理化和竞争力，"非洲发展新伙伴计划"将（地区）能力建设置于本"计划"的优先位置……[②]（第93款）

其次，在战略方向的调整上，"非洲发展新伙伴计划"在新的意义上评估了"外部参与"以及（非洲的）内外关系对于新世纪非洲发展的意义。"非洲发展新伙伴计划"从历史和现实两方面阐明了其对外部（特别是西方）的认识。一方面，"非洲发展新伙伴计划"继续强调，殖民主义的掠夺

---

① Par. 86 and 87, in OAU/AU, *The New Partnership for Africa's Development*, Abuja, October 2001.

② Par. 91 and 93, in OAU/AU, *The New Partnership for Africa's Development*, Abuja, October 2001.

以及不合理的国际秩序是导致非洲贫困的根源,认为殖民主义及其对非洲发展的限制(殖民主义遗留的结构、制度等),对非洲的贫困负有不可推卸的历史责任。另一方面,"非洲发展新伙伴计划"也坦承,独立后,非洲国家腐败、低下的领导和治理能力进一步削弱了继承自殖民历史的虚弱国家和不健全的国民经济。① 可见,非洲国家不再将现实中的贫困、落后单纯或全部归咎于殖民历史和外部因素,而是更加务实地直面非洲自身存在的种种问题。基于这种认识,非洲国家在继续强调自主发展的同时,欢迎国际社会作为平等的新发展伙伴参与到非洲的发展进程中来。作为"非洲发展新伙伴计划"的创始者之一,尼日利亚前总统奥巴桑乔在对"非洲发展新伙伴计划"进行说明时,曾这样分析非洲发展的内外关系问题:

> 我们抱怨世界的日子已经过去了,是的,殖民主义,那又怎样呢?殖民主义也已经离开好多年了;是的,还有奴隶制和奴隶贸易,但那又怎样呢?因此,这是我们第一次面对我们的实际情况。自独立以来,我们做对了什么?我们在哪里出了错?……非洲人准备面对他们自己的问题,而且他们也准备承担起他们命运的责任并纠正过去的错误。②

因此,要实现真正的发展,非洲国家在发展战略上必须进行务实的调整。基于对历史和现实的重新认识和评估,"非洲发展新伙伴计划"在战略方向上强调"独立自主"(self-reliance)与"外部参与"整合的重要性:

> "非洲发展新伙伴计划"通过对过往成就的巩固以及对痛苦经验的总结,寻求在(计划)执行方面,建立起一种可信赖、有能力的伙伴关系。为此,摆在非洲人民和政府面前的挑战是,必须理解发展是一个(对内、对外)赋权(empowerment)和自主的(互动)进程。相应的,非洲人民不要再做仁慈的守门人,而要成为自己美好生活(upliftment)的永久建设者。③(第 27 款)

---

① Par. 18-26, in OAU/AU, *The New Partnership for Africa's Development*, Abuja, October 2001.

② [意]阿尔贝托·麦克里尼:《非洲的民主与发展面临的挑战——尼日利亚总统奥卢塞贡·奥巴桑乔访谈录》,李福胜译,中国人民大学出版社 2007 年版,第 8—9 页。

③ Par. 27, in OAU/AU, *The New Partnership for Africa's Development*, Abuja, October 2001.

再次，"非洲发展新伙伴计划"的多元主义思想基础也表现出对历史的继承与调整属性。战略思想是发展战略的灵魂。如前所述，非洲复兴思想和新自由主义构成了"非洲发展新伙伴计划"的思想基础。而"非洲发展新伙伴计划"对历史的继承与调整正是上述战略思想的外化和延伸。非洲复兴思想的多元主义气质在继承泛非主义、本土认同的同时，融入（国际）市场、民主等思想内容。这使其与新自由主义思想能够有机地结合在一起。这样，新自由主义一方面为传统的非洲（发展）思想注入新的内涵，另一方面，其自身也受到非洲复兴思想的规范，成为具有非洲（历史）关怀的新自由主义。

"非洲发展新伙伴计划"对以往发展战略的继承与调整是基于独立后非洲发展之经验、教训的历史选择。如前所述，在由"主权"与"发展"两条坐标轴线标定的独立后非洲发展的历史中（如图 0－1），以往的各项发展战略（计划）在过分强调"自主"与盲目"对外依赖"之间摇摆，并没有使非洲摆脱依附与不发展的状态。新世纪的"非洲发展新伙伴计划"代表了非洲国家通过内部发展与外部参与结合的方式实现非洲真正发展的努力。

二　治理意义上的有机整合

在宏观层面，"非洲发展新伙伴计划"可以被看作是对以往发展战略的继承与调整。而在战略的具体实施上，这种继承与调整则更多地表现为"非洲发展新伙伴计划"在非洲发展的意义上对"治理"的整合与追求。

"治理"（governance）的理论和实践主要兴起于 20 世纪 90 年代。随着新全球化的发展，人类的政治、经济生活发生了深刻的变革，其中，过程和形式的变革最为引人注目。因而，"治理"不仅在学术界成为时兴的"话语"，在实践中，也引起各政治参与者的广泛兴趣和注意。在理论上，学者们对"治理"的看法并不完全相同，对"治理"的定义各有侧重。专门研究治理问题的学者罗茨（R. Rhodes）区分出六种对治理的不同定义，另一位学者威格里·斯托克（Gerry Stoker）在对流行的治理概念进行梳理后，区分出关于治理的五种观点。[①] 如此多样的认识表明治理问题

---

① 俞可平：《全球治理引论》，载庞中英主编《中国学者看世界——全球治理卷》，新世界出版社 2007 年版，第 5—7 页。

本身的复杂性。尽管学界在"治理"的理解上并没有达成一致,但是,我们仍能够归纳出主流观点在"治理"内涵上的最大公约数。

首先,治理的多元性。在治理的行为主体上,传统的权威中心——政府,只是治理进程中的一个参与者。政府对政治、经济等领域的权威垄断被打破,代之以个人(公民)、非政府组织、公民社会等非传统行为体对政治经济过程的广泛参与。因此,治理的进程实际上也是人类的政治、经济活动从权威中心(国家、政府)向权威空间①(多元)转换的过程。相应的,治理的客体也是多元的,在新的政治、经济进程中,传统的权威中心无力单独应对的一系列问题(问题领域)都可以成为治理的议题或客体。

其次,治理的多层性。在层次上,治理的多层性表现在权威空间的纵向分布上。不同治理层面上的行为体,如全球层面、(次)地区层面、国家层面、次国家层面等,都可以参与治理的进程,并构成治理的权威空间。一方面,多层治理代表着不同层面上自治的增多和增强;另一方面,多层治理又是权威空间不断"扁平化"的过程,不同层面上的行为体在统一的权威空间中是互动、互补和重叠的,每一层都有能力(权利、渠道等)影响其他层次的决策和活动,由此形成一种新的集体决策模式。

再次,治理的机制化属性。在运作形式上,治理强调政治、经济过程的机制化。一方面表现为多元、多层行为主体在活动、协调、互动上的规制化、规则化;另一方面也凸显了各组织、机制(如八国集团、金砖国家、20国集团等)作为重要的行为主体在治理进程中的重要作用。

在坚持治理之核心内涵的基础上,"非洲发展新伙伴计划"对新世纪"非洲治理"的探求与整合主要表现在以下三方面:

其一,对发展与治理关系的认识。20世纪后半叶,国际上对发展的认识在手段和目标上发生了显著的变化。在发展手段上,人们的认识从关注资本积累、外汇、大工业项目(如大坝和电站的建设)等,转向再生资源和社会服务的提供等方面。②在发展目标上,人们在关注国民生产总

---

① 权威空间(SOAs)是罗西瑙提出的概念,与传统的国家边界相对。国家和政府属于权威空间,大量的非国家行为主体在权威空间中也拥有权威,与国家、政府一起(合作、协调)发挥重要的作用。

② 对发展及其影响的变化的综合考察,参见,Arturo Escobar, *Encountering Development*: *The Making and Unmaking of the Third World*, Princeton: Princeton University Press, 1995。

值增长的同时，也开始关注收入分配、贫困缓解、环境保护、文化完整性等问题。从 20 世纪 70 年代起，贫穷被广泛地理解为人的贫穷，国家逐渐消解在新的发展政策中，贫穷者成为国家内部关注的目标。① 在"非洲发展新伙伴计划"的战略框架中，"发展"一方面代表了一种"话语"的历史延续，相对抽象；另一方面，新的发展理念相较以往更加明确和多元，与"治理"在内涵和实践上更加贴合。在价值和操作层面，"非洲发展新伙伴计划"对二者并没有进行严格的区分。

其二，对国家发展与多元发展的有机整合。"治理"多与（国家、政府）"统治"相对，强调非中心性、非强制性等特点。在这种意义上，治理实际是政治中心不断消解的过程。与这种一般意义上的治理认识不同，非洲治理重视国家（政府）的作用。"非洲发展新伙伴计划"在坚持"治理"之多元主义政治属性的同时，在机制上将国家发展与多元发展关联起来。"非洲发展新伙伴计划"重视国家（政府）能力建设的重要性，制定了一系列相关的机制，旨在提高非洲国家（政府）培育、促进多元发展的能力。另外，"非洲发展新伙伴计划"也通过一系列发展"倡议"将人的发展（政治权利、教育、健康、女性权利）、经济与环境的可持续发展、文化的发展等作为新世纪非洲治理的重要目标，以期为国家的发展创造健康的环境、注入多元的内涵。在非洲治理的进程中，国家发展与多元发展有机整合在一起，是相互促进、一体两面的关系。

其三，对内部治理与外部参与的整合。非洲的发展问题既是地区问题，又是全球性问题。在内部治理上，"非洲发展新伙伴计划"将治理主体设定为个人、社会、国家、组织等，将其整合在一起的是"非洲发展新伙伴计划"框架下的各个发展项目（programmes）、倡议（initiatives）和机制。在外部参与上，"非洲发展新伙伴计划"重视与既有国际（对非）机制以及其他发展伙伴的协调与合作，确保非洲能够真正从中获益。② 国际社会（包括主要的国际治理机制）对非洲发展的参与为非洲的

---

① ［美］玛莎·费力莫：《国际社会中的国家利益》，袁正清译，浙江人民出版社 2001 年版，第 105—106 页。

② 《非洲发展新伙伴计划》第 184 款对其认为重要的对非国际机制进行了列举，包括："联合国非洲发展新议程"、"非欧峰会开罗行动计划"、世界银行主导的与非洲的"战略伙伴关系"、国际货币基金组织主导的"减贫战略文件"、日本主导的"东京行动议程"、美国的"非洲增长与机会法案"，以及联合国非洲经济委员会主导的"全球非洲协议"等。见 Par. 184 in OAU/AU, *The New Partnership for Africa's Development*, Abuja, October 2001.

内部治理提供了推动力。"非洲发展新伙伴计划"通过表里互动、内外兼修的机制设计将非洲的内部治理与外部参与整合在一起。

"非洲发展新伙伴计划"代表了非洲的发展问题在治理意义上的延伸。"治理"在形式上可以区分为政府主导的治理与多行为主体广泛参与的多元治理，在层次上主要可以分成国家治理、地区治理与全球治理。"非洲发展新伙伴计划"框架下的"非洲治理"并不是上述任何一种单一维度的"治理"，而是在非洲意义上对治理概念与实践的整合：

> 为了使（非洲）各国真正整合进全球政治经济体系，对政府、私营部门以及其他公民社会组织的承诺是必要。这需要承认全球相互依赖的重要性，这种相互依赖主要表现在，生产与需求、人类赖以生存的环境基础、跨境迁徙、良好政治经济管理赖以存在的全球金融结构（financial architecture）以及承认各民族伙伴关系的全球治理等方面上。我们坚持认为，国际社会需要在力所能及的情况下，为非洲能够有效地参与全球政治、经济体系，创造公平与公正的条件。[1]（《非洲发展新伙伴计划》第 41 款）

由此，可以将"非洲发展新伙伴计划"框架下的"非洲治理"概括为，由内部与外部各种行为主体广泛参与的，实现非洲政治、经济、社会等全面发展的过程和状态。非洲的内部治理、以非洲为导向的全球治理，以及二者的有机整合，是新世纪非洲发展问题新的内容和形式。

---

[1]　Par. 41, in OAU/AU, *The New Partnership for Africa's Development*, Abuja, October 2001.

第三章

内部治理：一体化、
互查机制与地区动力

> 非洲领导人根据其经验认识到，和平、安全、民主、善治、人权以及良好的经济管理是可持续发展的条件。为此，非洲领导人承诺通过单独和集体的努力在次地区和地区层面促进上述原则得以实现。
>
> ——《非洲发展新伙伴计划》第71款

非洲的内部治理是"非洲发展新伙伴计划"的核心内容和目标。在"非洲发展新伙伴计划"框架下，一体化是非洲治理的主要载体，非洲互查机制是连接地区治理和国家治理的桥梁，而地区层面机制的不断完善为非洲内部治理的开展提供了自上而下的动力。本章主要对非洲一体化、非洲互查机制以及非洲治理的地区驱动问题展开分析。

第一节　从无序到调整：非洲经济一体化
进程中的"制度互动"①

二战后，以联合国（体系）的建立为主要标志，国际关系开始步入"制度化时代"。随着国际制度的增多，制度间的联系与互动越来越成为一种国际（关系）现象。在现代主权的意义上，作为最年轻、新生国家最集中的大陆，20世纪中后叶非洲建立了众多的国际制度。其中，独立后的（经济）一体化领域产生、容纳了非洲最大量的国际制度，制度间

① 参见赵晨光《非洲经济一体化进程中的"制度互动"》，载《世界经济与政治论坛》2014年第5期，第110—126页。

的互动也因此成为非洲一体化进程中隐含的重要问题（议题）。然而，由于理论研究的滞后与局限，长期以来，国内外学界并没有自觉地将制度互动作为非洲一体化进程中的一种客观存在（现象）进行有针对性的研究。20世纪90年代前后，国际制度互动理论的初步发展为"发现"、认识这一现象提供了可用的理论透镜。理论观察和分析发现，独立（前）后非洲一体化进程中的制度互动发生了从自发、无序到自觉、调整的变化。这种变化勾勒出非洲一体化战略演进的轨迹。

一　制度互动理论界说

自国际关系学作为一门独立的学科在一战后确立开始，对制度的研究就成为这一学科的重要内容。从"二十年危机"中理想主义的制度研究到冷战时"偏于一隅"的功能主义视角，从"霸权之后"维系国际合作的新制度主义分析到"地球村"里全球治理的开创性探讨，国际制度研究已经积累了大量的知识财富，制度主义发展成为国际关系学中当之无愧的主流学派，并成为新全球化时代（全球）治理研究的"主导"话语。随着现实交往的增多以及理论研究的推动，国际上，制度的"需求"与"供给"都得到极大的发展。国际事务中制度性要素[①]的增多，一方面，为国际合作提供了平台，各国得以在制度、规则的框架内谋求利益、弥合分歧、解决问题；另一方面，伴随国际制度的发展，制度间的联系（institutional linkage）日益增多，国际制度间的互动（institutional interplay or institutional interaction）成为影响制度有效性的重要因素。

然而，对于"制度互动"这样一个极具理论与现实意义的国际现象，国内外学界并没有给予应有的重视，尚未有效发掘其中的理论与实践价值。传统的制度研究（经典制度主义、新制度主义）或是对具体

---

　　① 关于国际关系中的制度性要素，学界提出了许多不同的概念，比较有代表性的有"国际制度"（international institution）、"国际机制"（international regime）、"国际框架（机制）"（international mechanism）等。其中，国际制度引用最广，其内涵既包括规范、规则等观念性要素，也包括国际组织等实体性要素；"国际机制"更多强调的是某一特定领域的原则、规范、规则等内容；"国际框架（机制）"更偏向于非正式（国际法主体）的实体性组织。事实上，上述概念的核心内涵强调的都是对国际行为的规范和规约。因此，本书并不刻意区分概念的不同，总体上以国际制度作为核心概念进行研究。对制度性概念的相关说明可参见刘青建《发展中国家与国际制度》，中国人民大学出版社2010年版，第4—6页。

制度进行规范性探讨，或是从实证角度对制度的设计、维持、变迁、绩效等做静态分析，很大程度上都缺少一种制度联系与互动的动态视角。一些学者虽然较早意识到制度间存在相互影响的现象，但并未能自觉在"制度互动"这一概念的基础上进行全面深入的理论探讨。伊蒂丝·布朗·维斯（Edith Brown Weiss）等学者曾使用"规约密度"（treaty density）和"制度拥塞"（regime congestion）这样的概念来描述国际环境保护制度间存在的规则冲突、权利竞争等现象①。基欧汉在分析国际制度的网络化对行为体决策选择的影响时也附带性地触及国际制度的互动问题。②这些学者敏锐的问题意识和早期工作为后来的国际制度互动研究奠定了基础。

（一）奥兰·杨的制度互动理论

制度联系是制度互动的基础，制度互动是制度联系的表现形式。正如维斯等学者指出的那样，制度首先需要在某一领域达到一定的"密度"，进而产生关系或联系（linkage），才能够形成制度间的互动。最早且系统地从理论上对制度互动问题进行专门研究的学者是美国国际关系理论家奥兰·杨（Oran R. Young）。他主要通过考察各类国际环境制度的联系，对制度互动的维度、层次、类型以及制度联系的动力等问题进行了开创性研究。在维度上，奥兰·杨将制度联系区分为互动的"层次维度"和互动的"作用维度"（role of interplay）。

在层次维度上，奥兰·杨将制度联系又细分为垂直联系（vertical linkage）与水平联系（horizontal linkage）两种类型。其中，垂直层面的制度联系是指不同社会组织层面上运作的制度之间的联系。在后来的研究中，奥兰·杨进一步将制度垂直联系的内涵由"国际—国内"的空间联系扩展到包括权威（管辖权）高低层级之间的联系。③制度间的水平联系是奥兰·杨研究的重点，主要是指在相同社会组织层面运作的制度安排之间的联系。在《世界事务中的治理》一书中，奥兰·杨将水平层面的制

① E. B. Weiss, "International Environmental Law: Contemporary Issues and the Emergence of a New World Order", *Georgetown Law Journal*, Vol. 81, pp. 675 – 710.

② Keohane, Robert O, *After Hegemony: Cooperation and Discord in the World Political Economy*. Princeton, NJ: Princeton University Press, 1984.

③ Oran R Young, "Vertical Interplay among Scale-dependent Environmental and Resource Regimes", *Ecology and Society*, Vol. 11, No. 1, 2006, p. 27.

度联系区分为嵌入式体制（embedded regimes）、嵌套式体制（nested regimes）、集束式体制（clustered regimes）和交叠式体制（overlapping regimes）。其中，嵌入式体制主要指涉及具体问题的制度嵌入所在问题领域整体制度安排（结构）之中的制度互动形式；嵌套式体制主要指某一功能规模、地理范畴或者其他相关标准有限的具体制度被调入该领域另一个更加宽泛制度之中的制度互动形式；集束式体制是某一领域中，不同功能的制度捆绑、结合成一揽子制度的形式；而交叠式体制主要是某一领域，不同制度间在成员构成、功能和目标等方面的相互交叉与相互影响。①

通过对层次维度上制度垂直联系（互动）和水平联系（互动）的简要说明，不难发现，奥兰·杨对制度联系（互动）的类型学（Taxonomies）分析相对松散，其分类并不是建立在同一分析目的之上的。在后来的研究中，奥兰·杨开始注意制度互动的效用（effectiveness）问题。为此，他在研究中提出了制度互动的"作用维度"。事实上，从奥兰·杨的研究顺序和研究意图上看，制度互动的"作用维度"是对"层次维度"的补充，主要是对层次维度上制度互动的影响、动力问题的说明。在作用维度上，奥兰·杨将制度联系分成功能性联系（functional linkage）和政治性联系（political linkage）两种。其中，功能性联系主要关注制度的效用问题，如果某一制度的运行能够影响到另一制度的效用，那么这两种制度之间的联系就是功能性联系。② 而政治性联系是指行为体（actors）为了各自的利益或共同的目标将不同的制度安排作为一个范围更大且规范相容（normatively coherent）的制度复合体的一部分时，制度之间就存在政治性联系。③

通过功能维度的补充，奥兰·杨的制度互动理论在层次、作用、影响、动力以及理论分析的针对性（制度互动的效用分析）等方面形成了逻辑比较清晰的体系。如图 3 - 1 所示，制度的功能性联系涉及制度间在

---

①　［美］奥兰·杨:《世界事务中的治理》，陈玉刚、薄燕译，上海人民出版社 2007 年版，第 155—161 页。

②　Oran R. Young, Marc A. Levy (with Gail Osherenko), "The Effectiveness of International Environmental Regimes", In Oran R. Young (ed.), *The Effectiveness of International Environmental Regimes: Causal Connections and Behavioral Mechanisms*, Cambridge, MA: MIT Press, 1999, pp. 1 - 32.

③　Oran R. Young, *Governance in World Affairs*, Ithaka, NY: Cornell University Press, 1999, p. 50.

效用上的相互影响，其对应水平层面的交叠式联系和垂直层面的嵌套式联系。而政治性互动主要强调制度间基于利益、规范的整合，与其对应的是水平层面的集束式联系和垂直层面的嵌入式联系。

	功能性互动	政治性互动
水平互动	交叠式联系	集束式联系
垂直互动	嵌套式联系	嵌入式联系

图 3-1　奥兰·杨的制度互动理论体系

（二）其他学者对制度互动理论的补充与贡献

20 世纪 90 年代早期以来，效用分析主导了（国际）制度研究。尽管学界对制度效用的研究在形式、内容等方面存在较大差别，但总体上，仍能从不同的研究中区分出三种显著的分析路径：制度对行为体行为范围选择的分析路径、制度影响规范生成与变迁的分析路径、制度影响行为体目标选择与排序的分析路径。相应的，在有限的制度互动研究中，学者们也主要依循上述三种分析路径展开分析和探讨。由于相关研究起步较晚以及研究队伍和规模的限制，90 年代后，国际制度互动研究多数仍然是类型学分析。

挪威女学者克里斯丁·罗森代尔（G. Kristin Rosendal）在研究生物多样性和贸易机制的关系时，依据规范（规则）的具体程度和规则间的相合程度（compatibility）将制度互动简单区分成两类。她认为对制度互动的分类需要适用于现实案例的分析，并遵循简单易用原则。对宽泛规范的描述无法脱离对具体规则的分析，因此，对制度联系进行过度分类且刻意区分制度互动中规范与规则的成分在研究中都是冒险的。通过对具体环境案例的研究，罗森代尔认为，在制度互动的分类上各种类型与维度之间是互补而不是彼此排斥的。[①]

集中于制度互动的效用分析，挪威从事国际环境制度研究的学者奥莱沃·斯拉莫·斯托克（Olav Schram Stokke）将制度互动分成三类：功利性互动（utilitarianinterplay）、规范性互动（normative interplay）和观念性互动（ideational interplay）。其功利性互动与奥兰·杨定义的功能性互动类似，主要是某一制度在运行过程中行为选择的成本和收益受到另一制度的影响而产生的制度互动形式。规范性互动指，出于有意或无意，当某一制度与另一制度在内含的规范上相符或抵触，并影响其规范性推动力（normative compellence）时产生的互动形式。观念性互动主要是指某一制度通过为另一制度提供政治关注度或问题解决方案以支持其制度绩效。[②]

与上述学者相对简约的分类研究方法不同，两位德国学者托马斯·格林（Thomas Gehring）和塞巴斯蒂安·奥贝蒂尔（Sebastian Oberthür）在对制度互动的早期研究中建立了十分复杂的六维度分类方法。[③] 在其后来对国际生物安全制度与世贸组织框架下国际转基因生物（GMOs）贸易规则之间的制度互动研究中，两位学者建立了一个理论分析框架。他们认为，学术界既有的关于制度互动的研究多数只是对制度互动进行类型学上的辨识和分类，很少对制度间互动（联系）的作用机制（机理）进行深入分析和探讨。因此，一直没有一个完整的适用于经验研究的分析框架问世。在理论框架的建立上，他们建议将真实而复杂世界中的制度互动简化为由源制度（causal institution）、目标制度（target institution）以及将两者联结在一起的互动形成机制（causal mechanism driven）所组成的模型（分析框架）。这一分析框架是两位学

---

① Rosendal, G. Kristin, "Impacts of Overlapping International Regimes: The Case of Biodiversity", *Global Governance*, Vol. 7, 2001, pp. 95 – 117.

② Olav Schram Stokke, "The Interplay of International Regimes: Putting Effectiveness Theory to Work", *FNI Report*, 14/2001.

③ 两位学者关于制度互动的六个维度的分类和分析，见 Thomas Gehring and Sebastian Oberthür, *Exploring Regime Interaction: A Framework for Analysis*, Proceedings of the Final Conference of the Concerted Action Programme on the Effectiveness of the International Environmental Agreements and EU Legislation, 2000 (www. fni. no)。

者对之前的六维度分类研究的修正，在理念上正符合前述罗森代尔倡导的简单易用原则。

关于制度互动的动力问题，格林和奥贝蒂尔认为，国际制度无法自动运转，制度中的行为体（国家、利益相关方）才是制度间产生互动的关键因素。因而，制度互动的形成机制很大程度上是以行为体作为中间变量的。他们认为，一个完整的互动形成机制（链条）应由三个互动阶段构成。首先，源制度的构成要素对相关行为者的偏好和行为产生影响；继而，这种影响改变了与目标制度相关的行为者的偏好和行为；进而，偏好和行为的改变造成了目标制度内或其议题领域上可观察的变化。因此，根据对互动形成机制的分析，两位学者主要区分了两种宏观的制度互动类型：对目标制度决策进程（decision-making process）产生影响的互动和直接影响目标制度的实施及其效用的互动（见图 3 - 2）。其中，前者主要涉及制度中认知和承诺等规范（观念）性因素，后者主要强调行为体的行为（behavior）和影响层面（compact-level）等可直接观察的内容。①

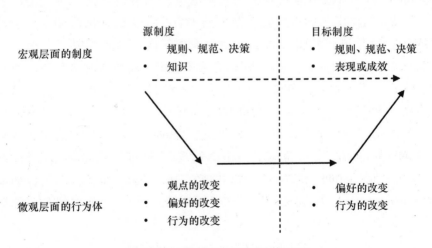

图 3 - 2 国际制度互动的形成机制

---

① Sebastian Oberthür and Thomas Gehring, "Institutional Interaction in Global Environmental Governance: The Case of the Cartagena Protocol and the World Trade Organization", *Global Environmental Politics*, Vol. 37, No. 2, May 2006.

（三）制度互动理论演进的基本脉络及其现实意义

通过对主要学者研究成果的纵向梳理，笔者发现，制度互动理论走过了一条从"单纯的类型学分析"到"有针对性的分类研究"再到"可操作的互动形成机制"的演进脉络。

奥兰·杨最早对国际制度互动理论进行了分类研究。他在对国际制度互动之层次和作用的分类研究中形成了相互补充的类型学系统。然而，奥兰·杨的类型学体系的问题在于其过于关注（或只局限于）制度互动的外在形式及其理论内涵，没有（或很少）清晰地探讨现实中的制度互动从静态"自在"到动态"自为"过程中的动力或机理。如果用于现实问题的研究，则必须对其做两点补充或说明。其一，静态的，在制度互动的本质属性上，交叠式、嵌套式、嵌入式三种类型都标示了制度间的某种重叠或交叠状态，而集束式与其不同。其二，动态的，在制度互动的实现方式上，集束式、嵌套式和嵌入式都内含了制度互动的某种意图或方向，在现实中，其更多地表现为制度互动的策略或战略，而交叠式则明显不同（参见表3-1）。

20世纪90年代以来，北欧（德国）的一些学者加入到国际制度互动的研究中。虽然在形式上，他们的研究仍主要是对制度互动的类型学（分类）分析。但是这些学者的贡献在于，倡导、实践了基于经验（案例）研究的简化分类原则，并将观念性（规范）互动作为制度互动研究新的重点。

在既有分类研究的基础上，格林和奥贝蒂尔对制度互动形成机制的研究初步建立了国际制度互动的分析框架，形成了比较完整的理论链条（causal chain）。

两位学者以国际制度互动的生成机理为突破口，将"行为者"和"规范"的因素纳入研究中。这样，制度互动理论的深度就从外在的形式（类型学）深入到内在的机制（机理和动力）。格林和奥贝蒂尔的研究将国际制度互动理论向前推进了一大步。国际制度互动理论由此更加适用于对现实中制度政策或制度战略的研究。

尽管国际制度互动研究经历了由表及里、由理论自洽到现实适切的发展。但是，需要指出的是，既有的国际制度互动研究在问题领域上过于狭窄，几乎全部集中于环境问题领域。尽管奥兰·杨认为国际制度互动理论在分类和问题领域上都是开放的，但到目前为止，国内外学界还鲜有开放性的研究成果问世。

　　非洲是当今世界贫困人口和贫困国家最集中的大陆，然而，国际制度在非洲大陆的发展却并不落后。特别是在非洲（经济）一体化领域，非洲国家建立起了一系列（次）区域一体化制度（组织）。事实上，这些制度在运行过程中彼此之间产生了大量的互动。尤其是制度的交叠在非洲一体化进程中大量存在。在实践中，非洲对严重交叠的一体化制度的调整符合集束式、嵌套式和嵌入式互动的理论描述，在这些制度战略中内含了制度互动机制的完整要素。因此，运用国际制度互动的理论视角对非洲经济一体化问题进行研究是适切的，也是很有意义的。

二　非洲经济一体化中的制度交叠与无序互动

　　非洲国家有着相同的历史遭遇，独立后都面临着维护独立、谋求发展的历史任务。在解放与建设的进程中，非洲国家很自然地选择通过合作凝聚力量。随着一体化的发展，制度间的互动不断增多。这种互动既发生在非洲次地区层面，也体现在非洲整体的一体化进程中，既有规范、认知等观念因素的作用，也有可观察的由于制度交叠产生的影响。可以说，制度间的互动是非洲一体化进程的一个重要方面。

　　（一）独立前非洲的国际制度互动萌芽

　　早在 20 世纪初，在非洲有关一体化的制度间互动就有所表现，尽管当时的非洲一体化进程尚未正式起步。以英属东非地区为例，殖民经济时代，英国为了加强对东非地区的管理，在东非推动了一定程度的地区整合。1917 年，肯尼亚和乌干达建立了关税同盟。1919 年，坦葛尼喀成为英国委任统治地后，英国提出了建立更紧密的东非联盟（East Africa Closer Union）的设想。然而由于各方（主要是肯尼亚和乌干达）所支持的一体化版本在机制设计、利益分配等方面存在抵触和分歧，更紧密的联盟没有建立。①

　　20 世纪中叶，在非洲统一组织的筹备与创建过程中，也能够观察到制度互动的内容。关于独立后如何实现非洲一体化（统一）的问题，非洲国家间存在分歧，由此形成了两大集团：蒙罗维亚集团（前身是布拉

---

① 舒运国、刘伟才：《20 世纪非洲经济史》，浙江人民出版社 2013 年版，第 46—47 页。

柴维尔集团)① 和卡萨布兰卡集团②。在非洲统一的原则上，蒙罗维亚集团认为，非洲应该在各主权独立国家的基础上建立一个松散的邦联，各国的主权和个性应该得到尊重，反对未来的新组织对各国主权的干涉和湮灭。与蒙罗维亚集团不同甚至对立，卡萨布兰卡集团赞成恩克鲁玛关于建立统一的非洲合众国的主张，认为"非洲必须统一"③，并在此基础上实现大陆政治、经济、文化的统一和复兴。为此，1961 年 1 月，该集团首脑会议通过了《卡萨布兰卡非洲宪章》，这是非洲大陆（有关统一和一体化方面）的第一个宪章。④ 为了弥合分歧，1962 年，非洲国家分别在拉各斯和蒙罗维亚召开会议，试图在两大集团、两种观念之间进行调和，但没有成功。⑤ 尽管分歧严重，但两大集团都赞成某种形式的非洲团结，这为新的协调带来了希望。1963 年 5 月，新的调节尝试取得成功，由 30 多个独立的非洲国家参加的亚的斯亚贝巴会议最终决定建立非洲统一组织，卡萨布兰卡集团和蒙罗维亚集团随即解散。作为一个妥协的版本，非统组织容纳了两大集团关于非洲统一（一体化）的不同观念，但相较之下，其更加接近蒙罗维亚集团的主张，而与恩克鲁玛和卡萨布兰卡集团的观点存在差距。

（二）独立后非洲一体化进程中的制度交叠及其影响

20 世纪中叶后，随着非洲国家独立任务的完成，经济一体化的发展被非统和非洲国家提上新的认识高度。70 年代以后，非洲国家建立起了一系列次地区经济一体化组织（制度）。其中比较重要的包括：西非地区的西非国家经济共同体（ECOWAS，简称西共体）、西非经济与货币联盟（WAEMU/UEMOA，简称西非经货联盟）、马诺河联盟（Mano River U-nion）；东部、南部非洲地区的东南非洲共同市场（COMESA）、南部非洲

---

① 布拉柴维尔集团成员包括：刚果（布）、喀麦隆、贝宁、象牙海岸（今科特迪瓦）、毛里塔尼亚、布基纳法索、塞内加尔、尼日尔、加蓬、中非、马达加斯加和乍得等 12 国。蒙罗维亚集团除上述 12 国外，还包括了：尼日利亚、利比里亚、塞拉利昂、利比亚、突尼斯、索马里、埃塞俄比亚和多哥等国。

② 卡萨布兰卡集团由加纳、几内亚、埃及、马里、阿尔及利亚、摩洛哥等 6 国组成。

③ 恩克鲁玛关于非洲统一的观点，可参见恩克鲁玛的"非洲必须统一"的讲话。唐大盾选编：《泛非主义与非洲统一组织文选（1900—1990）》，华东师范大学出版社 1995 年版，第 284—292 页。

④ 罗建波：《通向复兴之路：非盟与非洲一体化研究》，中国社会科学出版社 2010 年版，第 32 页。

⑤ 1962 年 1 月，卡萨布兰卡集团没有参加在拉各斯召开的由非洲独立国家参加的会议。

发展共同体（SADC，简称南共体）、印度洋委员会（IOC）；中部非洲的中非国家经济共同体（ECCAS）、中非国家经济与货币共同体（CEMAC）、大湖地区国家经济共同体（CEPGL）；以及北非地区的阿拉伯—马格里布联盟等。作为非洲区域合作和一体化的先驱，仅西非地区就有30多个政府间经济组织，其中18个是20世纪70年代建立的。随着非洲国家经济一体化组织（制度）的不断增多，许多制度在成员国和议题领域等方面产生了明显的交叠现象（参见图3-3）。很多非洲国家从属于多个一体化组织，以多重身份参与区域一体化进程，这不可避免地产生了制度间的联系与互动问题。在效用（effectiveness）上，非洲次地区一体化制度间的这种交叠现象带来的影响是复杂的，主要表现为正反两个方面：

首先，制度交叠的促进作用。以西非地区为例，西非国家经济共同体是西非地区制度化程度最高的区域一体化组织。其宗旨是在经济活动的全部领域，特别是工业、运输、通信、能源、农业、自然资源、商业、金融与财政、社会和文化等领域，促进本地区经济的一体化。[①] 为了保障一体化进程有一个良好的地区环境，西共体于1990年成立了西共体监察组（ECOWAS Monitoring Group/ECOMOG）。其后，在此基础上，西共体组织了自己的维和部队。西共体维和机制的建立和运作，也为西非地区其他经济一体化组织的运转提供了良好的环境。另外，由于非洲地区一体化组织之间十分明显的交叠和重合现象，某一制度内达成（实施）的一体化政策能够比较容易地传导到本地区甚至相邻地区的经济一体化制度中。仍以西非为例，西非部分国家间实施的成员国间人员跨境流动的免签证制度很容易通过地区一体化制度间的交叠传导到整个地区。在金融、关税和贸易等领域，这种制度交叠形成的传导作用也有所表现。相关研究表明，由西非法语国家组成的西非经济货币联盟成员国的增长率相对较高，其一体化进程不仅仅只限于传统的贸易领域，还扩展到了财政、金融管理、司法等领域。其中，西非统一货币路线图的制定和推行，代表了西非国家（主要是法语国家）经济一体化新的发展目标。西非法语区的一体化为范围更广的西共体经济的一体化进程提

---

① ECOWAS in Brief，见《西共体条约》（Treaty of ECOWAS）和西共体官方网站，http：//www.ecowas.int。

供了推动力量。[1]

其次，制度交叠的抵消作用。制度间的交叠所产生的影响是复杂的，尽管非洲次区域制度间的交叠对经济一体化的发展具有一定的积极作用，但是，其负面影响却更加明显，尤其在地区贸易上表现突出。非洲众多的地区经济制度（一体化组织）并没有产生明显的贸易创造，根据世界银行的统计数据，非洲规模较小的地区经济组织的区内贸易增长并不明显（见表 3 - 1）。尽管较大的区域一体化组织，如西共体、南共体和东南非洲共同市场，地区内贸易增长明显，但由于非洲国家（地区）间相似的产业结构，这种区内贸易的增长实际上主要是由贸易转移效应带来的。[2] 而且，在较大的区域经济一体化组织（如西非国家经济共同体和主要由法语国家建立的西非经济与货币联盟）之间，还存在着明显的竞争。不同组织在具体的一体化方案以及执行标准（如原产地标准）等方面并不相同，[3] 因此，制度交叠产生的政策传导作用并不能得到有效发挥，这势必对本地区经济一体化的效果造成不利影响。此外，非洲国家交通等基础设施的欠缺和落后，使非洲地区一体化制度的作用受到极大限制，加之区域经济制度间严重叠加带来的贸易政策上的混乱（以及关税和配额的减让），很大程度上反而强化了外部贸易国以及执行外向经济政策（outward-looking）的本区域成员国的利益。[4] 非洲过多的区域经济组织间缺乏有效的统筹和整合，制度间的交叠在贸易上产生了相互抵消的效果。

通过上述分析可知，独立前，在尚未正式启动的非洲一体化领域，就已经有了国际制度互动的萌芽。只不过由于实体制度的缺乏或欠发展，当

---

① 参见 R. Medhora, "Lessons from UMOA", in R. Lavergne ed., *Regional Integration and Co-operation in West Africa: A Multidimensional Perspective*, Ottawa: International Development Research Consortium.

② 所谓贸易创造，是指由区域经济一体化组织成员国间关税、管制的消减或消除所带来的区内贸易规模的扩大和福利水平的提高。所谓贸易转移，是指由于经济一体化组织对外统一关税的实施，使原本从外部第三国的进口转向从本区域成员国的进口。参见罗建波《通向复兴之路：非盟与非洲一体化研究》，中国社会科学出版社 2010 年版，第 216—217 页。

③ 舒运国、张忠祥主编：《非洲经济评论（2012）》，上海三联出版社 2012 年版，第 192—193 页。

④ P. S. Mistry, "Regional Dimensions of Structural Adjustment in Southern Africa", in J. J. Teuissen ed., *Regionalism and the Global Economy: The Case of Africa*, The Hague: Forum on Debt and Development, 1996.

时的制度互动更多地表现在观点、规范等"务虚"形式上。然而，这种务虚形式的制度互动从宏观历史进程的角度看仍有其重要意义。其较早地解决了（或缓解了）一体化进程中规范层面的严重分歧，为非洲一体化在实质层面的发展打下了基础。也正是由于这一原因，独立后，非洲次地区（经济）一体化组织得到了快速发展。独立初期，非洲一体化进程中的制度互动主要表现为经济一体化组织间的严重交叠，在外在形式上主要是奥兰·杨所谓的"交叠式联系"。然而，此时的制度互动在实现形式上，既缺乏明显的制度意图或策略也不存在格林和奥贝蒂尔所谓的互动（动力）形成机制。总之，此时发生在非洲经济一体化进程中的制度互动可以被看作是随着制度的增多和交叠而自然、自发产生的一种无意、无序现象。

表 3 - 1　　　　　非洲部分经济组织区域内商品出口额　　　（单位：百万美元）

非洲区域经济组织	1990	1995	2000	2001	2002	2003	2004	2005
阿拉伯—马格里布联盟	958	1109	1094	1137	1202	1338	1375	1926
中非国家经济与货币共同体	139	120	97	118	136	148	176	201
大湖地区国家经济共同体	7	8	10	11	13	15	19	22
东南非洲共同市场	963	1836	1653	1819	2031	2436	2849	3330
东非共同体	230	530	595	664	685	706	750	857
中非国家经济共同体	163	163	191	203	199	198	238	272
西非国家经济共同体	1557	1936	2835	2371	3229	3140	4499	5673
马诺河联盟	0	1	5	4	5	5	6	6
南部非洲发展共同体	1630	3373	4282	3771	5377	5377	6384	6384
中非关税与经济联盟	139	120	96	117	134	146	174	198
西非经济与货币联盟	621	560	741	774	857	1076	1233	1390

资料来源：世界银行：《2007 年世界发展指数》，中国财政经济出版社 2008 年版，第332 页。

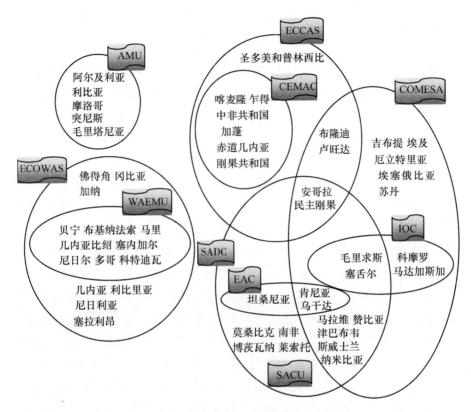

图 3-3　非洲主要次地区经济一体化组织

注：CEMAC：中非国家经济与货币共同体；COMESA：东南非洲共同市场；EAC：东非共同体；ECOWAS：西非国家经济共同体；ECCAS：中非国家经济共同体；IOC：印度洋委员会；SACU：南部非洲关税联盟；SADC：南部非洲发展共同体；WAEMU：西非经济与货币联盟；AMU：阿拉伯—马格里布联盟

资料来源：F. O. Ndukwe, "Promoting Trade: Regional Integration and Global Economy", in Saleh M. Nsouli ed., *The New Partnership for Africa's Development: Macroeconomics*, *Institutions*, *and Poverty*, Washington, D. C.: Joint Africa Institute, 2004, p. 113.

三　制度互动的合理化与新调整

严重的制度交叠造成制度资源的浪费和制度运行的阻滞、低效。20 世纪 70 年代后，非洲国家曾尝试在既有一体化制度间推动某种形式的协调与合理化，但并没有取得明显成效。新世纪，"非洲发展新伙伴计划"将一体化作为重要战略目标（之一），在协调、调整非洲次地区组织关系方面规划了新的内容和方向，体现出新的特点。"非洲发展新伙伴计划"开启了非洲一体化进程中制度互动从自发无序向积极调整转变的新阶段。

（一）非洲对制度交叠的"合理化"尝试

20世纪中后期（特别是70年后），非洲国家分别在次地区和地区层面对严重交叠的经济制度开展了协调工作。在策略（战略）或实现形式上，这一时期的协调主要表现为"集束式"和"嵌套式"的制度互动。但总的来说，这种"合理化"尝试并不成功。

在次地区层面，制度互动在实现形式上主要以"集束式"为主，表现为制度间的整合。以西非为例，西非是非洲大陆次地区组织最多的一个区域。该地区每个国家至少参加了2个区域组织，其中，比较典型的有尼日尔，加入了19个组织，布基纳法索、塞内加尔、贝宁等国加入了17个组织。据统计，到20世纪70年代末，西非区域政府间组织已达40个之多。[1] 如前所述，制度间的严重交叠对经济的一体化进程带来了明显的负面影响。针对这一问题，西非经济共同体在1983年召开的共同体首脑会议上提出了在本区域众多经济制度间进行协调以使其趋于合理化的问题。1991年召开的共同体首脑会议决定将西非国家经济共同体作为本地区的主导组织，负责制定一体化政策并进行监督，本地区其他组织（制度）被定位为西共体的专门机构。[2] 然而，实际上，这一决议并没有得到执行。2004年，西非地区两个最大的一体化组织，西共体与西非经货联盟，为了协调彼此间的关系，建立了协商与合作机制，规定每年召开两次会议，审议各组织的活动并就新议题进行协商。尽管21世纪以来，西非地区在一体化制度的协调、整合（合理化）方面取得了一定成绩，但距离前述1991年提出的区域制度（组织）合理化目标仍存在相当的差距。可以说，西非地区严重的制度交叠状况并没有得到明显转变。[3]

在地区层面，制度互动在实现形式上主要以"嵌套式"为主，表现为次地区对地区层面一体化制度的调入。1980年，非统第16届首脑峰会通过的《拉各斯行动计划》确定了非洲"集体—内向"（collective and inward looking）的发展战略，非洲经济一体化是其中的重要内容。《拉各斯

---

　　① Abuss Bundu, "ECOWAS and the Future of Regional Integration in West Africa", in Réal Lavergne, *Regional Integration and Cooperation in West Africa: a Multidimensional Perspective*, Ottawa: Africa World Press, Inc., 1997, p. 30.

　　② Ibid., p. 34.

　　③ 舒运国、张忠祥主编：《非洲经济评论（2012）》，上海三联出版社2012年版，第193页。

行动计划》阐明，次地区和地区制度的建立有利于非洲独立自主、自力更生（self-reliance and self-sustainment）目标的实现。在操作层面，该"计划"将建立非洲共同市场（ACM）和非洲经济共同体（AEC）作为经济一体化的主要目标。《拉各斯行动计划》强调，非洲（次）地区层面上充满活力且相互依赖的经济，将为非洲共同市场和非洲经济共同体的建立铺平道路。[①] 为此，《拉各斯行动计划》在其附件中（附件一、附件二），将既有的非洲次地区组织作为战略基石（building blocks），强调对其进行协调的重要性。[②] 然而，由于20世纪80年代非洲严重经济危机的影响，《拉各斯行动计划》并没有得到有效执行，非洲各次地区组织（制度）在发展问题上各自为政的状态得以延续。

进入20世纪90年代，根据《金沙萨宣言》《蒙罗维亚宣言》以及《拉各斯行动计划》的倡议和规划[③]，1991年，非统组织第27届首脑会议通过了《非洲经济共同体条约》（又被称为《阿布贾条约》）。1994年5月12日，《阿布贾条约》生效，非洲经济共同体（African Economic Community）正式启动。非洲经济共同体重视非洲次地区经济组织在非洲一体化中的作用，在其六阶段建设方案[④]中，各次地区经济组织的发展、协调与整合占有基础性地位。受非洲经济共同体建立的影响，1993年，西非国家经济共同体对其共同体建设的条约进行了重要修订。1994年，在非洲经济共同体主导下，东部和南部非洲优惠贸易区（Preferential Trade Area for Eastern and Southern Africa, PTA）并入了东南非洲共同市场。其后，1999年，解体多年的东非共同体得以恢复。为了进一步加强对众多非洲次地区一体化组织的规范和引导，以缓解由其严重交叠产生的负面影响，根据非洲联盟第七届首脑会议的决定，非洲经济共同体在法理上对8个规模较大的主要次地区经济共同体[⑤]予以正式

---

① OAU, *Lagos Plan of Action for the Economic Development of Africa 1980 – 2000*, Addis Ababa, 1980, pp. 4 – 5.

② Ibid. , p. 99.

③ 1976年，《金沙萨宣言》最早提出建立非洲经济共同体的建议；其后，1979年，《蒙罗维亚宣言》进一步强调了建立非洲经济共同体以加强非洲整体自力更生、自给自足的能力；1980年，《拉各斯行动计划》对上述建议进行了再确认和具体化。

④ OAU, *Treaty Establishing the African Economic Community (Abuja Treaty)*, Abuja, 1991.

⑤ 得到非盟和非洲经济共同体正式承认的非洲次地区一体化组织包括：东非共同体、东南非洲共同体、南部非洲发展共同体、西非国家经济共同体、萨赫勒—撒哈拉国家共同体、阿拉伯—格里布联盟、中非国家经济共同体、政府间发展组织等。

承认，并暂停对其他非洲次地区经济组织的承认。

　　十余年来，在对非洲次区域经济制度的合理化（rationalization）方面，非洲经济共同体付出了努力，然而，成效并不理想。非洲经济共同体的建立并没有充分考虑到非洲次地区经济一体化的发展实际。在基础条件上，作为非洲经济共同体基石的各次地区一体化组织，在一体化程度上并不高。很多组织根本无法兑现本组织确定的一体化目标，多数目标只是停留在纸面上。在意愿上，由于担心财政收入的减少，事实上，许多非洲国家对实现更大范围的经济一体化热情不高，《非洲经济一体化条约》签订三年后才获得足够数量的国家批准即是证明。可以说，20世纪后半叶，非洲国家缺乏对严重交叠的一体化制度进行合理化的有效手段。通过上述分析可知，独立后，非洲国家对制度交叠的合理化尝试更多地表现为规则上的协调，并没有在实质上改变次地区一体化组织的效用模式或行动策略。

　　非洲统一组织改组为非洲联盟后，非洲经济共同体成为非盟的组成部分。随着2001年由非盟主导的"非洲发展新伙伴计划"的启动，非洲经济共同体在协调次地区一体化组织间关系并对其进行合理化方面的作用不断弱化。新世纪，"非洲发展新伙伴计划"在非洲一体化进程中发挥了越来越大的作用。

　　（二）"非洲发展新伙伴计划"框架下的新调整

　　"非洲发展新伙伴计划"将内部的（次）地区一体化和外部发展伙伴的参与，作为新世纪非洲实现真正发展的两根主要支柱。"非洲发展新伙伴计划"试图通过在一体化理念和政策措施上的务实创新对非洲一体化进程中的制度交叠状况进行新的调整。

　　在一体化的理念和规范上，与以往不同，"非洲发展新伙伴计划"主导下的非洲一体化进程带有明显的新地区主义（new regionalism）特征。与旧地区主义（old regionalism）相比，新地区主义是治理在地区一体化领域的运用，强调多元、多层参与以及制度设计在一体化进程中的重要性。[①]"非洲发展新伙伴计划"框架下的新地区主义对严重交叠的次区域制度的调整主要表现在以下两方面：

---

　　① Faten Aggad, *New Regionalism as an Approach to Cooperation in Africa: With reference to the New Partnership for Africa's Development* (*NEPAD*), M. A. dissertation to the University of Pretoria, April 2007, p. 36.

其一,次国家行为主体对一体化的参与有助于制度交叠的合理化。20世纪中后叶,尽管独立后的非洲国家建立起了一系列次地区（经济）一体化组织,但区域内国家经济的整合程度始终很低。如前所述,非洲许多次地区一体化组织建立在狭隘的语言基础上,其建立的初衷就是为了加强与西方（宗主国）的经济联系（寻求援助与支持）,非洲国家正是出于这种利益考虑,重复建立起了许多次地区组织。在内部贸易方面,21世纪前非洲次区域内贸易在区内国家外贸总额中占有很小的比重,且增长缓慢（参见表3-2）。新地区主义规范的注入有助于缓解非洲国家经济的依附性,并调整次地区一体化组织严重交叠的状况。相较于国家,非洲次国家行为体之间的经济交往更加密切,内部经济的活络能够改变非洲国家的利益选择,使其将建立（加入）依附西方的次区域组织以获得资金支持的努力转化为建设更高效的非洲经济一体化制度的热情。

其二,与国际发展机制的合作有助于制度交叠的合理化。新地区主义重视一体化机制的渠道和平台作用。有鉴于此,"非洲发展新伙伴计划"致力于加强与国际发展机制间的制度化联系,对其涉非发展项目进行整合。随着机制的不断完善,越来越多的国际发展机制通过"非洲发展新伙伴计划"的渠道和平台开展对非合作。由此,"非洲发展新伙伴计划"一方面加强了对外部参与的规范,进一步掌握了发展主动权;另一方面,交往渠道的集中,对严重交叠的非洲次地区一体化组织在客观上起到了调整作用。

表3-2　　区内贸易占本地区出口总额的比例　（单位:%）

	1970	1980	1985	1990	1992
阿拉伯—马格里布联盟	1.4	0.3	1.0	2.3	3.0
中非关税与经济联盟	4.9	1.8	1.9	2.4	2.1
中非国家经济共同体	2.4	1.6	2.1	2.3	2.1
西非国家经济共同体	2.9	10.1	5.2	8.3	7.8
西非经济共同体（CEAO）	6.6	9.8	8.3	9.9	10.5
马诺河联盟	0.2	0.8	0.4	0.3	0.0
大湖地区国家经济共同体	0.4	0.2	0.8	0.3	0.4
东部和南部非洲优惠贸易区	9.6	12.1	5.6	6.6	6.7
南部非洲发展共同体	5.2	5.1	4.8	5.2	4.4

资料来源：UNCTAD, *Handbook of International Trade and Development Statistics*, Geneva, 1993.

在政策措施上，"非洲发展新伙伴计划"将基础设施建设作为协调各次地区制度关系的突破口。完善的基础设施是非洲地区经济整合的"桥梁"，只有拥有充足、可靠的基础设施，各次地区的发展及其彼此协调和整合才有基础和保障。"非洲发展新伙伴计划"强调其政策重点在于通过确立兼容国家整合与地区发展、投资政策与经济实践的共同工程和项目，促进非洲经济一体化在制度框架上的合理化。[①] 为此，"非洲发展新伙伴计划"制定了五项工作要点（key issues），主要包括：动员政策执行与改革的政治意愿并对规则体系（regulatory systems）进行协调；创造区域合作的条件和环境；促进私营部门、基础设施部门（infrastructure agencies）以及次区域经济组织之间的伙伴关系；形成基础设施建设的合作和监管框架；创造知识共享与互联（networking）的地区机遇等。[②]

为进一步推进政策措施落实，"非洲发展新伙伴计划"启动、建立了一系列计划（机制），主要包括：非盟与"非洲发展新伙伴计划"非洲行动计划（AU/NEPAD AAP）、短期行动计划（NEPADSTAP）、非洲基础设施发展计划（PIDA）、基础设施战略行动计划（ISAP）、空间发展项目（SDP）、电子非洲项目（E-Africa Programme）、基础设施项目筹备融通资金（IPPF）、基础设施高层委员会等。[③] 其中，"短期行动计划"和"非洲行动计划"是最重要的两项。

短期行动计划（NEPAD STAP）启动于 2002 年，是"非洲发展新伙伴计划"框架下最早启动的基础设施发展项目（计划）。其包含约 120 项连接各次地区的基础设施工程，旨在推进非洲次地区在基础设施领域的发展。在具体的实施过程中，由于项目建设进度缓慢的原因（仅有少数项目能够在短期内完成），短期行动计划此后与地区层面（continent-wide）的非洲基础设施发展计划（PIDA）进行了整合、衔接。[④]

---

① 详见《非洲发展新伙伴计划》第 91、92、93 款。OAU/AU, *The New Partnership for Africa's Development*, Abuja, October 2001, p. 20.

② 见非洲发展新伙伴计划官方网站有关非洲一体化与基础设施建设的说明，http://www. nepad. org/regionalintegrationandinfrastructure。

③ 同上。

④ *Project Implementation Review of the NEPAD Infrastructure Short Term Action Plan（STAP）—Draft Final Report（Third Review）*, July 2010, http://www. nepad. org/system/files/Project% 20Implementation% 20Review% 20of% 20the% 20NEPAD% 20Infrastructure% 20Short% 20Term% 20Action% 20Plan% 20（STAP）. pdf.

非洲行动计划（AU/NEPAD AAP）是"非洲发展新伙伴计划"框架下非洲与国际伙伴进行发展对话（主要涉及投资与项目监管）的平台。2006 年第 14 届"非洲发展新伙伴计划"首脑执行委员会峰会（HSGIC）最早提出了非洲行动计划的草案。2008 年，该草案被提交给在日本东京举行的非洲伙伴论坛（African Partnership Forum，APF）。由于部分国际伙伴的反对，非洲发展银行（AfDB）、非盟委员会（AUC）、"非洲发展新伙伴计划"秘书处以及联合国非洲经济委员会（UNECA）受托对草案进行了修改。在征求 8 个非洲次地区经济组织、国际伙伴以及利益相关方的意见（同意）后，2009 年，新的非洲行动计划获得了第 13 届非盟峰会和第 21 届"非洲发展新伙伴计划"首脑执行委员会的认可。随后，"非洲发展新伙伴计划"指导委员会（NEPAD Steering Committee）为新的非洲行动计划设定了为期 5 年（2010—2015）的时间表。新的非洲行动计划将其工作重点设定在非洲次地区与地区一体化的发展上，其包含了 80 个重点项目（flagship programmes），多数涉及基础设施建设领域。① 根据执行的情况，非洲行动计划每年对项目信息进行更新，并于 2012 年进行了中期修订。在非洲行动计划的工作开展上，前述的非洲基础设施发展计划（PIDA）为其提供了重要的信息和参考。在基础设施建设领域，"非洲发展新伙伴计划"已经形成了比较完整的体系。尽管在实施过程中仍存在着诸多问题与挑战，但相较于以往的非洲发展战略，"非洲发展新伙伴计划"的一体化策略（战略）更加务实，针对性也更强。

21 世纪，在推动非洲经济一体化发展的制度战略上，"非洲发展新伙伴计划"进行了创新。"非洲发展新伙伴计划"通过新的规范（新地区主义）在政策偏好上对各次地区一体化组织施加影响，并通过基础设施建设实质性地改变了各次地区组织的收益（效用）选择（参见图 3 - 2）。二者的结合构成了新世纪非洲一体化领域制度互动的内在动力。"非洲发展新伙伴计划"这种双管齐下的制度（互动）战略符合格林和奥贝蒂尔提出的国际制度互动的形成机制。

国际制度互动理论的深化和发展，使非洲经济一体化进程中长期存在

---

① CPCS Transcom Limited，*Review of the AU/NEPAD African Action Plan*：*Strategic Overview and Revised Plan*，2010 - 2015，June 4，2009，http：//www. nepad. org/regionalintegrationandinfrastructure/knowledge/doc/1577/african-action-plan.

却又始终被忽视的制度交叠现象成为可以观察、能够触碰的问题。利用制度互动的理论透镜，我们观察了独立前后非洲一体化进程发展的历史，发现了非洲次地区一体化制度（组织）间从无序到调整的制度互动轨迹。非洲各次地区经济组织是非洲一体化建设的基石，而非洲的（经济）一体化发展也有赖于制度（互动）上的协调与完善。新世纪，次地区一体化制度在互动关系上的调整与合理化将为非洲（经济）一体化的健康发展提供保障、创造条件。

第二节　非洲互查机制的建立与运作

非洲互查机制（African Peer Review Mechanism，APRM）是"非洲发展新伙伴计划"框架下非洲国家间的相互审查机制。作为"非洲发展新伙伴计划"的一大亮点（特点），非洲互查机制是独立后非洲发展战略中第一个负责治理责任与监督的专门机制。因应了"非洲发展新伙伴计划"寻求新世纪非洲治理主动权的诉求，非洲互查机制的建立和运行致力于通过相互审查，为非洲（国家）的真正发展创造良好的国内和地区环境。为此，非洲互查机制在地区和国家层面建立起了一系列审查原则、规则和程序。在相互审查的有效性上，非洲互查机制重视（依赖）舆论和公民社会（组织）的作用，表现出明显的非强制性和治理特点。

一　非洲互查机制的理念与原则

2002 年 6 月，非洲互查机制的基本内容被制定出来。在 7 月举行的非盟成立大会暨第一届首脑峰会上，非洲互查机制的文本获得通过。作为"非洲发展新伙伴计划"框架下的专门机制，2003 年，非洲互查机制正式获得"非洲发展新伙伴计划"首脑执行委员会（HSGIC）认可。非洲互查机制针对四大治理领域设置了 91 项互查指标（indicators）。[①] 截止到2015 年，非洲互查机制已经有 35 个成员[②]，其中 17 个已经完成了自我评

---

① UNECA, *Progress Report on the Implementation of the African Peer Review Mechanism (APRM)*, Addis Ababa, Ethiopia 9 – 10 March 2011, p. 7.

② 截止到 2013 年，非洲互查机制的成员国有：阿尔及利亚、安哥拉、贝宁、布基纳法索、喀麦隆、刚果（布）、吉布提、埃及、赤道几内亚、埃塞俄比亚、加蓬、加纳、肯尼亚、莱索托、利比里亚、马拉维、马里、毛里求斯、毛里塔尼亚、莫桑比克、尼日尔、尼日利亚、卢旺达、圣多美和普林西比、塞内加尔、塞拉利昂、南非、南苏丹、苏丹、坦桑尼亚、多哥、乌干达、赞比亚。

估（self-assessment exercise）并接受了第一轮审查。目前，非洲互查机制的成员国已经覆盖了非洲大陆的 5 个主要次地区，涵盖超过 75% 的非洲人口。[①]

在理念上，非洲互查机制建立的直接基础是同样在 2002 年非盟第一届首脑峰会上获得通过的《关于民主、政治、经济和公司治理的宣言》，该《宣言》是"非洲发展新伙伴计划"的基础文件（foundational document）。《关于民主、政治、经济和公司治理的宣言》（以下简称《宣言》）阐明了（地区、国内层面的）治理对于非洲在新世纪实现真正发展的重要意义。《宣言》为非洲的治理确定了民主与政治善治（good political governance）、经济和公司治理以及社会经济发展等三个基本目标。其中，妇女、私营部门、公民社会等传统边缘行为体的治理作用得到了《宣言》的承认和强调。为了实现上述基本治理目标，《宣言》在文本的最后专门对非洲互查机制的建立及其原则进行了说明。[②]《关于民主、政治、经济和公司治理的宣言》是对"非洲发展新伙伴计划"之治理理念的再确认和深化，代表了新世纪非洲国家对治理问题的基本认识。

关于治理的监督、审查机制的建立问题，"非洲发展新伙伴计划"在启动之初（2001 年）就进行了初步的规划：

> 非洲领导人根据其经验认识到，和平、安全、民主、善治、人权以及良好的经济管理是可持续发展的条件。为此，非洲领导人承诺通过单独和集体的努力在次地区和地区层面促进上述原则得以实现。（《非洲发展新伙伴计划》第 71 款）
> ……
> 参与"非洲发展新伙伴计划"的国家为了促进和达成善治和民主的基本标准需要严格执行其承诺，并且相互给予支持。当被要求执行制度改革时，参与国能够获得相应的支持。（第 82 款）
> ……
> 在非洲国家的善治和社会改革等方面，"非洲发展新伙伴计划"

---

① *African Peer Review Mechanism Annual Report* 2011, http://aprm-au.org/.

② *Declaration on Democracy, Political, Economic and Corporate Governance*, AHG/235 (XXXVII) Annex I, http://aprm-au.org/document/declaration-democracy-political-economic-corporate-governance-0.

框架下的国家首脑论坛（Heads of State Forum）将扮演监督和评估机制的角色。同时，这一论坛也能够为各国分享促进善治与民主实践方面的经验提供平台。（第85款）①

非洲互查机制是对"非洲发展新伙伴计划"治理理念的具体化。在非洲互查机制的官方基础文件（APRM Base Document）中，开篇即阐明其宗旨是确保参与国在政策和实践上遵循在《关于民主、政治、经济和公司治理的宣言》中得以确认的政治、经济和公司治理的价值、规范（codes）和标准。相应的，非洲互查机制将其工作重心（thematic areas）设定为民主与政治治理、经济治理、公司治理和社会经济发展四个基本领域（见表3-3）。②

在治理理念的具体运用或基本原则的确立上，非洲互查机制借鉴了国际上已有的相互审查机制的经验。二战后，相互审查作为一种监督、评估和相互学习的手段和机制被一系列国际组织广泛应用。联合国、国际货币基金组织、国际贸易组织、经济合作与发展组织以及欧盟委员会等重要国际组织（机构）都有各自的相互审查机制。其中，经合组织（OECD）框架下的相互审查机制在国际上最具代表性，其经验被广泛借鉴。事实上，经合组织较早地参与了非洲与审查相关的一系列具体行动，其对非洲互查机制的设计、建立和运作产生了直接影响，主要表现在以下两个方面：

其一，对相互审查原则的影响。借鉴经合组织的经验，非洲互查机制强调可信、透明、相互信任以及互查结果的非强制性等原则，将成员国间的相互审查看作是一个参与国提高认识、相互学习和逐步改进的过程。非洲互查机制作用的发挥有赖于多元参与者（或相关者）对被审查国形成的"软压力"③。

其二，对非洲互查机制建立的直接参与和推动。在非洲互查机制的酝酿阶段，根据联合国非洲经济委员会和经合组织的协议，经合组织即被确

---

① OAU/AU, *The New Partnership for Africa's Development*, Abuja, October 2001.

② *The African Peer Review Mechanism (Base Document)*, http://aprm-au.org/document/aprm-base-document-0.

③ "软压力"是国际互查机制得以发挥作用的关键因素，其可以被理解为是一种由他者或自我引起的心理压力，产生软压力的条件可以是认同、共识或者差距。参见欧玲湘、梁益坚《软压力视角下的"非洲国家相互审查机制"》，载《西亚非洲》2009年第1期。

定为技术支持机构。通过此后双方一系列的互动,经合组织在非洲互查机制的建立和进一步运行过程中发挥了积极作用。①

然而,由于非洲发展的阶段性特点,非洲互查机制与经合组织框架下的相互审查机制也存在着明显不同,主要表现在以下两方面:

其一,相较于经合组织互查领域的多元性、技术性(非政治性),非洲互查机制的工作重心更多地集中于涉及非洲发展的治理议题上,其中,对国家政治治理情况的审查是非洲互查机制的特点。②

其二,作为互查机制的规范基础,民主、人权、市场等成员国一致遵循的共有价值是经合组织(互查机制)建立和运行的基础,而非洲互查机制显然并不具备这一条件。③ 事实上,非洲互查机制建立的目的在很大程度上是促进非洲国家(参与国)对(非洲)治理理念的遵守,以形成非洲发展或治理之良好基础或环境。因此,非洲互查机制在其基本原则上具有非洲自身的特点:

第一,非洲互查机制的自主原则。非洲互查机制强调非洲对互查进程的主导权。非洲互查机制的官方基础文件(Base Document)阐明该机制建立的首要目的在于通过对非洲各国治理政策与实践的监督和审查加速非洲经济的一体化。④ 此外,非洲互查机制规定,在互查进程中产生的费用,应由参与国(包括非政府伙伴)提供,以确保非洲对整个进程的主导。⑤

第二,非洲互查机制的自愿原则。对非洲互查机制的自愿原则需要进行两方面的理解:其一,非洲互查机制的官方基础文件规定该机制对所有非盟成员国开放,各国有权对加入与否进行选择。⑥ 其二,有意愿的国家,需要达到非洲互查机制设立的基本标准方可加入。事实上,非洲互查

---

① 梁益坚:《外来模式与非洲发展:对非洲国家相互审查机制的思考》,云南大学硕士学位论文,2005 年 5 月,第 15 页。

② UNECA, *Progress Report on the Implementation of the African Peer Review Mechanism* (*APRM*), Addis Ababa, Ethiopia 9 – 10 March 2011, p. 4.

③ Deribe Assefa, *The Role and Engagement of Civil Society in Ethiopia's First Cycle African Peer ReviewMechanism* (*APRM*) *Process*, Doctoral Dissertation to Ethiopian Civil Service University, May 2010, p. 24.

④ Article 3 in *The African Peer Review Mechanism* (*Base Document*), http://aprm-au.org/document/aprm-base-document – 0.

⑤ APRM Structure on continental level, http://aprm-au.org/.

⑥ Ibid., article 5.

机制的自愿原则是有选择性的。这种选择性是一种建立在自愿原则基础上的自我选择（self-selective），其代表了非洲国际机制（非盟）对成员国内部事务的态度从不干涉到非漠视（from non-interference to non-indifference）的转变①。

第三，非洲互查机制的非强制原则。非洲互查机制的非强制原则主要是指相互审查的最后审查报告及其整改意见对被审查国并不具有正式的法律效力。也正是在这个意义上，一些学者认为非洲互查机制是没有牙齿（without teeth）的机制。② 然而事实上，非洲互查机制在执行上并不单纯依赖舆论等形成的软压力。由于外部行为体（主要西方国家及其国际机制）对非洲互查机制的支持，非洲国家从西方获得投资和援助的数量和能力很大程度上受到其是否参与互查行动以及相应的整改开展情况的影响。非洲互查机制与各国利益直接挂钩，其非强制原则由此获得了约束能力，机制的执行效率也得到提升。③ 此外，非强制原则的意义在于其为国内体制、发展程度等方面参差不齐的非洲国家进行内部调整和改进预留了弹性和空间。

表 3 - 3　　　　非洲互查机制确立的主要审查领域及其主要目标

主要领域	主要目标
民主与政治治理	预防和减少国内及国家间冲突 立宪民主 促进和保护经济、社会、文化、公民和政治权利 支持包括司法独立和有效议会在内的权力分立 完善公务员体制 在政治领域打击腐败 促进和保障妇女权利 促进和保护儿童和青年的权利 促进和保障弱势群体包括无家可归者和难民的权利

①　UNECA, *Progress Report on the Implementation of the African Peer Review Mechanism* (*APRM*), Addis Ababa, Ethiopia 9 - 10 March 2011, pp. 3 - 4.

②　Ian Taylor, *NEPAD: Towards Africa's Development or another False Start?*, London: Lynne Rienner Publishers, 2005, p. 63.

③　Francis Nguendi Ikome, *From the Lagos Plan of Action* (*LAP*) *to the New Partnership for Africa's Development* (*NEPAD*): *the Political Economy of African Regional Initiatives*, Doctoral Dissertation to University of the Witwatersrand, December 2004, pp. 334 - 343.

续表

主要领域	主要目标
经济治理	促进支持可持续发展的宏观经济政策 实施透明、可预期、有信誉的政府经济政策 促进健康的公共财政管理 打击腐败和洗钱 在成员国间通过促进金融、贸易和投资政策的整合加速地区一体化
公司治理	为经济活动提供有利条件和有效的管理框架 确保企业尊重人权、履行社会责任和保护环境 提高商业诚信 确保企业以公平、公正的方式运作 实行公司和董事的问责制
社会经济发展	促进自力更生的发展和能力 加快社会经济发展以实现可持续发展和贫困消减 加强关键社会发展领域的政策力度 确保全体公民对水、能源、金融服务、通信技术的使用权 促进性别平等,尤其是保障女童接受教育的权利 鼓励所有层面上利益相关者对发展的广泛参与

资料来源: *Objectives*, *Standards*, *Criteria and Indicators for the African Peer Review Mechanism* ("*The APRM*"), NEPAD/ HSGIC – 0302003/ APRM/ Guideline/ OSCI 9 March 2003. http://aprm-au. org/.

二 非洲互查机制的结构与审查阶段

经过不断发展,非洲互查机制已经在地区和国家层面建立起了比较完善的机制结构和审查程序。非洲互查机制的主要组成部分包括:非洲互查论坛 (APR Forum)、名人小组 (APR Panel)、秘书处 (APR Secretariat)、国家审查小组 (Country Review Team)、非洲互查协调中心 (APR Focal Point)、国家委员会或国家治理委员会 (NC/NGC)、国家互查秘书处 (National APR Secretariat)、技术研究机构 (TRIs) 等。在具体的审查工作中,上述部门分工协作对被审查国进行 5 个阶段的审查工作。

(一) 组织结构与主要职能

为了便利审查工作的开展,非洲互查机制分别在地区和国家两个层面设立了相应的组织结构。

1. 地区层面

(1) 非洲互查论坛。非洲互查机制参与国国家元首和政府首脑论坛,简称非洲互查论坛 (ARP Forum) 或 "论坛" (the Forum)。它是非洲互查机制的最高决策机构，由非盟内自愿参与互查机制的国家的领导人组成。非洲互查论坛通过对非洲互查机制的组成和程序的监督，以及对互查进程中各国能力建设和相互学习的促进，确保非洲互查机制有效、可信的运转。非洲互查论坛通常每两年召开一次会议，会议的具体时间一般紧邻非盟峰会。非洲互查论坛的具体职责主要包括：

· 任命非洲互查机制名人小组及其主席；

· 考虑、采纳并接管（take ownership）由名人小组提交的国家审查报告；

· 在审查会议后，就由非洲互查论坛提出的改进建议与被审查国国家元首或政府首脑交换意见；

· 促进成员国间的相互对话以影响被审查国相应（在被建议的领域）的整改实践；

· 敦促各发展伙伴对非洲互查论坛建议整改的领域给予技术和财政支持；

· 适时地将非洲互查机制的各项报告提交给非洲联盟的相关机构；

· 通过非洲互查机制秘书处公开发布国家审查报告，并通过媒体公布相关文件；

· 制定并批准非洲互查论坛以及名人小组的工作程序规则；

· 批准非洲互查机制各组成部门的行为准则；

· 确保互查进程中的资金完全由参与国（包括非政府伙伴）提供。

（2）非洲互查机制名人小组。名人小组负责对具体互查进程进行监督，以确保审查在独立、专业、可信的基础上进行。此外，名人小组还负责监督非洲互查小组（APR Teams）的选择，并指派其对具体的国家进行审查。名人小组及其主席由非洲互查论坛根据地区平衡、性别平等以及文化多元的原则选择和任命。其中，主席任期5年，其他成员任期4年。名人小组一般由5—7人组成，成员必须由具有泛非主义信念且在非洲享有较高声誉和影响力的非洲人担任。名人小组成员的（工作或知识）专长需与非洲互查机制的工作内容相关。此外，根据非洲互查机制"指导方针"（Guideline）的规定，为了确保审查工作的顺利开展，针对技术性的审查内容，名人小组和秘书处可以设立辅助性的"技术专家库"（pool of Technical Expertise）。原则上，专家库应尽量选用非洲本土专家，必要时也可使用非本土专家或机构的服务。名人小组的主要职责有：

·推荐适合的非洲机构或个人从事技术评估;

·在适当的时候举行会议,对由秘书处提交的国家审查报告中的建议进行评估;

·考虑国家审查报告中的建议,并为非洲互查论坛提供建议;

·向非洲互查论坛提交带有具体建议的国家评估报告,以帮助被审查国提高其政府和社会经济发展水平;

·制定自身的工作程序规则,并提交非洲互查论坛通过,审批秘书处和非洲互查小组的相关程序规则;

·名人小组每年至少召开 4 次会议,如有需要,可额外召开特别会议。

(3)非洲互查机制秘书处。非洲互查机制秘书处位于南非米德兰(Midrand),负责为非洲互查机制及其互查工作提供技术、协调、行政等服务和支持。秘书处的日常工作主要有:维护设在各参与国国内的政治经济发展数据库;根据平衡、胜任、专业的原则组建互查小组并为其提供审查的背景资料;拟定并跟踪审查相关的具体参数等。此外,为确保互查进程的顺利开展,秘书处的具体工作还包括:筹备、组织名人小组会议和非洲互查论坛峰会;规划、组织国家审查访问;共享审查和整改的相关经验;处理国家行动项目(NPoA)实施过程中的障碍等。在人员组成上,秘书处设执行理事(executive director)一名,由来自四个互查领域的专家所组成的专家组协助开展工作,专家组成员来自非洲各个国家。秘书处的运转资金主要来自参与国的捐款以及由各发展伙伴建立的信托基金。

(4)国家审查小组。国家审查小组一般由 15—25 人组成,成员主要由杰出学者、商业领袖、非洲互查秘书处、战略伙伴派出的专家以及独立顾问等构成。审查小组一般在被审查国访问 2—3 周。其间,审查小组会在被审查国的公民社会、企业、政府中,对相关人员进行咨询和调查。其后,审查小组在名人小组相关成员以及非洲互查机制秘书处的监督和协助下,撰写国家审查最终报告。

2. 国家层面

上述地区层面的机制结构是非洲互查机制的主要驱动力量,然而,整个互查进程的有效开展及其审查结果的最终落实还需要被审查国的支持和推动。根据非洲互查机制"指导方针"(Guideline)的要求,各参与国在国家层面也建立起了相应的机制结构。互查进程中的国内相关行为者

（利益相关方）被非洲互查机制视作是推动被审查国治理和经济社会发展的重要力量，国家层面机制结构的建立为其参与本国治理进程提供了渠道和平台。在国家层面，非洲互查机制的结构主要由协调中心、国家治理委员会、国家互查秘书处和技术研究机构（TRIs）组成。

（1）非洲互查协调中心。非洲互查协调中心简称"协调中心"（Focal Point）。根据非洲互查机制"指导方针"的规定，为了加强秘书处（地区层面）与国家层面机制结构之间的联系，各参与国都必须建立起自己的协调中心。另外，"指导方针"建议各国应委派部长级或其他高阶政府官员负责协调中心的工作，使工作报告能够直达本国元首和政府首脑。

（2）国家治理委员会。根据非洲互查机制"指导方针"的规定，每个参与国都必须建立国家治理委员会，为非洲互查机制在国家层面的执行提供政策上的战略方向。委员会负责批准和管理国家层面的两个重要文件，"国家自我评估报告"（CSAR）和国家行动项目（NPoA）。根据"指导方针"的规定，国家委员会的运作遵循广泛参与（broad-based participation）的原则并独立于所在国政府。国家和非国家行为体合作参与委员会的工作。委员会在成员构成上需要反映本国政治经济社会的基本面貌，具有广泛的代表性。其成员主要来自政府部委、议会、公民社会、媒体、私营部门、青年和妇女团体、残疾和弱势群体、农村社群等。在成员结构上，根据"指导方针"的要求，来自非政府的行为体在委员会中应占多数，且委员会主席（如有可能）应由来自非国家部门的人士担任。

（3）国家互查秘书处。国家互查秘书处负责处理互查机制在国家层面的日常工作，为国家治理委员会提供技术和行政支持，并协助国家治理委员会组织、开展国家层面的项目。在机构运作上，国家互查秘书处独立于所在国的政府机构，其经费来自独立预算。在组织关系上，国家互查秘书处一般由执行总裁（CEO）或执行理事（Executive Director）领导，并与设在南非的非洲互查机制秘书处保持沟通和联系，其工作报告直接提交国家治理委员会批准。此外，国家互查秘书处还需为技术研究机构的工作提供便利和支持。

（4）技术研究机构。技术研究机构由国家治理委员会组建，主要负责设计和分析非洲互查调查问卷（APRM Questionnaire），并开展公共咨询、调查和相关研究。在此基础上，技术研究机构还负责编制国家自我评估报告（CSAR）和国家行动项目（NPoA），并直接提交国家治理委员会批准。为确保研究结果和相关报告的综合性、可信性和代表性，技术研究机构使用多种手段和方法对信息、数据进行收集、整理和分析。

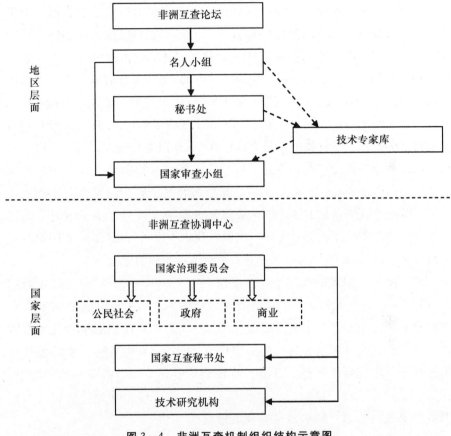

图 3-4　非洲互查机制组织结构示意图

（二）审查形式和审查阶段

根据官方规定和审查经验，非洲互查机制主要包括"基本审查""定期审查""预警审查"和"特殊审查"四种形式。其中，基本审查主要是针对新近加入非洲互查机制的国家进行的审查，期限为 18 个月；定期审查是非洲互查机制的常规审查形式，对被审查国进行 2—4 年一次的审查；预警审查由非洲互查机制成员国提出要求，对早期预警显示有发生政治、经济和社会危机之虞的成员国进行审查；特殊审查与定期审查不同，是应成员国的特殊要求而开展的审查形式。①

根据非洲互查机制"指导方针"的规定，每种形式的审查都需要经过 5 个阶段。

第一阶段，准备与自我审查。第一阶段的互查活动主要在被审查国和非洲互查机制秘书处两个层面平行展开。审查机制的启动始于非洲互查机制秘书处与被审查国之间的接触和咨商，形式上主要包括名人小组成员对被审查国访问或在其他场合举行相关会议等。此后，由被审查国主持正式的"国家支持任务"（Country Support Mission）并签署含有审查具体条款的《非洲互查机制谅解备忘录》（The MOU）。在国家层面，被审查国指派协调中心和国家治理委员会对审查进程进行监督和推动，在公众意见和专家咨询的基础上撰写国家自我审查报告（CSAR）和国家行动项目（NPoA）。与国家层面的工作同时进行，在地区层面，非洲互查机制秘书处对被审查国进行相关的背景研究，并形成文件。此后在背景研究和国家自我审查的基础上，非洲互查机制秘书处确定主要议题并形成文件（issue paper），为后续国家审查任务的开展提供指导。国家自我审查报告（CSAR）和国家行动项目（NPoA）的最终形成标志着互查进程第一阶段的完成。

第二阶段，国家审查任务。以议题文件（issue paper）和自我审查报告（CSAR）为基础，一名名人小组成员带领 15—25 人组成的国家审查小组（非洲专家小组）在被审查国访问 2—3 周，开展国家审查任务。审查小组主要评估国家治理进程的完整性（integrity），并针对主要的治理议题展开进一步研究和调查。在调查过程中，审查小组与被审查国的政府、官员、政党、议会、议员以及社会组织（包括媒体、学界、商贸、专业团体）等进行接触，征求意见、收集信息。

第三阶段，起草国家审查报告。在前两阶段自我审查、国家审查、行动项目以及背景研究的基础上，第三阶段，国家审查小组开始汇编国家审查报告（Country Review Report）草案。审查报告在内容上将对被审查国存在的问题做出明确的说明，包括：被审查国对问题改进的意愿、需要采取集体行动的问题、需要外部伙伴协助解决的问题、改革进程的时间等。审查报告草案完成后将被递交给被审查国政府，以保障其有机会就审查报

---

① UNECA, *Progress Report on the Implementation of the African Peer Review Mechanism* (*APRM*), Addis Ababa, Ethiopia 9 – 10 March 2011, p. 7.

告（提出的问题和建议）做出回应、表达观点。被审查国政府可以将其回应和观点以附件形式列入国家审查报告，但无权修改报告内容。

第四阶段，国家首脑相互审查。非洲互查机制秘书处将国家审查报告呈送非洲互查论坛。经过对报告的审查，非洲互查机制参与国首脑将做出相关的决定并形成最终的国家审查报告。被审查国根据国家审查报告之建议进行的整改将获得参与国政府以及援助国和援助机构的帮助。如果出现被审查国缺乏整改意愿的情况，非洲互查机制将推动参与国与被审查国之间展开建设性对话，以确定整改所需的支持和援助。本阶段审查的目的在于通过具体实践推进参与国间的学习、对话和相互促进。在实践中，本阶段互查通常与非盟峰会重合。

第五阶段，公布审查报告。国家审查报告的"最终决议"通过6个月后，将被正式提交给非洲主要的地区和次地区组织，并最终公开发布。①

三 非洲互查进程中的公民社会组织

通过对非洲互查机制的理念、结构及职责的梳理和说明，不难发现，非国家行为主体在非洲互查进程中占有十分重要的地位。作为非国家行为主体的有机载体和活动领域，公民社会在促进国家治理中的作用得到了非洲互查机制的重视和强调。

公民社会是由区别于国家（政府）的空间、行为者和制度形式集合成的复杂有机体。动态地讲，它是由共有观念、利益和目标形成的社会（非国家）场域（arena），（自愿的）集体行动（action）运行其间，② 这种场域与行动之间是一种互构关系，彼此互为前提。现代意义上的公民社会概念滥觞于18世纪的西方，从托马斯·潘恩（Thomas Paine）到黑格尔（George Hegel），当时的许多思想家对公民社会"平行但分离于国家"

① Article 3 in *The African Peer Review Mechanism* (*Base Document*), http://aprm-au.org/document/aprm-base-document-0；非洲互查机制官方网站，http://aprm-au.org/management-structure；UNECA, *Progress Report on the Implementation of the African Peer Review Mechanism* (*APRM*), Addis Ababa, Ethiopia 9-10 March 2011; Deribe Assefa, *The Role and Engagement of Civil Society in Ethiopia's First Cycle African Peer ReviewMechanism* (*APRM*) *Process*, Doctoral Dissertation to Ethiopian Civil Service University, May 2010, pp. 17-21.

② G. Masterson, "Defining Civil Society in the Context of the African Peer Review Mechanism", in Elklit, Matlosa and Chiroro eds., *Challenges of Conflict, Democracy and Development in Africa*, Johannesburg: EISA, 2007, p. 12.

的属性进行了阐发。经过不断发展，20 世纪中后期，在西方，"公民社会"被更多地嵌入了政治民主、社会自治、多元参与等内涵，在理论和实践上成为"治理"的有机组成部分。冷战结束后，公民社会的理念在前社会主义国家和广大发展中地区得到快速传播，并随着西方主导的"结构调整"所导致的（政府）社会控制的弱化在实践中得到发展。①

具体到非洲，由于经济、社会发展的普遍滞后性，绝大多数非洲国家并不具备严格意义上自觉、健全的公民社会。既有的非洲公民社会更多地表现为一种组织形式，非政府组织等非国家行为体构成了其主要内容。因此，非洲互查机制并没有对公民社会概念进行明确的阐述和定义，② 在其官方文件中更多地是将公民社会与非政府组织统称为公民社会组织（Civil Society Organizations，CSOs）。然而，这并不意味着公民社会组织在非洲现代化进程中意义和作用上的淡化。事实上，公民社会组织在促进非洲（国家）民主和善治的发展上发挥着重要的作用。公民社会组织对国家和私人部门在社会与经济、环境与人权等领域的活动进行监督，以其有效的工作巩固和加强了国家治理与政策的透明性。公民社会组织实际上在国家与社会之间起到了交换器和缓冲器的作用。③ 与西方国家或理论上的非政府组织和公民社会不同，在现有的政治、经济和社会发展条件下，非洲意义上的公民社会组织在非洲（国家）的治理进程中被赋予了更深的内涵。它不只是单纯的非政府行为体，更是公民社会成长、成熟的生长点和催化剂。有鉴于此，非洲互查机制十分重视非洲公民社会组织的治理作用。在具体的互查进程中，公民社会组织一方面代表和提供了有别于政府的多元声音和信息，另一方面，在（非洲互查机制提供的）制度化的治理参与过程中，公民社会组织的活动能够进一步激活公民意识，促进公民社会的发展。

---

① A. Ghaus, *Role of Society Organizations in Governance*, 2004, p. 2, 6th Global Forum on Reinventing Government Towards Participatory and Transparent Governance, 24 – 27 May 2005, Seoul, Republic of Korea.

② G. Masterson, "Defining Civil Society in the Context of the African Peer Review Mechanism", in Elklit, Matlosa and Chiroro eds., *Challenges of Conflict, Democracy and Development in Africa*, Johannesburg: EISA, 2007, p. 10.

③ F. Doh, "Democracy, Civil Society and Governance in Africa: Case Study on Assessing the Progress Made by Cameroon", in *Proceeding of the Second DPMF Annual Conference on Democracy, Civil Society and Governance in Africa II*, 7 – 10 December 1998, Addis Ababa, (Development Policy Management Forum), 1998, pp. 148 – 163.

在非洲,公民社会作用的有效发挥有赖于政府对相应的政治环境(取消严厉的管制)的引导和营造。在治理上,政府有必要将公民社会组织纳入决策进程,并将其作为发展伙伴。[①] 为了确保公民社会组织能够有效地参与到非洲互查进程中来,非洲互查机制在具体的审查实践中确立了一系列原则,同时,对被审查提出了相应的要求。截止到 2015 年,已经有 17 个非洲国家完成了第一轮的国家审查任务。尽管在各国的审查进程中公民社会组织的参与程度和效果等并不相同,但非洲互查机制对被审查国政府的基本要求是一致的。

第一,政策对话。非洲互查机制的审查进程应被确认是被审查国内部各行为体之间的政策对话过程。公民社会组织应被纳入国家层面的互查结构中。此外,在包括国家自我审查、首脑论坛互查以及相关报告的起草等审查进程的各阶段,公民社会组织的参与都需要得到保障。

第二,政治承诺。对于互查进程的包容性和开放性(participatory),被审查国政府应展现出明确的政治意愿并做出可信的承诺。为此,被审查国政府需要为公民社会组织的正式参与创造条件和环境。为确保互查进程的独立性和公正性,应确保公民社会组织的参与建立在透明、民主和非党派化的基础上。

第三,教育与公民意识觉醒。确保公民社会对国家治理的参与应是一项长期的工程。公民社会组织对非洲互查进程的参与本身可以被看作是无形的公民教育,其有利于非洲国家公民意识的觉醒。相应地,公民社会的逐渐成熟也为非洲互查机制治理目标的实现提供了基本保障。[②]

在已完成第一轮审查的非洲国家中,加纳、肯尼亚和卢旺达被称作是先锋国家(pioneer countries)。这一 "称号" 的获得不仅因为这三国第一批加入非洲互查机制并最早完成了国家审查任务(第一轮审查)[③],更是

---

① F. Doh, "Democracy, Civil Society and Governance in Africa: Case Study on Assessing the Progress Made by Cameroon", in *Proceeding of the Second DPMF Annual Conference on Democracy, Civil Society and Governance in Africa Ⅱ*, 7 – 10 December 1998, Addis Ababa, (Development Policy Management Forum), 1998, p. 159.

② UNECA, *Strategies for Promoting Effective Stakeholders Participation in the African Peer Review Mechanism*, Third meeting of the committee on human development and civil society, 4 – 6 may 2005, Addis Ababa, pp. 13 – 16.

③ 加纳和肯尼亚于 2003 年 9 月加入非洲互查机制,卢旺达加入该机制的时间是 2004 年 9 月;三国于 2006 年最早接受了首脑论坛的最终审查。

由于三国（主要是加纳和肯尼亚）① 出色的审查实践为其他参与国树立了典范。具体到公民社会组织的参与上，三国在互查（治理）原则和程序的遵守情况、国家互查机构的人员构成、自我审查进程的开放程度以及审查方法的使用（创新）等方面都充分考虑了公民社会组织的因素，受到了广泛的好评。②

然而，尽管非洲互查机制的运作在整体上提升了公民社会组织在非洲国家治理中的参与水平，但是，其参与质量在各国却表现得并不平均，仍存在着如政府控制、法律限制、资源欠缺、发展模式等问题和挑战。③ 联合国非洲经济委员会（UNECA）在其发布的《非洲互查机制：非洲公民社会手册》④ 中，将公民社会组织在参与非洲互查机制（进程）中面临的潜在困难归纳为五个主要方面。

第一，政府的疑虑。参与非洲互查机制的政府担心公民社会组织可能会利用该机制对政府的相关活动进行干预。此外，在治理领域表现不佳的政府担心互查结果可能对其接受外来援助的水平造成不良影响。基于这些担忧和疑虑，某些非洲政府可能会对公民社会组织的活动及其对互查进程的参与进行限制。

第二，非洲公民社会的分散性和无序性。尽管非洲公民社会组织在比较广泛的领域开展了活动，但是，由于地理、意识形态、组织程度等方面因素的影响，公民社会组织的作用很难得到有效发挥。在国家整体层面，各公民社会组织之间缺乏通过有效沟通以凝聚共识的机制框架，这进一步限制了公民社会组织对非洲互查进程的有效参与。

---

① 卢旺达在国家治理委员会的组成上存在政府主导的问题，因此，有评论指责其审查进程是政府驱动的（government-driven）。然而，从总体上看，卢旺达的审查进程是到位和成功的。

② Deribe Assefa, *The Role and Engagement of Civil Society in Ethiopia's First Cycle African Peer ReviewMechanism（APRM）Process*, Doctoral Dissertation to Ethiopian Civil Service University, May 2010, pp. 48 – 53.

③ S. Friedman and C. Kihato, "South Africa's Double Reform: Decentralization and the Transition from Apartheid", in Oxhorn et al edt. , *Decentralization, Democratic Governance, and Civil Society in Comparative Perspective: Africa, Asia, and Latin America*, London: The Johns Hopkins University Press, 2004, pp. 169 – 175; A. Ghaus, *Role of Society Organizations in Governance*, 2004, p. 6; 6th Global Forum on Reinventing Government Towards Participatory and Transparent Governance, 24 – 27 May 2005, Seoul, Republic of Korea.

④ UNECA, *African Peer Review Mechanism: Handbook for African Civil Society*, Addis Ababa, 2008, pp. 19 – 20.

第三，公民社会组织的能力缺陷。非洲互查进程的有效开展，有赖于合格的公民社会（组织）在智力和信息资源等方面的参与和协助。然而，由于发展程度的限制，许多非洲公民社会组织在能力上无法满足非洲互查机制的要求和期待。由于在人力、技术、信息等资源方面的显著优势，非洲国家政府往往在互查进程中占有主动和主导的地位。

第四，资源欠缺。除能力上（信息、智力资源）的不足之外，在物质上，非洲公民社会能够获得的资金支持十分有限。由于非洲互查进程的长期性和连续性，许多公民社会组织根本无力承担因持续的进程监督、信息收集（分析）以及研讨交流等工作而产生的不菲费用。

第五，技术性门槛。与第三、四点相关，但又不完全相同。由于非洲互查进程的复杂性，大量技术性和综合性问题的存在产生了无形的"门槛"，由此限制了公民社会组织的参与资格和规模。

非洲互查机制为多元行为主体自下而上的参与提供了机制化的渠道和平台。特别是非洲公民社会组织对互查进程的参与一方面提高了非洲内部治理的真实性、代表性和开放性，另一方面，也进一步促进了非洲公民意识的觉醒和公民社会的成熟。然而，受到现实发展水平的限制，原初意义上的、自下而上的治理在非洲条件仍不够成熟。实际上，新世纪的非洲治理更多带有自上而下的特点，其动力主要来自于地区层面的驱动。

第三节　地区驱动的非洲内部治理

与国际上（特别是欧洲）已有的治理实践相比，"非洲发展新伙伴计划"框架下的治理实践表现出鲜明的"非洲特色"。与欧洲治理由国家到地区的"自然"发展轨迹不同，非洲治理的动力主要来自地区层面，表现为一种"反序"或"逆顺序"，这是由非洲国家较低的发展水平以及薄弱的治理基础造成的。新世纪后，非洲以地区治理为推手，着力在地区层面完善和加强发展（治理）战略规划和机制建设，形成了具有非洲特色的地区倒逼国家的治理发展路径。

一　国际经验：欧洲的治理发展条件与路径

"治理"的理念最早发端于欧洲。在实践领域，欧洲也堪称当今世界治理机制最完善、治理程度最高的地区。欧洲对治理的实践在国际上产生了巨大的示范效应。非洲对治理的追求很大程度上即是受到了欧洲的影响。然而，由于发展程度、基本条件等方面的差异，非洲治理的生成路径与欧洲并不相同（甚至是相反的）。在对非洲治理的动力、路径展开分析之前，有必要首先对欧洲（欧盟）治理的发展历程进行简要的梳理和分析。

欧洲治理寓于欧洲一体化的进程中，主要表现为欧盟治理机制的建设和完善。经过60余年的发展，欧盟已经建立起比较完备的治理体系，其发展是文化与基础、动力与策略（战略）等一系列因素（条件）自下而上共同作用的结果。

首先，历史文化与国家（治理）基础。作为一种理念，欧洲是治理思想的故乡，其雏形最早甚至可以追溯到古希腊时期。在欧洲深远、深邃的政治思想史中，欧洲（思想家们）的和平意识、合作意识和共同体意识均内含了治理的基因。[1] 尽管欧洲历史上政权林立、战争频仍，但是，和平、合作与统一（制度化的协调）始终是欧洲政治思想的核心命题。从格劳修斯的《战争与和平法》到圣－皮埃尔的《永久和平方案》，从康德的《永久和评论》到雨果的"欧罗巴合众国"理想，通过某种政治形式或制度安排达到彼此协调的状态始终是流淌在欧洲人血液中的记忆。欧洲人对现代意义上治理的追求首先在国家层面得到了实现。长期以来，尤其是二战后，欧洲国家在治理机制和模式上的探索和发展为欧洲整体层面上治理的启动、发展和完善奠定了基础。在欧洲整体治理进程启动之前（或初期），欧洲主要国家已经形成了比较固定的治理框架或模式，如英国、法国和意大利的国家中心主义模式以及德国的合作治理模式（corpo-ratist model of governance）等。无论欧盟的超国家治理采取何种模式，可以肯定的是这种更大范围的治理建立在其成员国较高的发展和治理水平之上。[2]

其次，欧洲治理发展的（国家）动力。欧洲治理的推动力主要来自国家层面，也就是说，其治理发展的指向是自下而上或由国家到地区的，主要表现在三个方面：其一，欧共体（欧盟）的建立和发展很大程度上

---

① 秦亚青主编：《观念、制度与政策——欧盟软权力研究》，世界知识出版社2008年版，第91—128页。

② 刘文秀：《欧盟的超国家治理》，社会科学文献出版社2009年版，第35页。

是欧洲国家（主要是法、德）推动的结果。众所周知，欧共体的前身欧洲煤钢联营的建立有赖于欧洲国家特别是法、德的同意和推动。为了杜绝战争隐患，保障有限领域内治理效果的达成，煤钢联营在治理机制上表现出浓厚的超国家色彩。1965年，欧洲煤钢联营、欧洲原子能共同体和欧洲经济共同体实现合并，成立了"欧洲共同体"。其二，欧洲治理的发展是危机驱动的，而化解危机的动力来自国家。由于治理范围的扩大以及成员国主权让渡的增加，欧共体在欧洲治理的进程中经历了一系列危机（如1965年的空椅子危机等）。即使是欧盟成立后，欧洲治理的推进仍不顺利，"宪法条约"的难产、新入盟成员带来的发展（治理）差异以及近来富裕成员国对欧盟移民的限制等问题都为欧洲在更大范围、更深层次推进治理设置了障碍。然而，总体上看，欧洲治理的进程仍在不断发展。欧洲治理进程中历次危机的化解都源于（核心）成员国的推动或彼此间的妥协，并最终表现为欧盟在（治理）机制上的折中或综合。欧洲治理或一体化发展的危机驱动力实质上是自下而上的国家推动力。其三，欧洲治理自下而上的动力还表现在欧洲国家民众的认同归属上。如表3-4所示，欧盟已在相当程度上获得成员国民众的认同。根据相关的研究，欧盟多层治理的发展与成员国民众对其认同程度之间存在明显的正相关关系。①

表3-4　　　　　　　　　欧洲民众的认同归属（1991—1995）

	地方（locality）		次地区（region）		国家		欧盟	
	1991	1995	1991	1995	1991	1995	1991	1995
奥地利		3.5		3.7		3.5		2.3
比利时	3.3	3.4	3.2	3.5	3.0	3.2	2.4	2.5
丹麦	3.4	3.2	3.6	3.4	3.8	3.7	2.3	2.1
芬兰		3.1		3.2		3.6		2.0
法国	3.1	3.2	3.3	3.4	3.4	3.4	2.6	2.6
德国	3.5	3.5	3.6	3.6	3.4	3.3	2.4	2.3
希腊	3.7	3.7	3.8	3.9	3.8	3.9	2.5	2.4
爱尔兰	3.5	3.6	3.6	3.6	3.7	3.7	2.2	2.5
意大利	3.4	3.5	3.4	3.4	3.4	3.5	2.7	2.7

① 雷建锋:《欧盟多层治理与政策》，世界知识出版社2010年版，第122—123页。

续表

	地方（locality）		次地区（region）		国家		欧盟	
	1991	1995	1991	1995	1991	1995	1991	1995
荷兰	2.9	2.8	3.0	3.1	3.2	3.1	2.1	2.1
葡萄牙	3.7	3.6	3.7	3.7	3.7	3.7	2.5	2.5
西班牙	3.7	3.6	3.7	3.6	3.5	3.5		1.9
英国	3.2	3.2	3.4	3.3	3.5	3.4	2.1	2.1
欧盟 12/15	3.4	3.4	3.5	3.5	3.5	3.4	2.5	2.5

表格说明：数值"4"代表"非常认同"，"3"代表"相当认同"，"2"代表"不是非常认同"，"1"代表"根本不认同"。

资料来源：Liesbet Hooghe and Gary Marks, *Multi-level Governance and European Integration*, New York：Roman and Littlefield Publisher, 2001, p. 55. 参见雷建锋《欧盟多层治理与政策》，世界知识出版社 2010 年版，第 122 页。

再次，功能主义的治理发展策略（战略）。早在二战期间，戴维·米特兰尼（David Mitrany）就极有预见性地提出了功能领域的合作导致政治一体化的功能主义。[1] 其后，厄恩斯特·哈斯（Ernst Haas）基于二战后西欧国家间不断强化的合作实践，提出了欧洲一体化的新功能主义理论。新功能主义强调合作的溢出（spillover）效应，认为在功能性合作过程中"政治参与者被说服将忠诚转移给……一个新的中心，而该中心的机构拥有或者要求对先前存在的民族国家实施管辖权"[2]。（新）功能主义提出了欧洲一体化的动力问题，它实际是一种"功能主义方法"为欧洲治理的发展提供了策略和战略。[3]（新）功能主义极大地影响了欧洲治理的实践，欧洲国家通过具体领域的机制化合作自下而上地推动了治理更大范围、更深程度的发展。

欧洲的治理以国家层面的文化和治理为基础，以国家间在具体治理领域上的合作和机制建设为发轫点，经历了由国家到地区、自下而上的发展轨迹。在欧盟（欧共体）的发展及其机制化进程中，（核心）国家的推动

[1] David Mitrany, *A Working Peace System: An Argument for the Functional Development of International Organization*, Oxford University, 1944.

[2] Ernst B. Haas, *The Uniting of Europe*, Stanford：Stanford University Press, 1958, p. 16.

[3] 房乐宪：《欧洲政治一体化：理论与实践》，中国人民大学出版社 2009 年版，第 36—37 页。

是欧盟不断化解危机、完善治理的关键。欧洲的治理经验对非洲产生了较大影响。尽管 21 世纪非洲的治理在理念和实践（机制建设）上体现出许多"欧洲因素",[①] 但非洲并不具备复制欧洲治理发展经验的（国家）基础和条件，这促使非洲在治理发展路径上必须进行创新和选择。

二　现实问题：非洲国家层面的基础条件

20 世纪 90 年代，随着国际局势的转变，"治理"在国际上受到广泛的关注、产生了重要的影响。新世纪以来，非洲（国家）在继续强调发展的同时，更多地将国家的治理与其并列，或将治理作为实现非洲更全面发展的手段和途径。在治理之于非洲国家重要性的认识上，两个非洲大国的领导人南非前总统姆贝基和尼日利亚前总统奥巴桑乔的观点很有代表性。姆贝基将治理视作 21 世纪非洲复兴的重要基础和保障,[②] 奥巴桑乔将良好的治理看作消除（非洲国家）贫困、不稳定、暴力和欠发达的最关键因素。[③]

非洲国家在观念上对"治理"的拥抱主要源于两个方面的共同作用：其一，来自国际上（欧盟、西方）的示范效应及其对非洲的推动；其二，主要是源自非洲国家在发展埋念和实践上的自我调整。然而，无论是外部影响还是内部调整，事实上，绝大多数非洲国家实施治理的基础和条件都是比较薄弱甚至欠缺的。

首先，薄弱的经济基础。经济基础的强弱很大程度上决定了一国治理水平的高低。换句话讲，国内治理的发展需要较强的经济基础作为支撑。一方面，在思想意识上，国家治理的起步和发展要求民众具有较强的权利、民主和参与意识，这种思想意识上的自觉在形式上主要表现为公民社会的成长。作为国家（政府）对应形态的公民社会，其形成和发展是一国民众基本物质需求得到满足后更高生活追求的表现。[④] 另一方面，在过

---

① Peter Draper, *Rethinking the (European) Foundations of Sub-Saharan African Regional Economic Integration: A Political Economy Essay*, OECD Development Centre: Working Paper, No. 293, 2010.

② Thabo Mbeki, *The African Renaissance, South Africa and the World*, http://archive.unu.edu/unupress/mbeki.html.

③ ［意］阿尔贝托·麦克里尼：《非洲的民主与发展面临的挑战——尼日利亚总统奥卢塞贡·奥巴桑乔访谈录》，李福胜译，中国人民大学出版社 2007 年版，第 46 页。

④ 赵晨光：《全球治理新思考：发展中国家的视角》，载《当代世界》2010 年第 10 期，第 63 页。

程上，作为治理实践的制度保障，多元（多渠道）参与的治理机制的形成是经济（社会）利益分化和多元化在制度层面的反映（反应）和结果，而这种利益的分化和多元化正是较高经济发展水平的表现。

然而，事实上，多数非洲国家的经济发展水平难以在上述两方面对国内治理的发展起到支撑和推动作用。尽管新世纪以来，非洲经济总体实现了较快增长，2000—2013年非洲整体国内生产总值年均增长4.7%，是除东亚外经济增长第二快的地区。① 但是，由于经济的低起点和分配不合理等问题，多数非洲国家民众的生活水平仍然很低。根据联合国开发计划署（UNDP）2013年公布的人类发展指数，在全球187个国家中，非洲有37个国家被列入该指数四个等级（最高、高、中等、低）中的最后一级。② 此外，农业是非洲第一大产业，非洲农业人口占总人口的比重为59.2%。③ 在经济数据上，农业增加值占国内生产总值的比例能够反映一国对农业的依赖程度或产业的集中程度。这一比例在世界上的平均水平是11.8%（2010年），而非洲的平均值是21.1%（2011年），其中，在利比里亚、塞拉利昂这一数值甚至超过了50%。④ 通过对上述基本统计数据的分析可知，非洲国家民众的整体生活水平仍然比较低，其最基本的生活和发展需求尚未得到有效满足。这势必严重阻碍非洲国家民众对更高级的政治、发展需求的追求。在社会（利益）的分化上，多数非洲国家，农业人口仍占相当大的比重，其缺乏建立治理机制的动力。非洲国家的总体经济发展水平（经济基础）并没有为国家的内部治理提供良好的发展条件。

其次，有待完善的政治基础。政治基础为国家治理提供了基本的运行环境。毋庸置疑，国家的治理并非生成和运行于政治真空之中，实践中治理的顺利开展需要稳定、适宜、相容的国内政治基础作为支撑。广义上讲，这种政治基础应该包括稳定的政治环境、适宜的政治制度（体系）两个基本方面。

---

① 联合国贸发会议数据库，http://unctadstat.unctad.org/。

② AfDB, OECD, UNDP, ECA, *African Economic Outlook* 2013: *Structural Transformation and Natural Resources*, OECD Publishing, p. 74.

③ 非洲农业人口比例最高的国家是布隆迪，其农业人口占到了总人口的89.1%；这一数字超过80%的其他非洲国家还包括：乌干达（84.4%）、马拉维（84.3%）、埃塞俄比亚（83%）、尼日尔（82.1%）、卢旺达（80.9%）等。参见 The World Bank and FAOSTAT。

④ UN DATA, 参见张哲《非洲农业发展与粮食问题新趋势（2012—2013）》，载刘鸿武主编《非洲地区发展报告（2012—2013）》，中国社会科学出版社2013年版，第217—222页。

　　在政治环境方面，新世纪以来，非洲的安全形势总体向好，冷战时期大规模的地区冲突和战争已经基本平息。非洲国家间关系趋于稳定，国内大规模军事冲突的数量总体呈下降趋势。然而以部族冲突、军事政变、恐怖袭击、宗教恶斗等为主要内容的国内安全危机仍不时挑战着非洲国家的政治秩序和发展进程。2003 年以来，科摩罗、中非、毛里塔尼亚、几内亚比绍、乌干达、塞内加尔、马里、肯尼亚等国相继发生政变、兵变和骚乱，这显示出非洲政治环境十分脆弱的一面。[①] 特别是 2011 年以来，政局原本比较稳定的北非地区持续动荡，一系列骚乱、政变和战争，导致多国政权更迭。北非地区的动荡导致恐怖主义抬头，并向非洲腹地快速渗透、蔓延。尼日利亚的"博科圣地"、马里的"伊斯兰马格里布基地组织"、中非共和国的"塞雷卡"、索马里的"青年党"是近年来比较活跃的非洲伊斯兰极端势力。不仅如此，伊斯兰势力的蔓延还迅速激活了非洲基督教极端势力的增长，乌干达的"圣灵军"以及肯尼亚、坦桑尼亚、中非、布基纳法索等国的基督教恐怖主义活动也进入活跃期。非洲是继中东之后世界上最有宗教信仰的地区，正在遭受宗教冲突蹂躏的非洲国家有 17—19 个，宗教冲突及恐怖主义活动已成为非洲安全和发展的重要威胁。[②]

　　在政治制度方面，包容性强和比较宽松的政治制度（体制）无疑为治理的实践提供了空间。在当今世界既有的政治制度中，民主体制无疑是国家治理的最佳生长点。自独立以来，从最初对前宗主国体制的模仿到权力的逐渐集中，从军事力量对政治的介入到 20 世纪 90 年代开始的民主化改造，非洲国家在政治体制上经历了一系列变化（参见表 3－5）。进入 21 世纪，以多党制为特征的民主体制在非洲已经确立。然而，非洲许多国家的民主体制在实际运作或者说民主质量上仍不够理想。根据相关的研究，和"奠基大选"（Founding Election）相比，非洲的第二次选举在质量上即出现了下降。[③] 因此，也有学者将一些非洲国家有名无实或名不副

---

　　① 罗建波:《通向复兴之路:非盟与非洲一体化研究》，中国社会科学出版社 2010 年版，第 100—102 页。

　　② 苑基荣:《非洲宗教极端主义呈蔓延趋势》，人民网，2014 年 5 月 14 日，http://world. people. com. cn/n/2014/0514/c1002－25017371. html。

　　③ 贺文萍:《非洲国家民主化进程研究》，时事出版社 2005 年版，第 170—177 页。

实的民主（选举）称作"假民主"。① 经过 20 年的发展，非洲国家在"硬件"上搭建起了民主体制的框架，但在民主的决策与管理、法制和参与（意识）等"软件"建设方面仍有相当长的路要走。21 世纪以来，非洲国家总体在政治环境和制度建设方面取得不小的进步，但就国家的内部治理而言，这样的政治基础还很不牢固。

表 3 - 5　　　　　　　　　　非洲国家政治体制类型

政体类型	一次分类	二次分类	国家名称
共和制	总统制	多党制总统制	塞内加尔（1976— ）等
		一党制总统制	赞比亚（1973—1990）等
		党政合一的总统制	加蓬等曾实行过
	议会共和制		索马里等曾实行过
	半总统半议会制	20 多个	博茨瓦纳等
君主立宪制	二元君主制		斯威士兰
	议会制君主制		莱索托
军人执政制	军人执政制	救国委员会	多个非洲国家经历过这一体制
		革命委员会	
		革命复兴委员会	
		全国解放委员会	
		最高军事委员会	
		武装部队执政委员会	

资料来源：李安山等：《非洲梦：探索现代化之路》，江苏人民出版社 2013 年版，第 83 页。

再次，西方（欧盟）的外部推动与政府能力的欠缺。西方对非洲国家治理的推动主要通过对非援助的渠道进行。从 20 世纪 90 年代初开始，善治（good governance）、民主、人权等标准越来越多地成为西方选择非洲受援国的政治条件和门槛。

以欧洲的对非援助为例。从 1975 年到 1989 年，欧共体与非加太地区（非洲、加勒比和太平洋地区）国家先后签订了 4 个《洛美协定》，参加协定的非加太国家从最初的 46 个增加到 71 个。在《洛美

---

① Yolanda Sadie, "Second Elections in Africa: An Overview, in Politeia", *A Journal of University of South Africa*, Vol. 20, No. 1, 2001, p. 68.

协定》中，非洲国家是最大的群体，有 48 个非洲国家加入该"协定"。《洛美协定》建立在比较务实的基础上，受到南方国家的欢迎，在欧洲援助史上享有较高的声誉。进入 20 世纪 90 年代，欧盟对援助理念进行了调整。此时恰逢《洛美协定》期满，经过复杂的谈判和妥协，2000 年 6 月，欧盟与非加太 77 国签订了《科托努协定》。该"协定"在政治规范上对《洛美协定》进行了较大调整。《科托努协定》将其基本目标设定为"推动和加快非加太国家的经济、文化和社会发展，同时关注其对和平做出的贡献，并促进稳定和民主的政治环境的形成"。[①]《科托努协定》（第一章）除规定了民主、法制、人权等合作的基本要素（essential elements）外，原本还将"良好治理"列入其中，在非加太国家的大力抵制下，只得单独将其定为合作的基础要素（fundamental element）。[②] 相较于《洛美协定》，《科托努协定》的政治色彩更加浓厚，欧盟希望通过援助理念和方式的转变对非洲国家（以及其他发展中国家）的政治（治理）进程施加影响。

作为国家治理的重要推动者，政府能力的强弱很大程度上影响着治理的效果。尤其在非洲，由于国家整体发展水平处于较低阶段，非洲国家的政府在实施管理和提供服务上能力有限。与欧洲不同，在非洲的语境下，国家的发展应是治理的重要目标，[③] 而政府能力的提高是实现这一目标的重要手段。然而，西方（欧盟）在其推动非洲国家治理的战略、政策中，将政治标准与援助挂钩的方式并不符合非洲国家（治理发展）的实际。事实上，非洲国家政府能力的欠缺和由于这种欠缺而导致的欧盟的种种限制（制裁或援助的减少）之间形成了某种恶性循环，这客观上损害了非洲治理"自然"（自下而上）发展的基础。

---

① Bernd Martenczuk, "From Lome to Cotonou: The ACP-EC Partnership Agreement in a Legal Perspective", *European Foreign Affairs Review* 5, 2000, p. 465.

② 如果"良好治理"被设定为合作的基本要素，则意味着欧共体"有权"借此规定对非加太国家发起制裁。参见秦亚青主编《观念、制度与政策——欧盟软权力研究》，世界知识出版社 2008 年版，第 215 页。

③ Liu Hongwu, *How to solve African Governance and Development Issues: A Perspective from China*, Symposium to The 3rd Meeting of the China-Africa Think Tanks Forum, 21st – 22nd Oct., 2013, pp. 118 – 119.

表 3 - 6   20 世纪 90 年代世界不同地区治理质量指数

地区 (国家集团)	政府 稳定性	民主 责任度	民族 关系	官僚系统 质量	法治 秩序	腐败 程度	投资 概况
亚洲	6.0	5.5	6.3	5.9	6.5	5.3	5.1
亚洲新兴经济体	6.8	6.0	8.3	8.2	8.1	6.8	6.0
西方世界	5.7	6.1	7.4	4.1	5.3	4.9	5.3
非洲	5.5	4.4	5.3	3.8	4.8	4.5	4.6
高增长非洲国家	6.4	4.5	6.6	4.3	5.8	5.5	5.4
低增长非洲国家	4.7	4.0	5.3	3.0	4.1	3.5	3.6
世界	6.1	6.1	6.8	5.5	6.5	5.6	5.2

表格说明:

1. 表格中指数范围从 0 到 10,数值越高代表质量越高。表中数值取自 20 世纪 90 年代的平均值。

2. 亚洲新兴经济体包括香港特别行政区、中国台湾省、韩国、新加坡。

3. 高增长非洲国家是指博茨瓦纳、毛里求斯、莫桑比克、乌干达和突尼斯。

4. 低增长非洲国家是指刚果民主共和国、吉布提、塞拉利昂、赞比亚和津巴布韦。

资料来源: *International Country Risk Guide*, Published by Political Risk Services. 参见 Norbert Funke and Saleh M. Nsouli, "The New Partnership for Africa's Development: Opportunities and Challenges", in Saleh M. Nsouli ed., *The New Partnership for Africa's Development: Macroeconomics, Institutions, and Poverty*, Washington, D. C.: Joint Africa Institute, 2004, p. 30.

总之,通过上述分析可知,在国内治理的发展上,多数非洲国家的基础条件并不完备。与欧洲治理的"自然"发展顺序不同,非洲在治理上选择了一条具有鲜明非洲特色的路径。21 世纪,非洲治理的生成机制主要源自地区的驱动和倒逼。

三　地区驱动:非洲治理的发展路径

20 世纪后半叶,非洲在国家和地区层面制定和实施了一系列发展战略,总体效果并不理想,无论是从绝对值还是相对值上衡量,非洲仍是当今世界最贫穷的大陆。进入新世纪,非洲(国家)希望通过治理实现真正的发展,但其并不具备治理"自然"(自下而上)发展的条件。于是,地区驱动的、自上而下的治理发展路径成为非洲的选择,这集中表现在"非洲发展新伙伴计划"对非洲内部治理的推动上。

"非洲发展新伙伴计划"框架下的非洲治理主要是地区驱动的,其生

成机制是地区对国家治理的倒逼。"非洲发展新伙伴计划"的官方文本即内含这种治理的地区驱动倾向:

> "民主与政治治理倡议"的目的在于强化参与国的政治和管理框架,以使其符合民主、透明、责任、公正、人权以及法制的原则。"经济治理倡议"[①]同样遵循上述的原则,二者之间形成了相互促进的关系。(《非洲发展新伙伴计划》第80款)
>
> ……
>
> 参加"非洲发展新伙伴计划"的非洲国家需要彼此支持并将其承诺付诸实施,以达到善治(good governance)和民主的标准。参加国在进行相应制度改革时如有需要将会得到(非洲发展新伙伴计划的)协助和支持。……(第82款)
>
> 为了加强政治治理(political governance)和能力建设以实现上述(治理)承诺,"非洲发展新伙伴计划"将启动相应的进程;其中对国家制度的改革主要集中于:行政和公务员(civil services)改革;议会监督;政策制定的参与度(participatory decision-making);有效打击腐败和挪用公款以及法制改革等方面。(第83款)[②]

在实践中,非洲(国家)治理的地区驱动主要表现在"非洲发展新伙伴计划"对其治理机制的不断完善以及对非洲一体化的着力推动上。如前所述,在治理的机制建设上,"非洲发展新伙伴计划"重视非洲主要次地区经济共同体(RECs)的作用,并试图对其进行重新整合。另外,"非洲发展新伙伴计划"框架下的非洲互查机制通过非洲国家间的相互审查进程将地区(甚至国际)层面的治理期待或(软)压力传导到接受审查的具体国家。可以说,非洲互查机制的启动和运转是非洲治理的地区驱动路径的集中表现。相应的,在一体化方面,与以往的非洲发展战略不同,"非洲发展新伙伴计划"强调非洲(次区域间)基础设施整合与建设的重要性。如前所述,(政府)能力的不足是妨碍非洲国家治理发展的瓶

---

① "民主与政治治理倡议"(Democracy and Political Governance Initiative)和"经济治理倡议"(Economic Governance Initiative)是非洲发展新伙伴计划框架下的两项核心治理倡议。可参见本书第2章中的具体介绍。

② OAU/AU, *The New Partnership for Africa's Development*, Abuja, October 2001, pp. 17 – 18.

颈，而基础设施的建设有助于非洲国家（政府）提升其经济（社会等方面）的管理和协调的能力。如图 3－5 所示，非洲的一体化（次地区整合）与非洲互查机制构成了非洲内部治理的两条基本路径。如果将"非洲发展新伙伴计划"比作非洲内部治理驱动机的话，那么以基础设施建设为重点的国家能力建设（一体化）就是其硬件设备，而非洲互查机制则为这台驱动机的运转提供了不断更新的软件和程序。

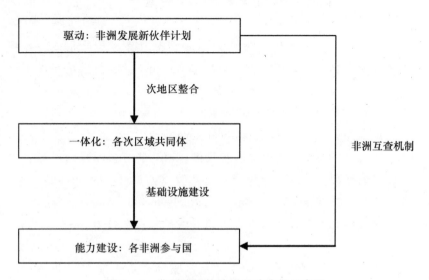

图 3－5　非洲治理的地区驱动路径示意图

第四章

外部参与:非洲导向的
全球治理

"非洲发展新伙伴计划"通过对过往成就的巩固以及对痛苦经验的总结,寻求在执行方面,建立起一种可信赖、有能力的伙伴关系。……非洲人民不要再做仁慈的守门人,而要成为自己美好生活的建设者。

——《非洲发展新伙伴计划》第 27 款

来自外部的影响(参与)一直以来是非洲发展进程中的重要方面。在独立后非洲(国家)制定和实施的一系列发展战略中,如何设定、处理与外部的关系始终是非洲发展进程中的核心战略议题。通过对历史的回顾可知,无论是独立初期的"内向"自主,还是发展"危机"中的对外依赖,非洲以往的发展战略很大程度上都内含着一种"消极的"外部(主要是西方)认知。新世纪,"非洲发展新伙伴计划"将非洲的发展设定为全球化进程中的一部分,致力于与外部建立新的发展伙伴关系。在"非洲发展新伙伴计划"启动的初期,与西方国家及其国际(经济)机制发展关系是其外部战略的重点。随着新兴发展中大国的快速崛起,非洲的发展有了更多选择、平衡的空间和余地。与此相对应,借助"非洲发展新伙伴计划"这一机制化平台,外部(国家、多边机制)对非洲发展和治理的参与不断增多且更加规范。这使新世纪的非洲治理更多地具有了全球治理的属性和内涵。

第一节　西方与非洲关系的机制化：
以八国集团为例[①]

八国集团[②]是西方主要工业化国家组成的年度性对话机制。经过近 40 年的发展，八国集团体系（the G8 system）已经演进出复杂的机制、结构，成为颇具影响的由西方主导的全球治理平台。八国集团较早地开始关注非洲问题，在其会议文件中最早出现关于非洲的阐述是在 1980 年。长久以来，国内外学术界对八国集团对非关系的研究相对较少，多是就较短时段内的单一对非议程进行评述和分析，鲜有对八国集团与非洲关系的长时段、全程式的跟踪和探讨，这很大程度上与八国集团相对分散的组织结构和数量较多的成员国家等因素有关。

本书认为，八国集团与非洲关系发展的历史呈现出来的明显特点是其对非关系的机制化程度不断加强。从概念上讲，机制化是指原初体制外问题的内部化（议题化）、常态化和制度化，它涉及与体制外部的稳定联系以及体制内部的相应调整与改变。八国集团与非洲关系的机制化主要表现为八国集团对非联系的常态化、对非议题设置的进程化和对非机构的建设和完善三个方面。

一　八国集团对非联系的常态化

八国集团的前身最早可以追溯到 1973 年 3 月 25 日在美国白宫图书馆举行的四国财长非正式聚会（该年 9 月日本财长加入进来），史称"图书馆小组"（library group）。此后，这种西方主要工业化国家首脑间的会议形式得到延续、扩大和发展，并演进出一系列的会晤机制，如领导人峰会、央行和财长会议、协调人会议（sherpas meeting）等，形成了复杂的八国集团体系。八国集团在体制上比较固定，虽历经"扩容"，但仍主要

---

①　本节的主要内容曾以"八国集团对非洲关系的机制化分析"为题公开发表，纳入本论文时做了部分修改，并更新了部分数据、资料等，特此说明。参见赵晨光《八国集团对非洲关系的机制化分析》，载《世界经济与政治论坛》2013 年第 2 期，第 39—51 页。

②　八国集团由最初的 1973 年的五国集团（美国、法国、德国、英国、日本）发展而来，其后成员国有所扩展：1975 年意大利加入，发展为六国集团；1976 年加拿大加入，成立七国集团；1998 年俄罗斯成为正式成员，最终扩充为今天的八国集团。为了避免混乱，除非特殊说明，本书一致使用八国集团的名称。

由西方七个主要工业国组成，被称为"富国俱乐部"。随着八国集团国际关注度的不断升高，这种体制上的封闭性不断受到外界的指责。为了因应这一问题，八国集团较早地开始了与集团外国家的接触。值得注意的是，与非洲国家的接触一直以来是八国集团对外联系的重点。1989 年法国巴黎峰会，密特朗总统在八国集团历史上第一次邀请了包括 5 个非洲国家在内的 15 个集团外国家参与对话晚宴。但是由于时任美国总统老布什（George H. Bush）强烈反对双方的任何集体接触，两个集团只得在同一时间分别举行了晚宴，① 可以说这是一次不成功的"对话会"。在 2000 年的日本冲绳峰会上，八国集团成功地举办与三个非洲国家以及泰国领导人② 的"峰会前对话晚宴"。在 2001 年的意大利热那亚峰会上，八国集团与外部国家的联系开始走向机制化，最贫困国家和地区成为参与每年八国集团峰会的优先受邀对象。这届峰会上，四个新兴的非洲民主国家作为发展中国家代表参与了峰会。在 2002 年加拿大卡纳纳斯基斯峰会（Kananaskis Summit）上，受邀国与八国集团的关系发生了实质性的变化，不仅参加"峰会前晚宴"，还开始参加部分会议的讨论。当年，南非、尼日利亚、阿尔及利亚和塞内加尔等四国作为"非洲发展新伙伴计划"（NEPAD）的联合发起国受邀参加了八国集团峰会关于非洲发展议题的讨论。③ 此后，非洲国家领导人被邀请参加每一年的峰会，与八国集团领导人进行小规模（short discussions）的讨论，这种形式已经常态化，形成了八国集团峰会的一种惯例。

表 4 - 1　　　　历年受邀参与八国集团峰会的非洲国家一览表

年份	G8 轮值主席国	受邀参与 G8 峰会的非洲国家				
2000 年	日本	南非	尼日利亚	阿尔及利亚		
2001 年	意大利	南非	尼日利亚	阿尔及利亚	塞内加尔	埃及
2002 年	加拿大	南非	尼日利亚	阿尔及利亚	塞内加尔	

① John Kirton, "The G20, the G8, the G5 and the Role of Ascending Powers", *Revista Mexicana de Politica Exterior*, (2010) 9, p. 3, http：//www. g20. utoronto. ca/biblio/index. html#kirton - g20 - g8 - g5.

② 参加晚宴的领导人有：南非总统塔博·姆贝基（时任不结盟运动轮值主席），尼日利亚总统奥卢塞贡·奥巴桑乔（时任七十七国集团轮值主席），阿尔及利亚总统阿卜杜拉齐兹·布拉弗利卡（时任非洲统一组织轮值主席）和泰国总理川·立派（时任东盟轮值主席和联合国贸发会议秘书长）。

③ Peter I. Hajnal, *The G8 System and the G20：Evolution, Role and Documentation*, Ashgate, 2007, pp. 50 - 51.

续表

年份	G8 轮值主席国	受邀参与 G8 峰会的非洲国家
2003 年	法国	南非 尼日利亚 阿尔及利亚 塞内加尔 埃及
2004 年	美国	南非 尼日利亚 阿尔及利亚 塞内加尔 加纳 乌干达 也门
2005 年	英国	南非 尼日利亚（时任非盟轮值主席） 阿尔及利亚 塞内加尔 加纳 乌干达 埃塞俄比亚
2006 年	美国	南非 刚果（时任非盟轮值主席）
2007 年	德国	南非 尼日利亚 阿尔及利亚 塞内加尔 加纳（时任非盟轮值主席） 埃塞俄比亚 坦桑尼亚
2008 年	日本	南非 尼日利亚 阿尔及利亚、塞内加尔 加纳 埃塞俄比亚 坦桑尼亚（时任非盟轮值主席）
2009 年	意大利	南非 尼日利亚 阿尔及利亚 塞内加尔 埃及 埃塞俄比亚 安哥拉 利比亚（时任非盟轮值主席）
2010 年	加拿大	南非 尼日利亚 阿尔及利亚 埃及 埃塞俄比亚 马拉维（时任非盟轮值主席）
2011 年	法国	南非 尼日利亚 阿尔及利亚 塞内加尔 埃及 埃塞俄比亚
2012 年	美国	埃塞俄比亚 加纳 坦桑尼亚 贝宁（时任非盟轮值主席）
2013 年	英国	利比里亚 埃塞俄比亚（非盟轮值主席） 塞内加尔
2014 年	比利时	本届峰会未邀请非洲国家①
2015 年	德国	埃塞俄比亚 利比里亚 尼日利亚 塞内加尔 突尼斯

资料来源：作者根据八国集团历年官方文件汇总制作。

八国集团重视与非洲国家的联系与对话主要是出于其自身体制发展与成员国国家利益等方面因素的考虑。首先，为了应对合法性与有效性的挑战。一直以来，八国集团被称为"富国俱乐部"，缺乏合法性和有效性被认为是其"双生子式"（twin problems）的体制缺陷。全球南方国家（Global South）代表性上的缺失侵蚀着八国集团在全球治理中的领导地位和应对全球性问题的能力，同时，其在应对特定议题领域的低效更加重了

① 此届峰会是欧盟首次主办七国集团峰会。2014 年 G8 峰会原定于俄罗斯索契召开，由于乌克兰危机的原因，西方七国对索契峰会进行了抵制，七国排除俄罗斯在比利时布鲁塞尔召开了 2014 年峰会。此届峰会主要讨论乌克兰危机等议题，未邀请非洲国家参与峰会讨论。见 G7 Brussels Summit Agenda，June 4 - 5, 2014, http://www.g8.utoronto.ca/summit/2014brussels/agenda.html。

它"民主赤字"（democratic deficit）的缺陷。[1] 随着全球化的快速发展，各种全球性问题亟待解决。非洲是当今世界贫困国家和人口最集中的大陆，也是受全球化负面影响最深的地区。作为西方主导的全球治理平台，非洲的贫困与发展是八国集团无法回避的关键议题，关系到其在全球治理进程中的合法性、影响力和领导权。因此，不断加强对非洲的关注和联系是八国集团应对各种挑战和压力的必然选择。与此同时，非洲国家也积极利用八国集团会议平台开展与主要西方大国的南北对话，2001 年以来，双方在"非洲发展新伙伴计划"（NEPAD）的框架下达成了一系列的合作成果。2003 年 6 月，法国艾维昂峰会专门邀请了南非、尼日利亚、阿尔及利亚、塞内加尔、埃及等 5 个"非洲发展新伙伴计划"发起国与会，讨论了非洲发展问题，通过了《援助非洲行动计划实施报告》。2004 年 2 月，英国首相布莱尔（Tony Blair）倡议成立了由英国、美国、中国、非洲等 17 个委员组成的"非洲委员会"，该委员会的主要任务是寻求对"非洲发展新伙伴计划"的广泛支持，将"非洲发展新伙伴计划"纳入 2005 年由英国主持的八国集团会议和欧盟会议重点讨论的议题。[2] 八国集团与非洲国家间的机制化联系不断加强。

其次，出于各成员国与非洲的传统联系和国家利益的考虑。八国集团加强与非洲的联系与其成员国的国家利益和外交战略有着重要的关系。众所周知，八国集团中的西欧成员国都是原来在非洲的殖民宗主国（特别是法国和英国），至今仍然与非洲前殖民地国家有着千丝万缕的联系，在非洲有着重要的利益。借助八国集团的平台巩固和加强与非洲国家的联系是其国家利益的需要。此外，八国集团的轮值主席国制度使当年的主席国在议题的设置、对话国的邀请等方面有着相当大的影响力，这也为一些成员国实施其外交战略提供了途径。在这方面，加拿大是一个明显的例子。加拿大是八国集团中政治经济分量最小的国家，它对能否保住其八国集团成员国和西方"一流大国"的地位一直存有危机感，因此，加拿大在峰会举办上的策略是打"非洲牌"。2002 年加拿大卡纳纳斯基斯峰会上，尽管前一年美国发生了"9·11"事件，加拿大总理克雷蒂安（Jean Chre-

---

① Andrew F. Cooper and Kelly Jackson, "Regaining Legitimacy: The G8 and the 'Heiligendamm Process'", *CIIA International Insights*, 2007, p. 1.

② 罗建波:《通向复兴之路:非盟与非洲一体化研究》，中国社会科学出版社 2010 年版，第 178—180 页。

tien）在面临很大压力的情况下仍然致力于达成八国集团的非洲倡议，将峰会的注意力集中在非洲大陆。在 2010 年的加拿大马斯科卡峰会上，加拿大又一次采取了"非洲中心"的模式，邀请南非、尼日利亚、阿尔及利亚、埃及、埃塞俄比亚、马拉维等国家参与对话，将峰会的重点从当时广受关注的 G8 + 5 的"海利根达姆进程"上转移了过来。①

此外，新兴国际合作机制对非交往的深化，也进一步促动了八国集团与非洲的联系。作为当今世界最早与非洲建立关系的重要国际机制，八国集团对非洲的这种常态化的联系也对其非洲议题设置和议题进程产生了重要的影响。

二 议题设置与议题进程

八国集团初创时的 20 世纪 70 年代前期，发生了一系列对国际政治、经济具有重大影响的事件，包括布雷顿森林体系的瓦解、欧共体的第一次扩大、第一次石油危机的爆发以及经合组织（OECD）成员国经济普遍出现的滞胀等。随着经济事态的发展，传统的国际合作机构难以继续协调西方主要大国之间的分歧，也无法再培育出西方共同行动的集体责任感，②八国集团的创立正是因应了这样一个时代背景，重振西方经济和抑制国内通胀是八国集团当时的绝对议题，此时，非洲问题并没有进入八国集团早期的议程安排。随着八国集团体系的发展，其议题领域不断扩大，关注重点也历经变化。根据尼古拉斯·贝恩（Nicholas Bayne）、汉斯·莫尔（Hanns Maull）、皮特·哈杰奈尔（Peter Hajnal）等学者对峰会历史的研究③，我们可以把峰会议程演变大致分成三个阶段：第一阶段（20 世纪 80 年代以前），西方经济议题阶段；第二阶段（20 世纪 80 年代—2000年），逐步增加政治议程、适应全球化；最新阶段（2000 年以后），应对全球化与发展议题。八国集团对非政策的变化与其议程演变的历史阶段相

---

① 赵晨光：《海利根达姆进程与全球治理》，载《外国问题研究》2012 年第 3 期，第 65 页。

② Robert Putnam and Nicholas Bayne, *Hanging Together: Cooperation and Conflict in the Seven-Power Summits*, Harvard University Press, 1987, pp. 25 – 27.

③ 参见 Hanns Maull, "Germany at the Summit", *International Spectator*, Vol. 29, No. 2, 1994, Special Issue, p. 120; Nicholas Bayne, *Staying Together: the G8 Summit Conflict 21ˢᵗ Century*, Aldershot: Ashgate, 2005, p. 7, 18; Peter Hajnal and John Kirton, "The Evolving Role and Agenda of the G7/8: A North American Perspective", *NIRA Review*, Vol. 7, No. 2, 2000, pp. 5 – 10.

吻合。20世纪80年代以前，在八国集团的各项官方文件中没有或极少有关于非洲问题的阐述。而从1980年开始，在八国集团官方文件中涉及非洲问题的阐述或说明无论是在字数上还是在其占文件篇幅的百分比上都快速上升，表4-2是1975年至2011年八国集团峰会各类文件中有关非洲议题的统计数据。

表4-2　　　　　　　八国集团各官方文件涉非议题统计数据

年份	字数（字）	占总字数的百分比（%）	段落数（段）	占总段落数的百分比（%）	文件数（份）	占总文件数的百分比（%）	专门文件（份）
1975	0	0	0	0	0	0	0
1976	0	0	0	0	0	0	0
1977	0	0	0	0	0	0	0
1978	0	0	0	0	0	0	0
1979	0	0	0	0	0	0	0
1980	89	2.3	1	1.9	1	25	0
1981	0	0	0	0	0	0	0
1982	0	0	0	0	0	0	0
1983	0	0	0	0	0	0	0
1984	51	1.6	1	2.0	1	20	0
1985	244	7.8	1	2.3	1	50	0
1986	145	4.0	1	3.1	1	25	0
1987	308	6.0	2	2.7	2	28.5	0
1988	352	7.3	5	8.0	2	66.6	0
1989	238	3.3	4	3.3	2	18.2	0
1990	305	4.0	4	3.2	3	75	0
1991	927	11.4	8	14.2	5	100	0
1992	263	3.5	4	3.5	2	50	0
1993	354	10.4	4	9.5	2	66.6	0
1994	279	6.7	3	4.4	2	100	0
1995	329	4.5	4	2.9	2	66.6	0
1996	648	4.2	6	2.8	3	60	0
1997	1228	9.4	13	9.2	1	20	0
1998	482	7.9	4	6.2	1	25	0

续表

年份	字数 （字）	占总字数的 百分比（%）	段落数 （段）	占总段落数的 百分比（%）	文件数 （份）	占总文件数的 百分比（%）	专门文件 （份）
1999	242	2.4	2	1.7	1	25	0
2000	742	5.4	7	4.8	1	20	0
2001	917	14.7	10	13.6	2	28.5	0
2002	6711	57.7	70	45.7	3	42.8	1
2003	1861	11.0	29	17.3	3	20.0	1
2004	6741	21.7	78	21.0	7	35.0	3
2005	8060	41.0	71	31.0	8	53.3	4
2006	4082	18.0	36	11.5	8	57.1	1
2007	9881	34.4	82	30.8	5	62.5	5
2008	4552	28.2	38	23.6	5	50.0	2
2009	4956	16.1	41	13.5	7	70.0	2
2010	1096	15.3	7	13.2	1	50.0	0
2011	4539	24.7	51	23.7	4	80	1

表格说明：数据采集自八国集团公布的官方英文文件，不含表格；"字数"栏统计的是当年文件中涉及非洲相关议题的英文字数，不包括文件的标题和引文，字数以段落为分析单元进行统计；"占总字数的百分比"栏中的总字数指当年所有文件的英文字数总和；"段落数"栏统计的是当年文件中提及非洲的段落总数；"占总段落数的百分比"栏中总段落数指当年所有文件的段落总数；"文件数"栏统计的是当年包含非洲议题的文件总数，不含专门文件；"占文件总数的百分比"栏中的文件总数指当年所有文件的总数；"专门文件"栏统计的是当年标题中包含非洲相关议题的文件总数。

资料来源：多伦多大学八国集团研究团队，http://www.g8.utoronto.ca/conclusions/africa.pdf。

在议题设置上，八国集团最初对非洲议题的关注主要集中在难民、粮食、债务等问题上。在1980年的意大利威尼斯峰会上，八国集团峰会宣言中简单提及了对非洲当时严重的难民问题的关注；1984年到1986年的峰会，涉及非洲的讨论主要包括干旱与贫穷、粮食救济、援助和债务等问题。此后的峰会上，上述问题成为非洲议题的经常选项。然而，尽管在1986年的日本东京峰会上，八国集团较早地认识到对非洲的援助（assistance）应该聚焦于非洲国家中、长期的经济发展上①，但是后来峰会对非

---

① G7 Summit, *Tokyo Economic Declaration*, 1986, http://www.g8.utoronto.ca/summit/1986tokyo/communique.html.

洲的关注并没形成长效、连贯且机制化的议题进程，每年的八国集团轮值主席国在非洲问题上仍然"各自为战"，对议题设置发挥了主导（甚至是垄断）的作用。值得注意的是，在 1987 年召开的意大利威尼斯峰会上，涉非讨论首次增加了政治性议题，此后形成惯例。与前述涉及非洲经济和发展等议题的设置相比，八国集团在涉及非洲的政治议题设置上表现出比较明显的连贯性，1987 年到 1995 年的八国集团峰会集中关注了南非的种族隔离制度及南部非洲的白人统治问题，对南部非洲的一系列政治进程产生了积极影响。[①] 新世纪以来，八国集团进一步加强了对非洲问题的关注，在对非议题的设置上进一步机制化。如前所述，自 2000 年开始，历届八国集团峰会都会邀请非洲国家领导人（包括代表非盟的轮值主席国领导人）参与对话和讨论，与此相对应，八国集团启动了一系列涉及非洲的机制化进程，包括"八国集团非洲行动计划"（G8 African Action Plan，AAP）、海利根达姆进程（Heiligendamm Process）等，进一步弥补了在非洲议题设置上的非连贯性缺陷。

2001 年的第 37 届非统组织首脑会议启动了"新非洲倡议"（New African Initiative，NAI）[②]。该计划得到八国集团的支持，在当年的意大利热那亚峰会上，八国集团邀请了"新非洲倡议"的五个创始国（南非、埃及、阿尔及利亚、尼日利亚、塞内加尔）参与对话，并决定指派八国领导人个人特别顾问研究支持该计划和未来在此基础上进一步与非洲合作的方式。[③] 此届峰会最终发表了一份名为"热那亚非洲方案"（Genoa Plan for Africa）的文件。该文件重申了对"新非洲倡议"的欢迎，并认为其为非洲和发达国家间建立更紧密的伙伴关系提供了一个新的平台。文件中提到，八国集团将和非洲在联合国、世界银行、国际货币基金组织和世界贸易组织等其他多边论坛中就推动"新非洲倡议"的实施展开合作。同时，八国集团将在"民主和政治治理""预防和减少冲突""人类发展和疾病防治""信息和通信技术""经济与公司治理""反对腐败""对非投

---

① Zaria Shaw, *Sarah Jane Vassallo, G8 Conclusions on Africa（1975 - 2011）*, G8 Research Group, 2011.

② "新非洲倡议"是由南非、尼日利亚和阿尔及利亚发起的"非洲千年复兴计划"（Millennium Partnership for the African Recovery Program）与塞内加尔总统瓦德倡议的"奥米茄计划"（Omega Plan）合并而来的。

③ Henning Melber, "The New African Initiative and the African Union: a Preliminary Assessment and Documentation", *Current African issues*, Vol. 25, Nordiska Afrikainstitutet, 2001, p. 36.

资""非洲国家的内部及外部贸易""粮食安全和消除饥饿"等9个关键领域支持非洲。八国领导人将分别指派高级私人代表与非洲领导人合作为下届八国集团峰会制定更加具体的行动方案。①

2001年10月"新非洲倡议"执行委员会首脑会议决定将"新非洲倡议"更名为"非洲发展新伙伴计划",以利于国际社会更好了解、支持该计划,八国集团在其中扮演了共同推动者的角色。在2002年加拿大召开的卡纳纳斯基斯峰会上,八国集团对"非洲发展新伙伴计划"做出了积极回应,认为其是对上一年度"热那亚非洲方案"的扩展和再确认。进一步,八国集团启动了自己的"非洲行动计划"(AAP)。为支持"非洲发展新伙伴计划",八国集团的"非洲行动计划"就"和平与安全""制度建设和治理""贸易、投资、经济增长和可持续发展""债务减免""教育和数字机遇""健康和艾滋病""农业生产率""水资源管理"等八个方面制定了参与和合作方案。② 其后八国集团的对非合作与政策制定主要在"非洲行动计划"和"非洲发展新伙伴计划"的框架下进行。

三 机构建设与完善

如果说八国集团对非联系的常态化、对非议题设置的进程化是其对非关系机制化的外在表现的话,那么对非机构的建设和完善则为八国集团对非关系的机制化进一步提供了内部(体制)基础。长久以来,外界对八国集团政策承诺的遵守程度多有批评,如前所述,效率低下被认为是八国集团双重体制缺陷的重要方面。根据西方学者运用不同方法对八国集团遵守承诺情况进行的量化研究,八国集团对发展中国家特别是对非洲国家承诺的履行情况及其成效并不理想。③ 作为回应,21世纪以来,八国集团不断加强其体系结构的建设和完善,主要表现在体制机构的建设和对承诺履行的评估两个方面上。

---

① G8 Summit, *Genoa Plan for Africa*, July 21st, 2001, http://www.g8.utoronto.ca/summit/2001genoa/africa.html.

② G8 Summit, *G8 African Action Plan*, June 27th, 2002, http://www.g8.utoronto.ca/summit/2002kananaskis/afraction - e.pdf.

③ [加拿大]彼得·哈吉纳尔:《八国集团体系与二十国集团:演进、角色与文献》,朱杰进译,上海人民出版社2010年版,第177—187页。另可参见加拿大多伦多大学八国集团研究中心每年发布的"八国集团遵守承诺研究报告"(Analytical and Compliance Studies), http://www.g8.utoronto.ca/evaluations/.

在机构建设上,2001 年意大利热那亚峰会上创立的"领导人非洲事务代表会议"(APRs Meeting)成为八国集团体系(the G8 System)四大重要组成部分之一①。此后,该会议作为八国集团体系的重要机制定期召开。领导人非洲事务代表(Africa Personal Representatives,APR)的职责主要是沟通各成员国的对非政策,与非洲国家领导人保持接触,协调峰会上的对非政策并对各项对非承诺进行说明和评估。体制机构的不断完善对八国集团的非洲政策的制定产生了积极影响。领导人非洲事务代表(及其助手)的定期会晤以及其与非洲领导人在峰会前的先期协调,增强了八国集团对非政策的针对性、可操作性和可评估性。此外,与外部机构的制度性联系以及合作也为八国集团对非政策的机制化提供了重要的补充。一直以来,八国集团与非洲联盟(AU)、联合国非洲经济委员会(UN-ECA)、经济合作与发展组织(OECD)、非洲委员会(Commission for Afri-ca)等国际组织有合作关系。其中,与经合组织和非洲委员会之间更是保持着"特殊关系",这种关系也顺理成章地延伸到八国集团的非洲政策上。八国集团与这两个组织的"特殊关系"主要源于其主要成员国的重叠、组织优势的互补以及组织创立的渊源等方面。经合组织是主要由西方发达国家组成的发展经验和政策建议共享的平台,被称为"智囊团"和"非学术性大学"。八国集团成员国是其核心成员,因此经合组织被认为是另一个"富国俱乐部"。由于八国集团没有常设秘书处和专门的官方政策分析机构,因此在对非政策制定和议题进程的组织和协调上,八国集团往往会使用经合组织的分析报告和组织框架。经合组织每年发表的有关非洲发展的分析报告和统计数据都会对八国集团的非洲政策产生重大影响,有时甚至被直接采用。在 2007 年八国集团启动的"海利根达姆进程"上,八国集团就邀请了经合组织为其提供组织和技术支持②。非洲的发展问题被确定为"海利根达姆进程"四项核心议题之一。在 2009 年得到延续并拓展的"海利根达姆—拉奎拉进程"中,经合组织继续发挥了支持平台的作用,而非洲发展问题也再次被确定为新对话进程的核心议题(关于"海利根达姆进程"中非洲议题的详细分析详见本章第 3 节)。此

---

① "八国集团体系"四个组成部分是:领导人峰会、各部长级会议、峰会事务协调人会议(Sherpas Meeting)和领导人非洲事务代表会议(APRs Meeting)。

② *Heiligendamm Summit Declaration*:*Growth and Responsibility in the World Economy*(7 June,2007),http://www.g7.utoronto.ca/summit/2007heiligendamm/g8-2007-economy.pdf.

外，由英国前首相布莱尔于 2004 年 2 月倡议成立的"非洲委员会"
（Commission for Africa）某种意义上成为一个准八国集团机构。该委员会
初创时的主要任务是寻求大国对"非洲发展新伙伴计划"的支持，并将
非洲发展计划纳为 2005 年由英国主持的八国集团峰会和欧盟会议重点讨
论的议题。实践证明，"非洲委员会"的运作对促进八国集团对非洲的持
续关注和对非议题的制定发挥了重要的作用。2005 年的英国格伦伊格尔
斯峰会上，"非洲委员会"直接参与推动将"非洲发展"与"气候变化"
并列为该届峰会的两项核心议题。非洲委员会分别于 2005 年和 2010 年发
表了"官方报告"，两份报告都将八国集团的对非政策（承诺施行和评
估）作为该委员会的工作重点，并认为八国集团已经成为主要经济体协
商对非发展支持的主要论坛。[①] 可以说，非洲委员会与八国集团"非洲行
动计划"（G8 AAP）的目标是一致的，其报告不仅是一个很好的文件，
也是格伦伊格尔斯峰会及其后八国集团回应和平衡"非洲发展新伙伴计
划"可以利用的又一手段。[②]

与机构建设相对应，八国集团不断加强对非洲承诺和责任的评估与说
明。评估机制的完善主要表现在领导人非洲事务代表（ARPs）的"评估
报告"和八国集团"责任报告"（Accountability Report）的发表上。如前
所述，领导人非洲事务代表（ARPs）不仅在八国集团的非洲政策制定方
面发挥着重要作用，而且在八国集团各项对非议题进程、峰会承诺的评估
以及后续议题的修正上具有重要的发言权，充当着监督者和发言人的角
色。以八国集团"非洲行动计划"为例，如前所述，该计划是八国集团
为回应（对应）"非洲发展新伙伴计划"（NEPAD）而启动的对非合作的
总体框架，其实施的成效如何很大程度上代表着八国集团对非政策的成
败。八国集团领导人非洲事务代表分别在 2003 年、2005 年和 2008 年对
该计划的执行情况进行了评估，并以公报的形式对外发表。2003 年的首
份报告对"非洲行动计划"和"非洲发展新伙伴计划"一年来的实施情

---

① *Still Our Common Interest*, COMMISSION FOR AFRICA REPORT 2010, p. 21, http://www.commissionforafrica.info/2010 - report.

② Myles Wickstead, *Presentation as Head of the Secretariat to Commission for Africa*, Munk Centre for International Studies, University of Toronto, 25 April, 2005.

况进行了分项说明，并对"计划"后续的执行进行了说明。① 按照 2003 年法国"埃维昂峰会"的要求，领导人非洲事务代表向 2005 年举行的"格伦伊格尔斯峰会"提交了一份完整的"评估报告"，报告认为"非洲行动计划"的进展情况在各领域有所不同，并坦承"非洲发展新伙伴计划"存在着"注资缓慢"以及在"农业和基础设施领域协调不足"等问题。2008 年的报告在继续进行分项评估（回顾）的基础上，重点就八国集团官方发展援助（ODA）的执行情况进行了说明，并在附件中分国别详细说明了八国集团各成员国对非各项承诺的落实情况。②

此外，从 2006 年开始，八国集团每年都会发布一份"责任报告"作为常规监督机制（Regular Monitoring Mechanism），以不断增强和改善八国集团运作的透明性和有效性。每年的"责任报告"都会详细地列举和评估八国集团各成员国对各项承诺的执行情况，其中，作为官方发展援助重要领域的"援助和援助效率""经济发展""健康""饮水卫生""食品安全""教育""和平与安全""治理""环境和能源"等是每年报告评估的重点。③ 非洲作为八国集团最主要的受援者，是历年"报告"重点关注和评估的地区。可以说，八国集团对非机构的建立和完善极大地促进了八国集团与非洲关系的机制化。

作为由西方主导的全球治理平台，八国集团历经了一系列的拓展和演进。在八国集团体制、机制的发展、完善进程中，与非洲关系的机制化是其中的重要内容。八国集团对非关系的机制化主要表现在其对非联系的常态化、对非议题设置的进程化和对非机构的建设和完善三个方面。尽管从时间上讲，三者并不是明确可分的三个阶段，但如果将焦距调至整个八国集团与非洲关系的历史，我们还是能够发现机制化的三个方面之间的递进关系。非洲国家对八国集团峰会的常态化参与促进了原本零散的对非议题的连续性和进程化，而对非机构的建立和完善则为议题进程的实施、评估

① G8 APRs Report, *Implementation Report by Africa Personal Representatives to Leaders on the G8 Africa Action Plan*, Evian, June 1, 2003, http://www.g8.utoronto.ca/summit/2003evian/apr030601.html.

② G8 APRs Report, *Progress Report by the G8 Africa Personal Representatives (APRs) on implementation of the Africa Action Plan*, 2008, http://www.g8.utoronto.ca/summit/2008hokkaido/2008-apr.pdf.

③ Deauville Accountability Report, *G8 Commitments on Health and Food Security: State of Delivery and Results*, 2011, http://www.g7.utoronto.ca/summit/2011deauville/deauville/2011-deauville-accountability-report.pdf.

和落实提供了体制基础。尽管长期以来八国集团对非洲国家的承诺在兑现程度上并不理想，但八国集团对非关系的机制化还是为双方未来发展更务实的关系打下了重要基础，同时，也为国际社会和非洲国家对八国集团形成可预期的、制度化的影响提供了重要途径。此外，21世纪以来，各种新兴国际合作机制（包括 G20、BRICS、IBSA 等）不断加强与非洲的关系，这方面，八国集团对非关系机制化的经验值得重视和借鉴。

第二节　发展中国家与非洲合作的机制化

独立前，非洲的独立和解放斗争获得了外部发展中国家的声援和支持。独立后，非洲国家作为一支重要的力量在国际上与广大第三世界国家团结合作，为建立国际政治经济新秩序而斗争。21世纪，非洲发展进入新阶段，新兴大国与非洲的合作进一步加强，成为推动非洲发展的生力军和关键力量。中国与非洲有着长期合作的历史，双方的合作堪称南南合作的典范。新世纪，中国和非洲在发展、治理领域的合作经过历史的积淀，蕴含着巨大的潜能和活力。

一　历史：南南合作中的非洲

南南合作是发展中国家建立在相互尊重领土主权、平等互利、互不干涉内政基础上的新型国家间关系。南南合作在 20 世纪后半叶的国际关系语境下有着特殊的历史含义。促进经济的发展、摆脱对北方国家的依附以及争取建立国际经济新秩序是发展中国家开展南南合作的主要动因。[①] 在持续近半个世纪的美苏冷战中，广大发展中国家在国际社会和国际多边机制中团结合作、联合自强，为维护和争取自身的政治、经济权利进行了不懈的斗争。

具体到非洲，非洲是当今世界发展中国家最集中的大洲，数量（规模）上的优势使其成为南南合作中不可忽视的重要力量。随着非洲国家独立进程的不断推进并最终完成，非洲作为一个整体在主要国际组织（如联合国）和其他第三世界机构中的参与度不断提升。1955 年，在印度

---

① 刘青建：《当代国际关系新论：发展中国家与国际关系》，清华大学出版社 2004 年版，第 59—60 页。

尼西亚万隆召开的亚非会议上,尽管只有 6 个非洲国家[①]参加,但非洲代表却发挥了较大的作用。本次会议产生的"万隆精神"进一步鼓舞了非洲人民的反殖民斗争,并直接推动了其他第三世界组织的建立。万隆会议后,联合国中的亚非国家集团(1960 年后改称"非亚集团")开展了一系列活动,并在 1960 年的联合国大会上推动通过了历史性的《给予殖民地国家的人民以独立宣言》。该"宣言"的顺利通过很大程度上得益于联合国中非洲成员国数量的大幅增加。在 1945 年联合国创立时,非洲在 51 个创始会员国中只占 4 席(不到总席位的 8%),到了 1980 年,联合国中的非洲成员国上升到了 51 个(占总席位的 33.1%),[②] 非洲在南南合作中的重要性不断凸显(参见表 4-3)。非洲国家的数量优势也反映在其他多边国际机制中。1961 年,在第一届不结盟国家首脑会议上,非洲代表(11 人)在具备代表资格的总人数(25 人)中占到了 44%。到 1979 年第六届不结盟国家首脑会议召开时,非洲代表团占到了出席会议的正式成员总数的 54%(参见表 4-4)。在 77 国集团中,1964 年该集团创建时,77 个创始国中有 32 个是非洲国家,到 1980 年,77 国集团成员国扩充到了 122 个,其中,有 50 个是非洲国家,非洲国家在该集团中的比例始终维持在 41% 左右(参见表 4-5)。[③]

表 4-3　　　　　联合国的地区构成(1945—1980)

年份	非洲[a]	亚洲[b]	加勒比地区[c]	拉丁美洲	北美洲	欧洲[d]	大洋洲[e]	总计
1945	4	9	3	17	2	14	2	51
1950	4	16	3	17	2	16	2	60
1955	5	21	3	17	2	26	2	76
1959[f]	10	23	3	17	2	26	2	82
1965	37	28	5	17	2	27	2	118

---

　　① 共有 29 个国家参加了万隆会议,其中亚洲 23 个,非洲 6 个;这 6 个非洲国家是:埃及、埃塞俄比亚、黄金海岸、利比里亚、利比亚和苏丹。其中黄金海岸和苏丹当时并未独立,但均已实现内部自治;黄金海岸(独立后改称加纳)于 1975 年独立,苏丹于 1956 年独立。

　　② 南非是联合国创始会员国。1994 年之前,南非由白人统治,因此,在这一统计中,没有将南非计入其中。

　　③ [肯尼亚]A. A. 马兹鲁伊主编:《非洲通史》(第八卷),中国对外翻译出版公司 2003 年版,第 603 页。

续表

年份	非洲ᵃ	亚洲ᵇ	加勒比地区ᶜ	拉丁美洲	北美洲	欧洲ᵈ	大洋洲ᵉ	总计
1970	42	30	7	17	2	27	2	127
1975	47	37	10	17	2	29	2	144
1980	51	40	13	17	2	29	2	154

表格说明：a. 联合国的4个非洲创始成员国：埃及、埃塞俄比亚、利比里亚和南非；b. 包括中东和太平洋的岛屿，包括塞浦路斯和土耳其；c. 加勒比群岛岛屿加上圭亚那和苏里南独立的本土政治"延伸"部分；d. 1955年9个已独立欧洲国家的加入是解决德国第二次世界大战中盟国与战后新独立的东欧共产党政权入会资格的东西方之争的一揽子交易的结果，西德和东德在1973年分别被接纳；e. 澳大利亚和新西兰；f. 1958年由埃及和叙利亚（两者均为联合国创始成员）联合成立了阿拉伯联合共和国，并继续作为联合国的单一会员国，这在本表1959年会员国总数为82这一行中反映了出来，而在地区分类中未得到反映，它们分别被计算在非洲和亚洲栏内，1961年叙利亚恢复了它单独会员国的身份。

资料来源：［肯尼亚］A. A. 马兹鲁伊主编：《非洲通史》（第八卷），中国对外翻译出版公司2003年版，第602页。

独立后，非洲国家充分认识到南南合作的重要性，有意识地加强与本地区以及（非洲）外部发展中国家的合作，并以此作为发展本国经济和提高与西方国家对话地位的重要途径。认识到发展中国家联合斗争（石油输出国组织的成功）的巨大力量，坦桑尼亚首任总统尼雷尔（J. K. Nyerere）曾经典地阐述了非洲国家团结合作的重要性，他的这一认识也被广泛用来说明全球南南合作的重要意义。他说：

> 联合起来，甚至结成集团，我们就不会那么软弱了。我们有能力在许多方面互相帮助，每个国家都能从中受益。作为一个联合起来的集团，我们可以从完全不同的地位出发面对富国。虽然它们为了本国经济的健康发展可能不需要我们中的某一个，但是它们不能与我们全体切断关系。[1]

20世纪60、70年代，全球南南合作在不结盟运动和七十七国集团的引领和组织下逐渐走向高潮，[2] 非洲作为一个整体在其中发挥了重要的作用。

---

[1] J. K. Nyerere, *Non-alignment in the 1970s*, Dar es Salaam：Government Printer, p. 12.

[2] 畅征、刘青建：《发展中国家政治经济概论》，中国人民大学出版社2001年版，第125—128页。

　　1961 年，第一届不结盟运动首脑会议在贝尔格莱德召开，它秉持一种独立于冷战同盟和东西方军事集团的态度，成为第三世界政治和经济解放的先声。由于非洲统一组织在宪章中"重申对一切集团的不结盟政策"①，非洲国家成为不结盟运动中数量最多的国家群体。非洲的加入除了加强不结盟运动的规模和成员国基础之外，几位杰出的非洲领导人对不结盟运动的理念和方向也产生了重要影响。埃及总统迦玛尔·阿卜杜尔·纳赛尔和南斯拉夫总统铁托以及印度总理尼赫鲁被公认为是不结盟运动的真正设计师。这也是该运动第一届首脑会议的筹备会以及第二届首脑会议选在埃及召开的部分原因所在。加纳首任总统克瓦米·恩克鲁玛堪称不结盟运动的另一位奠基人，他秉持不结盟和泛非主义的外交政策。在不结盟运动成立时，他在帮助新独立的非洲国家履行不结盟承诺方面发挥了十分重要的作用。② 此外，赞比亚总统肯尼斯·卡翁达、坦桑尼亚总统朱利叶斯·尼雷尔以及阿尔及利亚总统胡阿里·布迈丁在实现不结盟运动的思想和目标转变，推动其寻求建立国际经济新秩序方面发挥了重要影响。不结盟运动第二届、第三届和第四届首脑会议以及第一届首脑会议筹备会均在非洲召开，非洲为不结盟运动的建立、发展和巩固，以及第一个十年关键性的纲领转变做出了突出的贡献。③

表 4 - 4　　　　不结盟首脑会议参加国的地区分布 (1961—1979)

首脑会议	时间	地点	非洲	亚洲	加勒比地区	拉丁美洲	欧洲	总计
第一届	1961	贝尔格莱德	11	12	1	0	1	25
第二届	1964	开罗	29	16	1	0	1	47
第三届	1970	卢萨卡	32	16	4	0	1	53
第四届	1973	阿尔及尔	40	26	4	3	2	75
第五届	1976	科隆坡	47	29	4	3	2	85
第六届	1979	哈瓦那	50	29	6	5	2	92

　　资料来源:［肯尼亚］A. A. 马兹鲁伊主编:《非洲通史》(第八卷)，中国对外翻译出版公司 2003 年版，第 625 页。

---

　　① 《非洲统一组织宪章》，1963 年 5 月 25 日。参见唐大盾选编《泛非主义与非洲统一组织文选 (1900—1990)》，华东师范大学出版社 1995 年版，第 165 页。
　　② K. Nkrumah, "African Prospects", *Foreign Affairs*, 37, Ⅰ (October), 1958, pp. 45 - 53.
　　③ ［肯尼亚］A. A. 马兹鲁伊主编:《非洲通史》(第八卷)，中国对外翻译出版公司 2003 年版，第 624—625 页。

20 世纪 70 年代，南南合作的重心和奋斗目标更多地转向了国际经济新秩序的建立上，[①] 这种重心和目标的转移很大程度上是七十七国集团推动的结果。非洲国家作为该集团中最大的国家群体，为争取建立更为公正、合理的经济秩序与其他发展中国家或国家集团一道开展了积极的斗争。1973 年 9 月在阿尔及尔召开的第四届不结盟首脑会议通过了《经济宣言》和《经济合作行动纲领》，提出了建立国际经济新秩序（NIEO）的倡议。在此基础上，七十七国集团起草了《建立国际经济新秩序宣言》和《行动纲领》，并在第六届联合国大会关于原材料贸易和发展问题的特别会议上获得通过。1974 年 4 月，联合国大会通过了《各国经济权利与义务宪章》，国际经济新秩序作为南南合作的另一主要诉求得到国际社会的正式认可。上述成果的取得，非洲起到了关键性的作用。非洲的非殖民化以及非洲对南南合作的积极参与对国际秩序的改革产生了积极影响，国际社会的关注重心更多地转向了最不发达国家问题。[②]

表 4-5　　　　　七十七国集团的地区分布（1964—1980）

年份	非洲[a]	亚洲[b]	加勒比地区[c]	拉丁美洲[d]	欧洲[e]	总计
1964	32	23	4	17	1	77
1980	50	39	13	17	3	122

　　表格说明：1964 年参加联合国第一次贸发会议的 77 个发展中国家组成了 77 国集团，目的是在国际贸易相关的经济谈判中提供一个共同的谈判阵线。a. 非洲所有独立国家，除南非外，均是该集团成员；b. 几乎所有非洲、太平洋国家（包括塞浦路斯）都是集团成员，主要的例外是：澳大利亚、中国、以色列、日本、新西兰和土耳其；c. 所有独立的加勒比国家都是集团成员；d. 所有拉丁美洲国家都是集团成员；e. 南斯拉夫是创始国，罗马尼亚和马耳他后来加入该集团。

　　资料来源：［肯尼亚］A. A. 马兹鲁伊主编：《非洲通史》（第八卷），中国对外翻译出版公司 2003 年版，第 628 页。

　　此外，非洲国家独立后还以泛非主义、种族、文化、宗教等作为纽带与拉丁美洲（加勒比海地区）国家以及阿拉伯世界等建立了联系和合作关系。[③]

----

　　① 刘青建：《当代国际关系新论：发展中国家与国际关系》，清华大学出版社 2004 年版，第 66 页。

　　② G. Williams, *Third World Political Organizations*, London：Macmillan，1981，p. 4.

　　③ 参见［肯尼亚］A. A. 马兹鲁伊主编《非洲通史》（第八卷），中国对外翻译出版公司 2003 年版，第 613—623 页。

总之,20 世纪中后叶(冷战时期),非洲积极参与到全球南南合作中,并在其中发挥了十分重要的影响和作用。然而,由于当时发展中国家在个体和整体力量上的限制,20 世纪的南南合作(尤其是涉及非洲国家的南南合作),无论在政治领域还是经济领域,主要以诉求、倡议和宣言等"务虚"形式为主要内容,旨在通过团结、合作提高与西方国家的谈判地位。进入 21 世纪,随着发展中国家尤其是新兴发展中大国发展水平的提高,非洲与域外发展中国家间的合作增添了更多的"实质性"内容。

二 新世纪:机制化合作的拓展

进入新世纪,非洲与全球发展中国家的南南合作在内容和形式上表现出新的特点。在内容上,非洲与域外发展中国家的合作更多地集中于工业化、基础设施建设、技术与专门知识(know-how)的获取以及人类能力(human capacity)的提高等"务实"发展领域。[①] 在形式上,通过多边经济机制开展合作逐渐成为涉非南南合作的新趋势。

新世纪以来,新兴发展中大国[②] "已从全球的边缘走向中心"[③]。这一积极变化,除了发展水平(实力)的显著提高外,还表现在新兴大国间合作机制的建立、完善及其全球治理作用的增强上。随着新兴发展中大国对非洲发展(治理)参与热情与程度的不断提高,"非洲议题"或"非洲议程"成为新兴机制参与全球治理的重要内容和方向。

(一)"印度—巴西—南非"对话论坛与非洲的合作

"印度—巴西—南非"对话论坛(IBSA Dialogue Forum)是新世纪最早建立的新兴大国间对话机制。2003 年 6 月,印度、巴西、南非三国首脑受邀参加在法国埃维昂举行的八国集团首脑峰会对话会时,决定加强三

---

① AU's official website, *Africa's Strategic Partnerships*, http://www.au.int/en/sites/default/files/Partnerships.pdf.

② 关于新兴大国的认定(定义)国际上尚没有形成统一标准,但新兴大国一般应具有如下一些基本特点,包括:较大的人口规模(排名世界前 20%)、较大规模的经济(GDP 居世界前 20%)、较高的经济增长率和增长潜力以及中、高水平的人类发展指数(HDI)等。因此,对中国、印度、俄罗斯、巴西等金砖国家的新兴大国地位,国际上少有异议;由于南非在非洲国家中实力上的绝对显著性,加之 2010 年金砖国家集团对其的吸纳,国际上一般也将南非认定为新兴大国。

③ Jeffrey E. Garten, "Hot Markets, Solid Ground: Why Emerging Nations are a New Force for Stability in the World Economy, not a New Crisis-in-the-making", *Newsweek*, 9 January, 2006.

国间的战略对话。此后，三国间的三边对话不断走向机制化，并于2006年9月举行了对话论坛首脑会议。经过十余年的发展，"印度—巴西—南非"对话论坛已经形成了多级别、宽领域的磋商、合作机制。

在加强务实合作的同时，三国还致力于通过"对话论坛"推动各自大国战略的实施，具体表现为三国对所属地区之间贸易谈判的整合。其中，加强与非洲（次地区）的经贸联系，是印巴南对话机制的重要内容。2004年，南方共同市场（南共市）分别与印度和南部非洲关税同盟签订了优惠贸易协定。2005年3月，第三届对话论坛外长会议决定，为促成"南部非洲关税同盟—印度—南共市"自由贸易协定的签署，印度和"南部非洲关税同盟"需在3个月后开展优惠贸易协定的谈判。2006年9月，对话论坛第一届首脑会议决定对在印度—南共市—南部非洲关税同盟间建立自由贸易区的相关问题进行可行性研究。① 2008年6月，南共市和南部非洲关税同盟签订了关税减免协定。2009年9月，第六届对话论坛外长会议发表联合声明称，将进一步推动南共市、南部非洲关税同盟和印度之间区域贸易协定的尽早达成。

2009年以来，随着金砖国家峰会的不断机制化（特别是南非的加入），"印度—巴西—南非"对话论坛和金砖国家组织在机制和合作领域（内容）等方面出现了明显的重叠。尽管印度为避免"印度—巴西—南非"三边对话论坛在金砖国家组织中被消释和淡化，竭力强调其"南方民主国家间合作机制"的属性，② 但是，随着金砖国家组织逐渐走向"全球决策的中心"③，"印度—巴西—南非"对话论坛的作用已更多地被金砖国家机制取代。

（二）金砖国家机制与非洲的合作

金砖国家（BRIC）最早是由美国高盛公司（Goldman Sachs）首席经济学家吉姆·奥尼尔（Jim O'Neill）发明的投资概念。2009年9月16日，"金砖国家"从概念变成现实，中国、俄罗斯、印度和巴西四国领导人在

---

① 贺双荣：《南南合作的新模式：印度巴西南非（ISAB）对话论坛》，载《2006—2007年：拉丁美洲和加勒比发展报告》，社会科学文献出版社2007年版。

② Sharda Naidoo, *Vibrant Interaction*, South Africa：*Business Day*（*Surveys Edition*），June 7, 2011 Tuesday.

③ 见中国媒体（《广州日报》）对BRICs概念的"发明人"吉姆·奥尼尔的专访《金砖四国走到全球决策中心》，http：//gzdaily. dayoo. com/html/2010 – 04/12/content_ 927819. htm。

俄罗斯的叶卡捷琳堡举行了首届"金砖四国"首脑峰会。此后"金砖国家"合作不断制度化、机制化，并经历了成员的扩充，逐渐形成"金砖国家"合作机制。

金砖国家机制与非洲合作的不断深化，除了南南合作的传统政治（经济）诉求外，主要受到成员国战略（经济）利益以及南非因素两方面的影响：

其一，经济利益是双方合作不断深化的基础。新世纪以来，金砖机制各成员国与非洲建立了良好的合作关系。特别是在经贸关系上，金砖国家与非洲的贸易甚至在总量上超过了金砖国家成员国彼此间的贸易总额。由于全球经济（特别是发达国家经济）的持续低迷，以金砖国家为代表的新兴大国将目光更多地投向非洲。在过去的十年，金砖国家的每一个成员都强化了各自与非洲的经济合作关系。根据一项最新统计，2012 年，金砖国家与非洲的贸易总额已经达到 3400 亿美元，十年中增长了 10 倍以上。① 具体来讲，2000—2010 年，巴西的对非贸易总额由 20 亿美元增长到 120 亿美元；同期，印度对非贸易总额由 30 亿美元增长到 528 亿美元，成为继欧盟、中国和美国之后的第四大对非贸易伙伴国。1994—2010 年，俄罗斯的对非贸易总额增长了 10 倍，由 7.4 亿美元增长到 77 亿美元。在金砖国家中，中国的对非贸易规模最大、增长也最为强劲。1980 年时，中国的对非贸易总额已达到 10 亿美元，到 2000 年时这一数字增长到 100 亿美元，增长了 10 倍。21 世纪的前十年，中国对非贸易总额再次增长 10 倍，2010 年达到 1140 亿美元。② 新世纪，新兴大国与非洲的快速发展为彼此创造了巨大的机遇。正是基于这一现实，金砖国家机制成立后，不断强化对非洲（发展）的关注。2010 年，南非的加入即反映了金砖国家机制对非洲的重视。

其二，南非因素是双方合作不断加深的战略契合点。历史上，南非人民在摆脱白人统治的斗争中曾获得来自中国、苏联（俄罗斯）、印度和巴西的坚定支持和援助。21 世纪，南非曾多次表示希望加入金砖国家合作机制。2010 年，南非成为金砖国家机制的正式成员。南非之所以能够如

① Standard Bank, "BRICS Trade is Flourishing, and Africa Remains a Pivot", *Africa Macro*, 12 February, 2013.

② Siphamandla Zondi, *Africanising the BRICS Agenda: Indications from Durban*, March 26, 2013, http://www.e-ir.info/2013/03/26/africanising-the-brics-agenda-indications-from-durban/.

愿成为"金砖国家",得益于其务实的"多边外交政策",[①] 但原"金砖四国"进一步加强与非洲合作的战略考虑也是其中的重要原因。[②] 南非是非洲经济实力最强的国家,非洲三分之一的非矿物燃料商品(non-mineral fuel goods)由南非生产。南非也希望借由金砖机制进一步巩固和提升其非洲地区主导大国的地位。[③] 南非的加入为金砖机制深化和拓展对非合作提供了战略支撑点。

2013 年,在南非德班召开的领导人峰会是金砖国家机制对非合作进程的重要里程碑。作为东道主,南非将本届峰会主题设定为"金砖国家与非洲:致力于发展、一体化和工业化的伙伴关系"。本届金砖峰会的议程表现出明显的"非洲化"(africanising the BRICS agenda)[④],峰会发表的领导人"德班宣言"(eThekwini Declaration)中,非洲和最不发达国家(LDCs)的发展问题占据了相当篇幅。"宣言"肯定了"区域一体化对非洲可持续增长、发展和消除贫困的重要意义",表达了对非洲大陆一体化进程的支持。"宣言"认为,基础设施建设对促进非洲发展具有特别的重要性,并认同"非盟在确定和应对非洲大陆的基础设施挑战方面取得的进步"。"宣言"特别强调了"总统基础设施倡议""地区基础设施发展总体规划"以及"非洲发展新伙伴计划"框架下的"非洲基础设施发展计划""非洲行动计划(2010—2015)"等一系列基础设施开发项目的重要性。"宣言"阐明,金砖国家(机制)将在"非洲发展新伙伴计划"框架下,"通过鼓励外国直接投资、知识交流、能力建设以及与非洲贸易的多样化,支持非洲国家的工业化进程",并"寻求在互惠基础上鼓励基础设施投资,以支持非洲的工业发展、就业、技能发展、食品和营养安全、消除贫困及可持续发展"。在具体成果方面,金砖国家进出口银行和开发银行达成了《可持续发展合作和联合融资多边协议》和《非洲基础设施联合融资多边协议》两项协议。其中,第二项协议将特别为非洲大

---

① Maite Nkoana-Mashabane, "South Africa's Role in BRICS, and Its Benefits to Job Creation and the Infrastructure Drive in South Africa", *The New Age Business Briefing*, September 11, 2012.

② 徐建国、王洪一:《新兴大国对非合作比较》,http://www.focac.org/chn/xsjl/xzhd_1/1/t1031530.htm。

③ Standard Bank, "BRICS Trade is Flourishing, and Africa Remains a Pivot", *Africa Macro*, 12 February, 2013, p.5.

④ Siphamandla Zondi, *Africanising the BRICS Agenda: Indications from Durban*, March 26, 2013.

陆基础设施建设中出现的巨大资金需求提供支持。①

德班峰会是金砖机制首轮的最后一次峰会，具有重要意义，它的召开为新一轮峰会之非洲议题的常态化、机制化奠定了基础。

第三节　南北合作中的非洲议题

冷战时期，南北关系在国际关系中处于次要、从属的地位，双方矛盾、斗争的一面大于依存、合作的一面。随着冷战的结束，20 世纪 90 年代南北关系的内涵得到了发展，双方合作的一面有所上升。② 然而，由于力量对比和合作领域的影响，这一时期的南北合作呈现出明显的不平等性和地域局限性特点。进入新世纪，随着新兴发展中大国的快速崛起，发展中国家在国际事务中的话语权得到明显提升，南北合作在形式、内容和范围上更加具有机制化、全球性和发展导向的特点。作为当今世界贫困国家和人口最集中的大陆，非洲的发展问题既是地区性问题也是全球性问题。21 世纪，非洲发展潜力的释放以及发展机制的完善为外部的参与提供了空间和平台。如前所述，新世纪非洲发展不仅有"传统"西方国家的参与，更引起了新兴发展中大国的重视和兴趣。在这一过程中，针对非洲的发展议题，南北双方利用全球治理机制（南北合作机制）展开协调、调整与合作。新世纪，南北合作机制中非洲议题的凸显是非洲导向的全球治理的重要体现。

一　海利根达姆进程与非洲议题

进入新世纪，世界政治、经济格局进一步发生变化。新兴发展中大国日益成为全球治理进程中不可忽视的力量，而西方主导的八国集团由于代表性不足的缺陷，在全球治理的议题设定和问题解决上越来越力不从心。③为了能够继续主导全球治理进程，八国集团必须将其与新兴发展中大国间

---

① 《金砖国家领导人第五次会晤德班宣言》，http：//www. gov. cn/jrzg/2013 - 03/28/content_ 2364217. htm。另可参见 Fifth BRICS Summite Thekwini Declaration, *BRICS and Africa*：*Partnership for Development*, *Integration and Industrialisation*, Durban：27 March 2013, http：//www. brics. utoronto. ca/docs/130327 - statement. pdf。

② 参见刘青建《当代国际关系新论——发展中国家与国际关系》，清华大学出版社 2004 年版，第 37—42 页。

③ Andrew F. Cooper, Agata Antkiewicz (eds), *Emerging Powers in Global Governance*：*Lessons from the Heiligendamm Process*, Wilfrid Laurier University Press, 2008, p. 2.

的南北对话（合作）提上日程。

从 2005 年的格伦伊格尔斯峰会开始，八国集团连续邀请中国、印度、墨西哥、巴西、南非五国参与峰会讨论，这些国家被称为"扩展五国"（Outreach Five or Plus Five）。在 2007 年的海利根达姆峰会上，当年的八国集团轮值主席国德国提议、推动将八国集团与上述五国间的对话进一步机制化，并最终命名为"海利根达姆进程"（Heligendamm Process），为期两年。在组织结构上，"海利根达姆进程"设立了指导委员会（HDP Steering Committee），由来自八国集团成员国、欧盟和五个新兴大国的特别代表（Sherpa）和副部长组成，其主席由八国集团轮值主席国担任。指导委员会下设发展、投资、创新与知识产权、能源等四个工作组，每个工作组有两名联合主席，分别来自八国集团国家和五个新兴大国。设在经合组织（OECD）总部的"海利根达姆进程"秘书处（HDP Support Unit）为"进程"提供组织和学术支持。

"'海利根达姆进程'是以'结构模式'（structured manner）为基础的'议题驱动式'（topic-driven）的机制性对话进程"。八国集团希望通过与新兴大国间的扩展性对话（outreach meeting）在全球治理的主要领域保持主导权和话语优势。八国集团与新兴五国在海利根达姆峰会期间发表的首份 G8 + 5 联合宣言，设定了五方面的合作领域，包括：为了共同利益促进跨境投资、促进研究与创新、应对气候变化、能源议题、非洲发展议题（Development, particularly in Africa）等。[1] 但值得注意的是，在稍早前发表的八国集团领导人宣言中，八国集团单方面（先于 G8 + 5 联合宣言）对"海利根达姆进程"进行了说明，并提出了创新、投资、发展和共享知识等四个方面的合作领域。其中，在发展问题上，八国集团特别强调了其与新兴国家对非洲发展的共同责任问题（common responsibilities for development with special regard to Africa）。[2] 通过分析先后发表的两份宣言针对"海利根达姆进程"的不同说明，我们能够发现两方面的问题：

---

[1] Joint Statement by the German G8 Presidency and the Heads of State and/or Government of Brazil, China, India, Mexico and South Africa on the Occasion of the G8 Summit in Heiligendamm, June 8, 2007, http：//www. g8. utoronto. ca/summit/2007heiligendamm/g8 – 2007 – joint. html.

[2] The "Heiligendamm Process" with Major Emerging Economics-High Level Dialogue Between G8 Member Countries and Brazil, China, India, Mexico and South Africa, *Growth and Responsibility in the World Economy* （G8 Summit Declaration, 7 June 2007）, http：//www. g8. utoronto. ca/summit/2007heiligendamm/g8 – 2007 – economy. pdf.

　　其一，非洲的发展问题是驱动"海利根达姆进程"前进的关键议题。如前所述，非洲（发展）问题是八国集团的"传统议题"。而随着新兴发展中大国对非洲发展进程参与程度的不断提高，八国集团（西方大国）对非洲事务的主导优势逐渐被打破。为了维护自身的利益，八国集团（国家）希望对新兴大国的非洲政策进行某种程度的协调和"规范"。八国集团将综合实力明显小于其他四国的南非纳入"海利根达姆进程"，即是出于这方面的考虑。南非与八国集团关系密切，在"进程"的议题（特别是非洲议题）设置上，与八国集团多有协调。南非的加入有助于八国集团对海利根达姆进程之非洲议题进行掌控。

　　其二，在非洲议题的设置上，八国集团和五国集团①（新兴五国）表现出了不同的倾向性。八国集团更多地强调民主、善治（good governance）等因素在非洲发展中的作用。其中，非洲互查机制在促进非洲良好治理环境之生成方面的作用得到八国集团的特别重视和支持。② 相较之下，新兴五国更关注"千年发展目标"的实现、发达国家对非援助的落实以及粮食安全等现实问题。③

　　在后来八国集团与新兴五国共同发表的"海利根达姆进程"中期报告、总结报告等文件中，双方的意见得以折中，非洲发展与治理之机制建设的重要性被突出。2008 年八国集团洞爷湖峰会发表了"海利根达姆进程"中期报告（Interim Report），该报告强调"进程"的对话伙伴国（dialogue partners）将进一步加强与非盟、非洲发展银行以及"非洲发展新伙伴计划"等非洲发展机制的对话。④ 2009 年召开的拉奎拉峰会发表了"海利根达姆进程"总结报告（Concluding Report），该报告支持并认可"非洲发展新伙伴计划"框架下的"非洲基础设施发展计划"（PIDA）以及"非洲农业综合发展计划"（CAADP）针对非洲优先发展领域所付出的

---

　　① 2008 年，"海利根达姆进程"中的新兴五国以"五国集团"（G5）的身份发表了首份联合宣言，在 2009 年的八国集团拉奎拉峰会期间，五国集团也发表了联合宣言。

　　② 参见 2007 年峰会期间，八国集团发表的题为"非洲增长与责任"的官方文件，G8, *Growth and Responsibility in Africa*, Summit Declaration, Heiligendamm, June 8, 2007, http://www.g8. utoronto. ca/summit/2007heiligendamm/g8 – 2007 – africa. pdf。

　　③ 详见多伦多大学八国集团研究中心网站上登载的五国集团历次宣言或文件资料，http://www. g8. utoronto. ca/g5/index. html。

　　④ G8 and G5, *Interim Report on the Heiligendamm Process at the G8 Summit*, Hokkaido Toyako, 7 to 9 July, 2008, http://www. g8. utoronto. ca/summit/2008hokkaido/2008 – hpreport. pdf。

努力和取得的进展。①

随着 2009 年八国集团拉奎拉峰会的召开，为期两年的"海利根达姆进程"即将结束。在拉奎拉峰会上，八国集团和新兴五国共同决定将进程再延续两年，并更名为"海利根达姆—拉奎拉进程"（Heiligendamm-L'Aquila Process）。新的"进程"在肯定第一阶段取得成果的基础上，决定加入食品安全及相关组织改革、发展战略及其社会维度等议题，并强调新阶段的对话将更加明确战略方向以产生实质性成果。② 在新的"进程"中，非洲发展问题继续成为八国集团与新兴五国对话与合作的重要议题（领域）。在非洲议题的规划上，各对话伙伴国承诺继续帮助非洲通过经济增长实现"千年发展目标"，其中，发达国家（G8）表示将遵守其官方发展援助（ODA）的承诺，并给予撒哈拉以南非洲国家贸易援助和债务减免。③

二十国集团美国"匹兹堡峰会"召开后（2009 年后），该集团以其更广泛的代表性逐渐发展成为"全球（经济）治理主要平台"。原定于2011 年截止的"海利根达姆—拉奎拉进程"提前一年终结（2010 年），融入二十国集团体制，不再单独举行。与此相对应，非洲（发展）议题在二十国集团议程中的分量逐步提高，成为二十国集团会议的重要内容。

二　二十国集团及其非洲议题

二十国集团由西方七国（原七国集团）、澳大利亚、欧盟以及 11 个新兴经济体国家④组成，"就（全球）核心经济、金融议题展开讨论和合作"⑤。南非是非洲大陆的唯一代表。按照惯例，国际货币基金组织和世界银行的代表列席会议。二十国集团会议原本在部长（财政部长、央行行长）层级举行，2008 年全球金融危机爆发后，升格为首脑会议。二十国集团关注非洲发展问题，其非洲议题设置表现出三个特点。

---

① G8 and G5, *Concluding Report of the Heiligendamm Process*, L'Aquila Summit, July 9, 2009, http：//www. g8. utoronto. ca/summit/2009laquila/2009 - g5 - g8 - 1 - hdp. pdf.

② G8 and G5, *The Agenda of the Heiligendamm-L'Aquila Process*（*HAP*）, 2009, http：//www. g7. utoronto. ca/summit/2009laquila/2009 - g5 - g8 - 2 - hap. pdf.

③ G8 and G5, *Joint Statement：Promoting the Global Agenda*, July 2009, http：//www. g8. utoronto. ca/summit/2009laquila/2009 - g5 - g8. pdf.

④ 11 个新兴经济体国家包括：阿根廷、巴西、中国、印度、印度尼西亚、墨西哥、沙特阿拉伯、南非、韩国、俄罗斯和土耳其。

⑤ G20, *Communique'*, Berlin, 1999.

其一，对非洲发展问题的关注度持续上升。除 2008 年由于金融危机爆发而导致严峻形势，首届二十国集团峰会（文件）未涉及非洲议题外，此后历届（次）峰会都对非洲发展议题给予关注。而且根据相关统计，非洲议题在二十国集团各项官方文件中所占的比重呈逐年上升趋势（见表 4-6）。

表 4-6   二十国集团各官方文件涉非议题统计数据

	字数（字）	占总字数的百分比（%）	段落数（段）	占总段落数的百分比（%）	文件数（份）	占总文件数的百分比（%）	专门文件（份）
2008 华盛顿	0	0	0	0	0	0	0
2009 伦敦※	131	2.1	2	2.2	2	66.7	0
2009 匹兹堡	227	2.5	3	2.8	1	100	0
2010 多伦多※	324	2.9	6	4.2	1	50	0
2010 首尔	631	4.0	10	4.6	3	60	0
平均数	262.6	2.3	4.2	2.8	1.4	55.3	0

表格说明：数据采集自二十国集团公布的官方英文文件，不含表格；"字数"栏统计的是当年文件中涉及非洲相关议题的英文字数，不包括文件的标题和引文，字数以段落为分析单元进行统计；"占总字数的百分比"栏中的总字数指当年所有文件的英文字数总和；"段落数"栏统计的是当年文件中提及非洲的段落总数；"占总段落数的百分比"栏中总段落数指当年所有文件的段落总数；"文件数"栏统计的是当年包含非洲议题的文件总数，不含专门文件；"占文件总数的百分比"栏中的文件总数指当年所有文件的总数；"专门文件"栏统计的是当年标题中包含非洲相关议题的文件总数。上标的※表示当年举办的特别峰会。

资料来源：Zaria Shaw and Sarah Jane Vassallo, *G20 Leaders' Conclusions on Africa 2008-2010*, G20 Research Group, August 8, 2011, www.g7.utoronto.ca/g20/analysis/conclusions/africa-1.pdf.

其二，非洲发展议题的设置相对分散。二十国集团对非洲发展问题的关注涉及债务、援助、粮食安全、基础设施建设等领域，议题设置上并不集中。2009 年 4 月伦敦峰会发表的"复苏与改革全球计划"强调，为帮助非洲最不发达国家实现联合国"千年发展目标"，各国将担负起历史责任，在贸易援助、债务减免等方面达到应有的官方发展援助（ODA）水平。① 在 2009 年 9 月召开的匹兹堡峰会上，二十国集团领导人在帮助非

---

① G20, *Global Plan for Recovery and Reform*, London, 2009.

洲实现"千年发展目标"的议题上继续做出承诺。此外，匹兹堡峰会还特别关注了非洲的粮食安全和农业发展问题。本次峰会的领导人"联合声明"对"非洲发展新伙伴计划"框架下的"非洲农业综合发展计划"（CAADP）表示支持，并呼吁世界银行（WB）、非洲发展银行（AfDB）、联合国粮农组织（UNFAO）、农业发展国际基金会（IFAD）、世界粮食计划署（WFP）以及其他相关机构协调合作，帮助非洲解决粮食安全问题。① 2010年9月召开的二十国集团多伦多峰会，重点关注了非洲发展银行的增资问题。② 在11月举行的首尔峰会上，二十国集团认同各项非洲计划（African plans）在促进非洲更快发展和深层次经济一体化方面的潜力，表示将通过自由贸易措施的实施以及地区基础设施的建设支持非洲的地区一体化进程。③

其三，非洲发展议题的机制化水平得到提升。2010年后，二十国集团峰会逐渐固定化，每年召开一次。为确保二十国集团的代表性和有效性，2010年首尔峰会确立了"非成员国"邀请（non-member invitees）制度。峰会每年将邀请不超过5个非成员国参与，并确保其中两个国家来自非洲。④ 这一制度（惯例）的确立将进一步提升峰会在非洲议题设置上的水平（关注度、集中度）。同时，金砖机制等新兴大国机制在二十国集团内的协调也有利于推动二十国集团对非洲（发展）议题的持续关注和支持。

第四节　中国与非洲的发展伙伴关系

长期以来，中国和非洲国家在政治、经济等各领域保持着良好的合作关系。20世纪中叶，非洲人民争取国家独立的斗争得到了来自中国的大力支持。非洲国家独立后，中国一如既往地支持非洲国家的建设事业。当然，中非间的合作和友谊是相互的，大多数非洲国家在涉及中国重大利益的问题上，始终站在中国一边。20世纪80年代后，中非合作朝着更加全面、务实、互利和机制化的方向发展，双方的经贸往来日益密切。特别是新世纪以来，在经济、发展领域，随着一系列机制化合作的启动和开展，

① G20, *G20 Leaders Statement*: *The Pittsburgh Summit*, Pittsburg, 2009.
② G20, *The G20 Toronto Summit Declaration*, Toronto, 2010.
③ G20, *The Seoul Summit Document*, Seoul, 2010.
④ G20, *Seoul Development Consensus for Shared Growth*, Seoul, 2010.

中国和非洲的发展伙伴关系得到拓展和深化。

一　传统的中非经济关系

中非关系历史悠久，双方通过物品（货物）建立的间接联系最早可以追溯到 3000 多年前，[①] 双方直接的人员往来也有 2000 多年的历史。如果说历史上的中非交往零散且缺乏系统性的话，那么，新中国的建立则开启了中非关系的新纪元。

建国初期，中国采取"一边倒"的外交政策，迎来了第一轮建交高潮。到 1955 年 4 月，中国与 23 个国家建立了外交关系，其中有 12 个是社会主义国家，还有另外 6 个欧洲国家（瑞典、丹麦、瑞士、列支敦士登、芬兰和挪威）和 5 个亚洲国家（印度、印度尼西亚、缅甸、巴基斯坦和阿富汗）。由于非洲正处于摆脱殖民统治的斗争中，当时还没有非洲国家与中国建交。1955 年召开的万隆会议是中非外交关系的转折点，中国参会的主要目的之一就是争取亚非国家对新中国的支持，扩大国际统一战线。1956 年 5 月 30 日，埃及与新中国建立外交关系，成为第一个同新中国建交的非洲国家。1959 年 10 月 4 日，几内亚成为第一个与中国建交的撒哈拉以南非洲国家。1955 年 8 月到 1964 年 12 月，在第二轮建交高潮中，有 27 个国家与中国建交，其中 18 个是非洲国家。[②] 截止到 20 世纪末，已有 48 个非洲国家与中国建立了外交关系。[③]

自建交以来，中国和非洲国家间的经贸关系总体呈增长态势，具体看，又带有阶段性特点。关于中非（经贸）关系的阶段划分，学界未能达成一致。有学者根据领导人的外交战略特点在宏观上将中非（经贸）关系划分成"毛泽东时代""邓小平时代"以及新世纪以来的中非关系三个阶段。[④] 也有学者主要根据更加量化的中非贸易规模、商品结构等标准

[①] 根据考古发现的证据，公元前 1000 年的埃及木乃伊身上出现了中国的丝绸。参见 G. Lubec, J. Holaubek, "Use of Silk in Ancient Egypt", *Nature*, March 4, 1993。

[②] 门镜、[英] 本杰明·巴顿主编：《中国、欧盟在非洲——欧中关系中的非洲因素》，社会科学文献出版社 2011 年版，第 28—30 页。

[③] 1998 年 1 月 1 日，南非与中国建立外交关系，成为新世纪前最后一个与中国建立外交关系的非洲国家。可参见"中国与非洲国家建交时间"，http://www.chinamil.com.cn/site1/2006ztpd/2006-11/03/content_634521.htm。

[④] 门镜、[英] 本杰明·巴顿主编：《中国、欧盟在非洲——欧中关系中的非洲因素》，社会科学文献出版社 2011 年版，第 27—54 页。

将中非经贸发展历程划分为初步创立（1950—1978 年）、徘徊发展（1979—1989 年）、稳定增长（1990—2000 年）和快速发展（2000 年至今）等四个阶段。[①] 还有学者以中国对非合作的政策演变为线索，更细致地将中非（经贸）关系划分为摸索与孕育（1949—1963 年）、确立与实践（1964—1982 年）、调整与过渡（1983—1995 年）、充实与提高（1995—2000 年）以及规范与发展（2000 年至今）五个阶段。[②]

　　然而，无论怎样划分，20 世纪 80 年代前后中国对非战略的调整无疑是观察、理顺中非经贸关系发展脉络的历史基点。从总体上看，80 年代前，中国对非洲的经贸关系主要服务于政治需求，形式上主要以对非援助为主，以换取非洲国家的国际承认和政治支持。80 年代后，中非经贸关系逐渐打破"援助为主、贸易为辅"的格局，按照经济规律办事，在满足非洲发展需要的同时，以本国发展利益为重，注重实效、讲求双赢。

　　具体来说，在中非经贸交往初期（80 年代前），双方的经贸关系呈现出"低起点、高增速"的特点。1950 年，中非贸易额仅有 1214 万美元，占中国外贸总额的 1% 左右。到 1959 年时，中非贸易额达到了 0.9 亿美元，比 1950 年增长了 7 倍多。到 70 年代末，中非贸易已达到 7.65 亿美元，相较 1950 年的数据翻了近 6 番（见表 4 - 7）。在地域上，中国对非贸易最早以北非国家为起点，逐渐向撒哈拉以南，特别是中西非和东非国家拓展。埃及是第一个同中国签订贸易协定的非洲国家，其后，摩洛哥、突尼斯也于 1958 年与中国签订了政府间贸易协定。到了 60 年代，已有 13 个非洲国家与中国签订了政府间贸易协定。截止到 1979 年，与中国签订此类协定的非洲国家达到 32 个。[③]

　　除中非贸易外，这一时期中非经济合作在形式上更多表现为中国对非洲的发展援助。从 1950 年到 1980 年，在自身经济面临严重困难的情况下，中国为非洲国家援建项目达 800 多个，内容涵盖农业、渔业、纺织、基础设

---

　　① 姚桂梅：《中国与非洲发展的现状、挑战及因应战略》，载杨立华等《中国与非洲经贸合作发展总体战略研究》，中国社会科学出版社 2013 年版，第 94—129 页。

　　② 张宏明：《中国对非合作政策的传承、内涵与效果》，载杨立华等《中国与非洲经贸合作发展总体战略研究》，中国社会科学出版社 2013 年版，第 16—93 页。

　　③ 姚桂梅：《中国与非洲发展的现状、挑战及因应战略》，载杨立华等《中国与非洲经贸合作发展总体战略研究》，中国社会科学出版社 2013 年版，第 95—97 页。

施等多个方面，^① 有力支持了非洲国家独立初期的发展。其中，坦赞铁路和毛里塔尼亚友谊港是中非（经济）关系和南南合作历史上的丰碑。直到今天，这些基础设施工程在相关国家的发展进程中仍然发挥着重要的作用。根据统计，截止到 1979 年，共有 44 个非洲国家接受了中国的援助。^②

在对非援助时，中国特别重视援助的质量和效果（包括政治效果）。1964 年 1 月 15 日和 21 日，在分别会见加纳、马里领导人时，周恩来总理提出了规范中国外援和经济合作的"八项原则"：

第一，中国政府一贯根据平等互利的原则对外提供援助，从来不把这种援助看作是单方的赐予，而认为援助是相互的。

第二，中国政府在对外提供援助的时候，严格尊重受援国的主权，绝不附带任何条件，绝不要求任何特权。

第三，中国政府以无息或者低息贷款的方式提供经济援助，在需要的时候延长还款期限，以尽量减少受援国的负担。

第四，中国政府对外提供援助的目的，不是造成受援国对中国的依赖，而是帮助受援国逐步走上自力更生、经济上独立发展的道路。

第五，中国政府帮助受援国建设的项目，力求投资少，收效快，使受援国政府能够增加收入，积累资金。

第六，中国政府提供自己所能生产的、质量最好的设备和物资，并且根据国际市场的价格议价。如果中国政府所提供的设备和物资不合乎商定的规格和质量，中国政府保证退换。

第七，中国政府对外提供任何一种技术援助的时候，保证做到使受援国的人员充分掌握这种技术。

第八，中国政府派到受援国帮助进行建设的专家，同受援国自己的专家享受同样的物质待遇，不容许有任何特殊要求和享受。^③

---

① Firoze Manji and Stephen Marks eds., *African Perspectives on China in Africa*, Cape Town：Fahamu, 2007, p. 35.

② 张宏明：《中国对非援助政策的沿革及其在中非关系中的作用》，载《西亚非洲》2006 年第 4 期，第 44 页。

③ 1964 年 1 月 15 日，周恩来总理在与加纳总统恩克鲁玛举行会谈时首次提出了"中国政府对外经济技术援助八项原则"；同年 1 月 21 日，周总理在访问马里时将其正式公之于国际社会。见《周恩来选集》（下卷），人民出版社 1984 年版，第 429—430 页。

对外援助"八项原则"的提出，标志着中国对非洲经济合作基本方针、政策的正式确立，它的提出对中非（经济）关系的发展产生了重要影响。

20世纪70年代末、80年代初，中国对内外政策做出了重大调整，中非经贸合作的内涵开始发生变化。1978年12月，中国共产党十二届三中全会确立了"以经济建设为中心"、实行改革开放的路线方针。1982年召开的中共十二大对新中国成立以来外交工作的经验教训进行了总结，对外交政策进行了重大调整，确立了外交工作为国内现代化建设服务的基本方针。受此影响，加之非洲政治经济形势的变化，80年代后，中非经济关系的重心开始转移到真正的"互利合作"上来。1983年1月13日，时任中国总理在坦桑尼亚宣布了具有界标性质的对非经济技术合作"四项原则"[1]。此后，中国不断探索新的对非贸易和投资方式，努力开展对非承包工程业务，并积极摸索更加务实灵活的对非援助形式。尽管受80年代非洲经济形势恶化等因素的影响，中非贸易总额从1980年的11.31亿美元快速下降到1985年的6.28亿美元，但随后又快速回升，到1990年时，双方贸易额达到了16.7亿美元。到20世纪末，中非贸易额超过了100亿美元，较1980年增长了近10倍（见表4-7）。与此同时，中国在非洲的重要贸易伙伴不断增加，1990年时，对华贸易总额超过1亿美元的非洲国家仅有苏丹一国，到1998年时已增至14国[2]。

20世纪后半叶的中非经贸合作经历了由政治主导向经济驱动的转变。80年代前，中国脱离自身发展实际为非洲国家提供的大量援助使中国背上了沉重的财政包袱，产生了一系列矛盾和问题，必须要做出调整。然而，辩证地看，这一时期，中国的对非援助客观上也为后来的对非经贸交往树立了信誉、夯实了基础、创出了"品牌"。此后，中非经济合作在由"实效"和"互利"组成的快速轨道上加速发展。新世纪，中非经济合作展现出的巨大活力和潜力也得益于历史上中非经贸交往打下的基础。

---

[1] 《平等互利、讲求实效、形式多样、共同发展》，载《人民日报》1983年1月20日。

[2] 1998年对华贸易额超过1亿美元的非洲国家有：埃及、南非、尼日利亚、摩洛哥、苏丹、科特迪瓦、安哥拉、贝宁、加蓬、突尼斯、津巴布韦、肯尼亚、加纳和阿尔及利亚。

表 4 - 7　　　　　　　　1950—2010 年中非货物贸易额　　　　（单位：万美元）

年份	贸易总额	出口额	进口额	贸易差额	占中国对外贸易总额的%
1950	1214	892	322	570	1.07
1955	3474	706	2768	-2062	1.59
1960	11057	3384	7673	-4289	2.09
1965	24673	12449	12224	225	5.18
1970	17721	11200	6521	4677	3.86
1975	67126	44739	22387	22352	4.54
1980	113103	74703	38400	36303	2.58
1985	62848	41940	20908	21032	0.91
1990	166451	129691	36760	92931	1.44
1995	392113	249369	142744	106625	1.40
2000	1059781	504271	555510	-51239	2.23
2005	3974680	1868563	2106336	-237773	2.80
2010	12691000	59959	6695300	-699400	4.27

资料来源：根据中国海关历年统计资料汇编。参见杨立华等《中国与非洲经贸合作发展总体战略研究》，中国社会科学出版社 2013 年版，第 100 页。

二　新世纪中非在发展领域的合作

进入新世纪，中非经贸合作继续快速发展。这一方面是历史上密切的中非经贸关系合乎逻辑的发展结果，另一方面也得益于中非双方新世纪在发展战略上的相互契合。2000 年 3 月，中国第九届全国人大第三次会议将"走出去"战略确定为国家战略，写入 2001 年颁布的《国民经济和社会发展第十个五年计划纲要》[①]。非洲是中国充分利用"两个市场、两种资源"，实践"走出去"战略的重要合作地区。在非洲，新世纪伊始，非洲国家制定了"非洲发展新伙伴计划"。作为非洲新世纪的综合性发展战略，该"计划"重视外部发展伙伴在非洲发展和治理进程中的作用，认同"发展和加强南南伙伴关系"的重要性。[②] 在这一背景下，非洲掀起了"向东看"的

①《国民经济和社会发展第十个五年计划纲要》（于 2001 年 3 月 15 日由第九届全国人大四次会议批准通过），http://www.moc.gov.cn/zhuzhan/jiaotongguihua/guojiaguihua/guojiaxiangguan_ ZH-GH/200709/t20070927_ 420874.html。

② OAU/AU, *The New Partnership for Africa's Development*, Abuja, October 2001, pp. 51 - 52.

热潮,① 中国越来越成为非洲国家平衡或削减西方（垄断性）影响的重要"新伙伴"。② 发展战略上的契合为中非经贸合作的进一步发展铺平了道路。

中非经贸合作不仅有量的增长，也有质的提升。

在量的方面，中国对非贸易的绝对量和相对量不断增长（见表4-8）。绝对量上，2000年，中国对非出口总额为50.4亿美元，从非洲进口总额为55.6亿美元。2012年，这对数据分别增长到853.19亿美元和1131.71亿美元。新世纪初，中非贸易总额年均增长率为19.6%（2000—2011年）。其中，中国对非出口年均增长19%，对非进口年均增长20.4%。相对量上，中非贸易在各自的对外贸易总额中所占比重都呈稳步上升趋势。2000—2012年，中非贸易额在中国外贸总额中的占比从2.23%增长到了5.13%。具体来讲，2000年，中国对非出口额和进口额分别占中国对外出口额和进口总额的2.02%和2.47%。到2012年时，这对数据分别提升为4.16%和6.23%。而同期中非贸易额占非洲贸易总额的比重也由2000年时的5.1%快速增长到2012年的16.13%。从非洲的角度看，中非贸易在非洲贸易总额中的占比较大，2009年，中国成为非洲第一大贸易伙伴国。2010—2012年，非洲对华贸易连续三年保持出超，其中，2012年非洲实现顺差278.52亿美元。③ 对于中国来说，尽管中非贸易在中国对外贸易中所占的比重较小，但增长势头明显，潜力巨大。据最新数据统计，2013年中非贸易额突破2000亿美元大关，达到2012亿美元，2014年，这一数字增长到2200亿美元，2015年可达2400亿美元。渣打银行预计，2018年，中国对非贸易额将超过欧洲整体的对非贸易额。④ 对非贸易成为中国对外贸易新的亮点。

在质的方面，中国对非经贸合作的理念和机制化水平不断提升，表现在两方面：

其一，践行互利双赢的援非理念。中国作为所谓的新兴援助国（emerging donor）在援助理念和形式上与西方存在明显不同。根据西方主要国际援助合作机制经合组织国际援助委员会（DAC）的定义，只有用于

---

① Jeremy Youde, " Why Look East?: Zimbabwean Foreign Politic and China", *Africa Today*, Vol. 53, No. 3, pp. 3 – 19, 2006/07.

② ［中非］蒂埃里·班吉：《中国，非洲新的发展伙伴——欧洲特权在黑色大陆上趋于终结?》，肖晗等译，世界知识出版社2011年版。

③ 国务院新闻办公室：《中国与非洲的经贸合作（2013）》（白皮书），人民出版社2013年版。

④ 渣打银行：《看好中非贸易发展前景 将持续加大在非投入》，2015年5月25日，http://bank.hexun.com/2015—05—25/176150134.html? from = rss.

促进发展中国家经济发展和福利增长的资金支持和流动才被称为官方发展援助（ODA）。同时，作为附带作用，国际援助委员会还倾向于认为援助应促进受援国的民主和善治。与西方不同，中国坚持在南南合作框架下开展对外援助，讲求互利双赢。特别是21世纪以来，中国与非洲国家的关系并非西方理念中的所谓"援助国—受援国"关系（donor-recipient paradigm），而是建立在经济伙伴关系（economic partnership）基础上的援助合作关系。[1] 事实上，中国的对外（非洲）援助与某些经贸合作形式的界限并不十分明显。在中国对非经济协调的政策或战略"工具箱"中，带有援助特征的优惠措施占有重要地位。在实践中，新世纪实施的"走出去"战略进一步推动了中国对外援助模式的改革。在这一进程中，中国政府的几个主要对外经济管理部门利用一系列援助性质的政策工具或杠杆，探索出了"具有中国特色的援助体系"。[2]

2011年4月，中国政府发表了《中国的对外援助》（白皮书）。"白皮书"充分肯定了对外援助"八项原则"的历史意义和作用，重申新世纪中国的对外援是南南合作框架下，"发展中国家间的相互帮助"。"白皮书"在回顾中国外援历程的基础上，认为中国的对外援助在不同时期应"具有鲜明的时代特征"。据此，"白皮书"强调，新世纪，中国对外援助的基本内容主要有："坚持帮助受援国提高自主发展能力""坚持不附带任何政治条件""坚持平等互利、共同发展""坚持量力而行、尽力而为""坚持与时俱进、改革创新"等五项。[3] "白皮书"的发表是对具有中国特色援助实践的总结，也是对新世纪中国对外援助特别是对非援助的规范和宣示。中国特色的对非援助以高效、实用、互利、平等为基础，打破了非洲对西方"有毒"援助的依赖，受到了非洲国家的欢迎。[4]

其二，加强对非经济关系的机制化。2000年10月，"中非合作论坛"的建立是中非（经济）合作关系步入机制化轨道的重要标志。此后，中国对非

---

① "Fostering African Development, Governance and Security through Multilateral Cooperation between China and Western Donors: The Case of the China-DAC Study Group", in Mulugeta Gebrehiwot Berhe and Liu Hongwu eds., *China-Africa Relations: Governance, Peace and Security*, Addis Ababa: Institute for Peace and Security Studies, 2003, pp. 75 – 80.

② ［美］黛博拉·布罗蒂加姆:《龙的礼物:中国在非洲的真实故事》，沈晓雷、高明秀译，社会科学文献出版社2012年版，第83—109页。

③ 中华人民共和国国务院新闻办公室:《中国的对外援助》（白皮书），2011年4月。

④ ［赞］丹比萨·莫约:《援助的死亡》，王涛、杨慧等译，世界知识出版社2009年版。

合作的制度化不断加强。2006 年,中国政府首次发表了《中国对非洲政策文件》。"文件"在政治、经济、社会、安全等多个方面宣示了新世纪"中国对非政策的目标和措施",并规划了"今后一段时期双方在各领域的合作"。①继"对非政策文件"之后,中国政府又分别于 2010 年和 2013 年发表了《中国与非洲的经贸合作(2010)》和《中国与非洲的经贸合作(2013)》两份"白皮书"。"白皮书"全面总结了新世纪以来中非经贸合作的成果。"白皮书"的定期发表,表明了中国政府对与非洲开展经贸合作的重视,同时也代表了中国对非(经济)政策精细化和机制化水平的进一步提高。

表 4 - 8　　　　　　　中国与非洲贸易走势(2000—2012)　　　　单位:亿美元,%

	2000	2001	2002	2003	2004	2005	2006	2007	2008	2009	2010	2011	2012
中国向非洲出口额	50.4	60.1	69.6	101.8	138.1	186.8	266.9	372.9	508.4	477.4	599.59	731.0	853.19
对非洲出口所占比重	2.02	2.26	2.14	2.32	2.33	2.45	2.75	3.06	3.56	3.97	3.80	3.85	4.16
对非洲出口增速	22.60	19.2	15.8	46.30	35.70	35.30	42.90	39.70	36.30	-6.08	26.5	21.9	16.7
中国从非洲进口额	55.6	47.9	54.3	83.6	156.5	210.6	287.7	362.8	560	433.3	669.53	932.2	1131.71
从非洲进口所占比重	2.47	1.97	1.84	2.02	2.79	3.19	3.63	3.80	4.94	4.31	4.08	5.35	6.23
从非洲进口增速	134.6	-13.8	13.4	54	87.2	34.6	36.6	26.1	54	-22.6	54.5	38.9	21.4
中非贸易总额	106	108	123.9	185.4	294.6	397.4	554.6	735.7	1068.4	910.7	1269.1	1663.2	1984.9
中非贸易额占非洲贸易总额的比重	5.1	4.1	4.5	5.6	7.0	7.6	8.5	9.4	10.2	11.8	12.5	13.3	16.13

　　资料来源:中国商务部综合司历年进出口贸易统计快报、IMF 的 DOTS 数据库、《中国与非洲的经贸合作(2013)》(白皮书)。

―――――――

　　① 《中国对非洲政策文件》,2006 年 1 月,http://news.xinhuanet.com/world/2006 - 01/12/content_ 4042333. htm。

三 "中非合作论坛"与"非洲发展新伙伴计划"的合作

21世纪以来，世界主要国家或国家集团为了加强与非洲在发展（经济）领域的合作，建立或强化了一系列对非合作机制，主要包括：中非合作论坛（FOCAC）、非欧峰会（Africa-EU Summit）、非洲—南美洲峰会（ASA）、东京非洲发展国际会议（TICAD）、美国"非洲增长机会法案"（AGOA）、美非峰会、印度—非洲峰会，等等。① 其中，"中非合作论坛"无论在制度化程度、对非政策整合程度和政策执行效率等方面都表现出较高的水平，成为大国对非合作机制的典范。②

"中非合作论坛"成立于2000年10月，成员（国）包括：中国、与中国建交的50个非洲国家以及非盟委员会。"中非合作论坛"主要由三个层级的对话磋商机制组成："部长级会议""高官级后续会议"以及为部长级会议做准备的"高官预备会""非洲驻华使节与中方后续行动委员会秘书处会议"。其中，部长级会议是"中非合作论坛"的核心机制，在中国和非洲国家轮流举行，每三年举行一次；高官级后续会议及高官预备会分别在部长级会议前一年和前数日各召开一次；非洲驻华使节与中方后续行动委员会秘书处会议每年至少召开两次。2006年，在中国与非洲国家开启外交关系50周年之际，"中非合作论坛"举办了中非领导人北京峰会暨第三届部长级会议。在北京峰会上，"中非合作论坛"决定建立中非外长定期政治磋商机制，在每届部长级会议次年的联合国大会期间举行。

经过十余年的发展和完善，"中非合作论坛"已发展为整合和协调中国对非合作（政策）的主要机制。其中，"中非合作论坛"与"非洲发展新伙伴计划"两机制间的互动是中非合作的重要内容。根据制度（机制）互动理论（第三章），规范是机制生成和运作的基本理念；规则是规范的具体化，是对机制行为的规定；而实践是机制的具体运作及其效用或结果。以下从规范、规则和实践（效用）三个方面对"中非合作论坛"和"非洲发展新伙伴计划"间的互动（合作）进行观察和

---

① AU official website, *Africa's Strategic Partnerships*, http：//www. au. int/en/sites/default/files/Partnerships. pdf.

② 张忠祥：《中非合作论坛研究》，世界知识出版社2012年版，第240—270页。

分析（参见图 3 - 2）。[1]

首先，发展导向的南南合作理念是两机制间合作的规范基础。"非洲发展新伙伴计划"重视外部新的发展伙伴对非洲发展与治理的积极作用，致力于通过对以往发展战略的调整与整合实现非洲的真正发展。"非洲发展新伙伴计划"认为"新伙伴关系"（the new partnership）的核心意义在于通过内外合作尽速促进非洲的真正发展并提高非洲人民的生活水平，其中，南南合作对非洲发展的意义得到"非洲发展新伙伴计划"的认可和强调。[2] 在"中非合作论坛"方面，2000 年首届论坛部长级会议发表的《北京宣言》将中非经贸合作定位为南南合作范畴，强调论坛旨在"巩固和拓展中非在各层次、各领域的合作，在南南合作的框架内建立长期稳定、平等互利的新型伙伴关系"[3]。2003 年召开的"中非合作论坛"第二届部长级会议发表了《亚的斯亚贝巴行动计划》，表示支持"非盟通过'非洲发展新伙伴计划'进程为非洲的民主、团结、振兴和发展制定的总体框架"，呼吁"国际社会进一步关注非洲大陆面临的挑战和困难，……对非洲各国政府和人民给予更有力的支持和帮助"[4]。此后历届部长级会议（峰会）都在规范上肯定双方合作的重要意义。可以说，"'中非合作论坛'和'非洲发展新伙伴计划'（NEPAD）在促进非洲和平与发展方面的目标是相同的"[5]。规范和理念上的一致性为两机制之间的合作提供了坚实的基础。

其次，针对"优先发展领域"的规划是两机制间合作的规则基础。"中非合作论坛"于 2003 年发表的《亚的斯亚贝巴行动计划》阐明"中国将在'中非合作论坛'的框架下采取具体措施，在基础设施建设、传染病防治、人力资源开发和农业等'非洲发展新伙伴计划'确定的优先

---

① 参见 Stephen D. Krasner, "Structural Cause and Regime Consequences: Regimes as Intervening Variables", *International Organization*, Vol. 36, 1982, p. 186; Stephen D. Krasner, *Structural Conflict: The Third World against Global Liberalism*, California: University of California Press, 1985, p. 4.

② Par. 171 and par. 182, in OAU/AU, *The New Partnership for Africa's Development*, Abuja, October 2001, p. 51.

③ 《中非合作论坛北京宣言》，2000 年 10 月，http://www.focac.org/chn/ltda/dyjbzjhy/hywj12009/t155560.htm。

④ 《中非合作论坛——亚的斯亚贝巴行动计划（2004—2006 年）》，2003 年 12 月，http://www.focac.org/chn/ltda/dejbzjhy/hywj22009/。

⑤ 《中非合作论坛——沙姆沙伊赫行动计划（2010—2012 年）》，2009 年 11 月，http://www.focac.org/chn/ltda/dsjbzjhy/bzhyhywj/t626385.htm。

领域,加强与非洲国家和非洲区域、次区域组织的合作"①。2006 年,北京峰会决定推进"中非新型战略伙伴关系的发展"②。此后,中方在政策、措施以及具体规划的制定上,更加重视与"非洲发展新伙伴计划"确定的优先发展领域进行对接。③ 2012 年第五届部长级会议上,中方表明,中国将"更加重视农业、制造业、基础设施建设等非方优先发展领域的合作,……帮助非洲国家提高自我发展的能力"④。两机制在规则层面的对接为中非双方的合作实践规划了路径和方向。

再次,基础设施建设是两机制间合作的实践基础。长期以来,基础设施的落后是制约非洲发展的瓶颈。目前,非洲有 2/3 的国家面临电力危机,每百平方公里平均铺设道路仅 31 米,尚有 40% 的人口不能获得经过处理的饮用水。⑤ 根据测算,非洲在基础设施领域每年需要资金 930 亿美元,其中应有 2/3 用于新建项目的投资,另外 1/3 应对现有基础设施进行维护和运营。然而,非洲每年可用的基础设施投入仅为 450 亿美元左右(参见表 4 - 9),缺口 480 亿美元。⑥

基础设施建设领域是中国对非投资和援助的重点。中国支持"非洲发展新伙伴计划"将基础设施建设作为非洲发展的优先领域。2006 年发表的《中国对非洲政策文件》强调将进一步加强与非洲在基础设施建设领域的合作,帮助非洲国家提高自主发展能力。⑦ 2013 年 3 月,习近平主席在南非出席金砖国家第五次峰会时表示,中方支持"中非合作论坛"与"非洲发展新伙伴计划"的合作,促进非洲基础设施和一体化建设的发展。⑧

2007—2009 年,中国向非洲提供了 50 亿美元优惠贷款和优惠出口买

---

① 《中非合作论坛——亚的斯亚贝巴行动计划(2004—2006 年)》,2003 年 12 月,http://www. focac. org/chn/ltda/dejbzjhy/hywj22009/。

② 《中非合作论坛北京行动计划(2007—2009 年)》,2006 年 11 月,http://www. focac. org/chn/ltda/bjfhbzjhy/hywj32009/t584788. htm。

③ 张宏明:《中国对非合作政策的传承、内涵与效果》,载杨立华等《中国与非洲经贸合作发展总体战略研究》,中国社会科学出版社 2013 年版,第 83 页。

④ 胡锦涛在中非合作论坛第五届部长级会议开幕式上的讲话:《开创中非新型战略伙伴关系新局面》,2012 年 7 月 18 日,http://www. focac. org/chn/zxxx/t953168. htm。

⑤ Africa Infrastructure Country Diagnostic, 2009.

⑥ UN and NEPAD-OECD Africa Investment Initiative, Infrastructure in Africa, *Policy Brief*, No. 2, October 2010, p. 1.

⑦ 《中国对非洲政策文件》,2006 年 1 月,http://news. xinhuanet. com/world/2006 - 01/12/content_ 4042333. htm。

⑧ 《习近平同南非总统祖马举行会谈》 (新华网),http://news. xinhuanet. com/world/2013 -03/26/c_ 115168443. htm。

方信贷，支持非洲国家改善基础设施条件。2010—2012 年，中国向非洲基础设施和社会发展项目提供了 113 亿美元优惠贷款。在 2012 召开的"中非合作论坛"第五届部长级会议上，中方承诺未来三年向非洲提供 200 亿美元贷款，主要用于基础设施建设。① 在项目进展和效果方面，2012 年，中国企业在非洲完成承包工程的营业额为 408.3 亿美元，比 2009 年增长了 45%，占到了中国已完成对外承包工程营业总额的 35.02%。非洲连续四年成为中国第二大海外工程承包市场。来自中国的资金、设备和技术有效降低了非洲国家的建设成本，逐步改善了非洲基础设施落后的面貌。②

表 4-9　　　　　　　用于撒哈拉以南非洲基础设施建设的资金支出　　　　　单位：亿美元

部门	运营和维护	资 金 支 出					总支出
	公共部门	公共部门	援助（ODA）	非 OECD 成员	私人部门	小计	
信息通信	20	13	0	0	57	70	90
电力	70	24	7	11	5	47	117
运输	78	45	18	11	11	85	163
水和卫生	31	11	12	2	21	46	77
灌溉	6	3	—	—	—	3	9
总计	205	96	37	24	94	251	456

表格说明：根据"非洲基础设施国家监测"（AICD）中的 24 个样本国家 2001—2006 年的年平均数据得出。

资料来源：*African Infrastructure Country Diagnostic Study*, World Bank, 2009. Briceno-Garmendia, Smits and Foster 2008.

---

① 张春：《中非合作对非洲经济发展贡献评估（2012—2013）》，载刘鸿武主编《非洲地区发展报告（2012—2013）》，中国社会科学出版社 2013 年版，第 473—474 页。
② 国务院新闻办公室：《中国与非洲的经贸合作（2013）》（白皮书），人民出版社 2013 年版。

第五章

非洲治理的主动权：进程与模式

> "非洲发展新伙伴计划"是与全世界加强合作的全新框架。……其进程以非洲人民的自我主导和自我意志为基础，塑造非洲人自己的命运。
>
> ——《非洲发展新伙伴计划》第48款

"主权"和"发展"两条坐标轴线的组合、排布，形构了非洲发展的不同模式。历史证明，盲目追求自主和过分对外依赖的发展模式都没有使非洲摆脱贫穷、依附和不（欠）发展的恶性循环。新世纪，"非洲发展新伙伴计划"试图通过对以往发展战略或模式的继承、整合和调整实现非洲真正的发展。十余年来，"非洲发展新伙伴计划"经历了一系列的微调或调整。通过对机制、议题等的不断完善和深化，以"非洲发展新伙伴计划"为集中体现的非洲特色的治理模式获得了初步发展。尽管仍存在很多问题，但由"非洲发展新伙伴计划"承载的非洲发展的进程与模式却彰显着新世纪非洲在治理上的创造力和主动权。

第一节　作为"过程"的非洲治理

"治理"有"过程"和"状态"两种维度，非洲的治理更多地集中于"过程"维度。"非洲发展新伙伴计划"的制定和实施代表了非洲（国家）寻求治理（发展）主动权的信心和努力，其对机制结构、议题"进程"的不断发展和完善是非洲治理过程（进程）的具体化和外显。

一　治理机制的发展与演进：以机制合并为例

治理的"过程"指的是多元主体通过机制化的合作（参与）实现既

定目标的进程；治理的"状态"表述的是各治理要素在治理过程（进程）中的形态或关系。治理的两维度并不是绝对可分的，过程是运动中的关系，维持过程就是维持关系或状态。[①] 在国际上较有影响的"全球治理委员会"（Commission on Global Governance）将治理定义为"各种各样的个人、团体——公共的或个人的——处理其共同事务的总和。这是一个持续的过程，通过这一过程，各种相互冲突和不同的利益渴望得到调和，并采取合作行动"[②]。这一定义很好地诠释了治理两维度的关系。

具体到非洲，尽管其在新世纪将"治理"确定为实现真正发展的基本手段和目标，并取得了一定的成绩，但"唱衰"的声音仍然很多。尤其在学界，一种相当典型的观点认为非洲并不具备实施治理的内部基础，对以"非洲发展新伙伴计划"为代表的非洲治理实践看法悲观。英国著名非洲问题学者伊恩·泰勒（Ian Taylor）教授即是这种"悲观论"的代表。他认为"非洲发展新伙伴计划"难以引领非洲实现真正的发展，难免沦为非洲发展历史中又一个失败"计划"的开始（another false start）。[③] 然而，如果将非洲的治理看作一个过程，或用"过程主义"的视角观察"非洲发展新伙伴计划"的运作，则不难发现非洲的治理在实践中有了明显的进步。

"过程"对"状态"的承载和维持，使非洲的治理呈现出主动、创新的特点。历史地看，新世纪非洲治理的过程性表现为"非洲发展新伙伴计划"对以往非洲发展战略的继承和调整。将历史的"焦距"进一步聚焦到"非洲发展新伙伴计划"制定和实施的十年，在操作层面，能够更具体地观察到非洲治理发展的过程和轨迹。正是这种"过程"承载了非洲治理的不断发展。

"非洲发展新伙伴计划"在组织结构上对非盟的协调并最终并入非盟是非洲治理过程性特点的典型体现。2001 年，非洲统一组织（OAU）卢萨卡峰会通过了由"非洲千年复兴计划"（MAP）和"奥米茄计划"

---

① 秦亚青：《关系本位与过程建构：将中国理念植入国际关系理论》，载《中国社会科学》2009 年第 3 期，第 74 页。

② ［瑞典］英瓦尔·卡尔松、［圭］什里达特·兰法尔主编：《天涯若比邻——全球治理委员会的报告》，中国对外翻译出版公司 1995 年版，第 2 页。

③ Ian Taylor, Nepad: *Toward Africa's Development or Another False Start*, Boulder: Lynne Rienner Publishers, 2005; Ian Taylor, "NEPAD and the Global Political Economy: Towards the African Century or Another False Start?" in 'J. O. Adésínà, Yao Graham and A. Olukoshi eds., *Africa and Development Challenges in the New Millennium: The NEPAD Debate*, London: Zed Books, 2005.

（OPA）合并而成的"新非洲倡议"（NAI）。同年十月，"新非洲倡议"更名为"非洲发展新伙伴计划"，成为非统框架下的发展计划。2002 年，随着非盟的成立，"非洲发展新伙伴计划"转型为非盟框架下的"社会—经济计划"（socio-economic programme）。然而，尽管形式上从属非盟（非统），但在 21 世纪的第一个十年中，"非洲发展新伙伴计划"在组织机构上却相对独立，其发展和演进较少受到非盟的直接影响。[①] "非洲发展新伙伴计划"官方认为尚在转型中的非盟无法统筹其治理"进程"，尤其是非盟制度发展（机制化）的步伐相当一段时间内也将难以为"非洲发展新伙伴计划"确立的短期目标（亟待完成的项目）提供支持。[②]

　　"非洲发展新伙伴计划"在机制上的相对独立性，为其工作的开展赢得了效率，但也产生了三方面比较突出的问题。其一，相对独立的机制难以保障广大非洲国家广泛、有效的参与。事实上，创始国对"非洲发展新伙伴计划"的治理进程产生了最大的影响。尤其是南非，由于整体实力上的绝对优势，其意志（利益）在"非洲发展新伙伴计划"中得到最集中的体现。"非洲发展新伙伴计划"秘书处即设在南非米德兰德（Midrand），其运作受南非影响较大。[③] 其二，由于机制的相对独立性，在具体发展领域，"非洲发展新伙伴计划"与非盟存在重叠和项目混乱现象。其三，与前两点相关，由于成员和资源等方面的相对集中，"非洲发展新伙伴计划"在非洲内外获得了更多的关注，在具体的发展和治理领域，非盟出现了被边缘化的趋势。[④] 作为非洲最具代表性的综合性地区组织，非盟的边缘化无益于非洲总体治理水平的提高。

　　为了解决上述问题，"非洲发展新伙伴计划"与非盟在机制整合问题上开展了一系列协调工作。2002 年 3 月，"非洲发展新伙伴计划"国家元首和政府首脑执行委员会（HSGIC）强调，"非洲发展新伙伴计划"是非

　　① Dot Keet, *The New partnership for Africa's Development* (*NEPAD*) *and the African Union: Unity and integration within Africa? Or integration of Africa into the global economy?* Alternative information and Development Centre (AIDC), October 2002, p. 1.

　　② Francis Nguendi Ikome, *From the Lagos Plan of Action* (*LAP*) *to the New Partnership for Africa's Development* (*NEPAD*): *the Political Economy of African Regional Initiatives*, Doctoral Dissertation to University of the Witwatersrand, December 2004, p. 273.

　　③ Ibid., pp. 273 – 274.

　　④ AU, *Report on the Conference of African Ministers of Finance, Planning, and Economic Development*, Internal Memo, Johannesburg, 16 – 21 October, 2002, pp. 10 – 11.

盟框架下的综合性发展计划。11 月,首脑执行委员会公报确认"'非洲发展新伙伴计划'秘书处的设置是一项过渡性安排,待非盟机制转型完成,'非洲发展新伙伴计划'在机制上将适时地并入非盟组织框架"。在 2003 年 7 月召开的非盟马普托峰会(Maputo Summit)上,"非洲发展新伙伴计划"与非盟的关系问题成为本届峰会的核心议题之一。峰会发表了具有里程碑意义的《马普托宣言》,确定了"非洲发展新伙伴计划"最终完全并入非盟的过渡期,并规划了非盟委员会主席和"非洲发展新伙伴计划"首脑执行委员会主席就机制合并展开协调与合作的(五项)具体内容。①

此后,就"非洲发展新伙伴计划"在结构和进程上(structures and processes)并入非盟的时间、方式等议题,非洲国家又进行了一系列研究和磋商。2007 年 3 月,在阿尔及利亚首都阿尔及尔召开的"非洲发展新伙伴计划"头脑风暴会议(NEPAD Brainstorming Meeting)产生了 13 项建议。4 月,非盟特别委员会(Ad Hoc Committee)在塞内加尔首都达喀尔召开了一个包括"非洲发展新伙伴计划"创始国在内的"微型峰会"(the mini-summit meeting)。本次会议强调将加速实施阿尔及尔会议提出的 13 项建议,并就 12 个月内实现"非洲发展新伙伴计划"与非盟委员会机制合并的可能性进行了讨论。② 2008 年 2 月,在埃塞俄比亚首都亚的斯亚贝巴召开的第 10 届非盟大会,认可了上一年阿尔及尔会议的 13 项建议。4 月在塞内加尔首都达喀尔召开了"非洲发展新伙伴计划"审查峰会(NEPAD Review Summit),包括南非、塞内加尔、阿尔及利亚等"非洲发展新伙伴计划"创始国在内的非洲领导人闭门商讨了机制合并的落实问题。③ 此后,《非盟—非洲发展新伙伴计划机制合并咨询研究报告》(Consultancy Study Report on AU/NEPAD Integration)撰写完成,于 2008 年 12 月提交给双方官方参考。2010 年 1 月 25 日至 2 月 2 日,第 14 届非盟峰会在亚的斯亚贝巴召开,会议根据早前(1 月 30 日)召开的第 22 届"非洲发展新伙伴计划"首脑执行委员会(HSGIC)峰会的建议,决定将"非

---

① AU, "Assembly of the African Union, Second Ordinary Session", (Maputo, Mozambique 10 – 12 July 2003) Assembly/Au/Decl. 8 (Ⅱ), page 3, paragraph 8 (ⅰ-ⅴ).

② Integration of NEPAD into the AU shall happen within 12 month, http://europafrica. net/ 2007/04/26/integration-of-nepad-into-the-au-shall-happen-within – 12 – month – 2/.

③ 《"非洲发展新伙伴计划"组织机构将并入非盟》, http://news. xinhuanet. com/news-center/2008 – 04/16/content_ 7987254. htm。

洲发展新伙伴计划"秘书处转型为计划与协调办事处（Planning and Coordinating Agency，NPCA），协调并执行来自两机制的任务和工作。

这一转型的完成，是"非洲发展新伙伴计划"实质性并入非盟的标志。与秘书处的转型一致，"非洲发展新伙伴计划"其他重要组织机构也进行了相应的调整。"非洲发展新伙伴计划"国家首脑执行委员会基本保留了原有职能，但成为非盟大会的次级委员会（sub-committee），并更名为"国家首脑方针政策委员会"（Orientation Committee）。"非洲发展新伙伴计划"指导委员会（Steering Committee）作为中间机构（intermediary body）负责协调和联系新的首脑方针政策委员会和计划与协调办事处之间的工作。非盟委员会主席对新的"计划与协调办事处"负有权责，确保"非洲发展新伙伴计划"及其项目在非盟体系下运作。此外，本届非盟峰会决定将新的"计划与协调办事处"继续设立在南非的米德兰德。但根据早前达成的"永久主导协议"（Permanent Host Agreement），南非政府对"办事处"的影响力得到进一步规范并将与非盟委员会进行共享。在财政上，"非洲发展新伙伴计划"计划与协调办事处有权从非盟委员会获得预算资源（statutory budgetary resources），并额外从非盟成员国以及其他发展伙伴、私营部门处接受捐助。①

并入非盟组织架构后，"非洲发展新伙伴计划"在代表性、参与性和机制化等方面得到了进一步的提升。十余年来，"非洲发展新伙伴计划"在机制结构上的发展和演进是非洲治理的基本方面，同时也是非洲治理之过程性的重要体现。

二　非洲治理的进程化：以"非洲农业综合发展计划"为例

议题是被发现、提出并通过会议、制度等形式展开讨论以寻求解决的问题。② 治理的进程化是指治理机制在一系列议题关注、决策和行动上的长期化和机制化。"非洲发展新伙伴计划"自启动以来，在农业与粮食安全、环境变化与国家资源管理、地区一体化与基础设施建设（可参见第三章）、人类发展、经济与公司治理以及交叉议题（性别、能力建设）等治理领域实施了一系列项目。以最为基础的农业与粮食安全领域为例，"非洲发展新

① Press Statement On the Transformation of NEPAD into NEPAD Planning and Coordinating Agency（NPCA），http：//www. planning. go. ke/index. php? option = com_ content&view = article&id = 173.

② 蔡拓：《全球问题与新兴政治》，天津人民出版社 2011 年版，第 222 页。

伙伴计划"启动了"非洲农业综合发展计划"（Comprehensive Africa Agriculture Development Programme，CAADP）、"非洲土地行动计划"（TerrAfrica Programme）、"化肥支援计划"（The Fertilizer Support Programme）、"非洲渔业伙伴计划"（PAF）、"非洲生物科学倡议"（ABI）等多个项目。[1]

长期以来，非洲农业的发展主要受到生产性土地分散化、资金投入不足、农业支持条件（基础设施、市场环境、农业技术）落后以及（农业）发展政策不合理等方面的制约。这些不利因素之间相互影响，需要综合性、机制化的方案加以解决。[2] 为此，"非洲发展新伙伴计划"将农业的发展设定为非洲治理的"优先领域"（sectoral priority）[3]，并在其框架下启动了以"非洲农业综合发展计划"为代表的一系列农业发展（治理）进程。这些机制化"进程"不仅是非洲治理的有机组成部分，同时也是非洲治理过程性的具体化和体现，主要表现为"进程"机制的建设、完善以及治理议题的深化两个方面。

首先，在机制上，非洲农业综合发展计划经历了复杂的筹备、建设和完善过程。2002 年 3 月，联合国粮农组织（FAO）总干事向"非洲发展新伙伴计划"首脑执行委员会提出了非洲农业综合发展的主旨内容（main theme）。到 2002 年 4 月末，一份包含主旨内容的"非洲农业综合发展计划"框架性草案经历了非洲国家农业部长、"非洲发展新伙伴计划"执行委员会、非洲发展银行、联合国非洲经济委员会、世界银行以及当时的非洲统一组织（OAU）等相关方的评估和讨论。2002 年 5 月，来自上述不同方面的各项评估意见被整合为"非洲农业综合发展计划"文件。同月，在莫桑比克首都马普托召开的"非洲发展新伙伴计划"执行委员会会议接收了整合后的文件。此后，上述相关组织对该文件又进行了一次重新调整，并将"非洲发展新伙伴计划"执行委员会的相关意见整合其中。7 月，在非洲农业部长会议期间，"非洲发展新伙伴计划"执行委员会再次对这一文件进行了评估，并考虑、采纳了国际农业发展基金（IFAD）、世界粮食计划署（WFP）以及非洲农业发展世界银行论坛等机构的意见。2003 年 7 月，在马普托举行的第二届非盟首脑会议上，非洲

---

① NEPAD Programmes, http：//www. nepad. org/nepad-programmes.

② 徐浩洵主编：《非洲：经济增长的新大陆》，经济科学出版社 2010 年版，第 18 页。

③ OAU/AU, *The New Partnership for Africa's Development*, Abuja, October 2001, pp. 22 – 27.

国家领导人批准了"非洲农业综合发展计划"。该"计划"在地区、次地区和国家层面建立了监督和评估（M&E）、相互审查、圆桌会议（Round-tables）和领导小组（The CAADP Country Team）等一系列机制。[1] 此外，非洲农业综合发展计划框架下的"论坛"（CAADP-Africa Forum）以及更正式的伙伴关系平台（Partnership Platform，PP）为非国家行为者对"进程"进行评估、协调和影响提供了有效渠道。（关于非洲农业综合发展计划的组织结构与具体职能，参见图 5－1）

　　具体来讲，在地区层面，作为"非洲发展新伙伴计划"框架下的非洲农业发展（治理）"进程"，非洲农业综合发展计划的实施可以获得来自非盟委员会下设的"农村经济与农业部门"（DREA）的协助和支持。非盟委员会的这一部门主要负责与非盟秘书处（计划与协调办事处）、次地区和国家层面的相关机构、公民社会（组合）以及各发展伙伴进行合作，以促进非洲农业的发展。[2]

　　在次地区和国家层面，非洲农业综合发展计划只是提供了一个总的原则和目标框架，各次地区或国家根据自身的情况可以有弹性地制定适合的政策，并得到来自该"计划"在次地区和国家层面相应机制的支持。次地区经济共同体是非洲一体化的基石（building blocks），同时也是促进非洲农业发展和治理的重要力量。从 2004—2005 年开始，非洲农业综合发展计划更加重视与非洲各次地区经济共同体（RECs）的合作。目前，已有西非国家经济共同体（ECOWAS）、东南非洲共同市场（COMESA）和南部非洲发展共同体（SADC）加入了非洲农业综合发展计划框架。[3] 其中，西非国家经济共同体对非洲农业发展计划治理进程的参与取得了最为突出的成绩。2009 年，西非国家经济共同体签署了名为"西部非洲国家经济共同体农业政策"（ECOWAP）的"次地区协议"（CAADP Regional Compact），成为第一个签署这一协议的次地区共同体。[4]

---

　　[1]　Mawangi S. Kimenyi, Brandon Routman and Andrew Westbury, "CAADP at 10: Progress toward Agriculture Prosperity", *Africa Growth Initiative*, 2013, pp. 3－4, http://www.brookings.edu/~/media/research/files/papers/2012/12/africa%20agriculture/12%20caadp.pdf.

　　[2]　参见非盟官方网站有关 CAADP 的介绍，http://pages.au.int/caadp/about。

　　[3]　*Agriculture and CAADP: a New Vision for Africa*, http://www.nepad.org/system/files/CAADP_brochure1_visual.pdf.

　　[4]　NEPAD 2010, *Accelerating CAADP Country Implementation: A guide for Implementers*, http://www.caadp.net/pdf/CAADP_imp_guide_WEB.pdf.

在非洲农业综合发展计划框架下，次地区经济共同体在技术、资金以及监督、评估等方面为国家层面农业治理进程的开展提供了重要支撑。[①] 根据非洲农业综合发展计划官方的最新统计，截止到 2012 年，已有 40 个非洲国家参与到该"计划"进程中来，其中 30 个国家已签订了"国家协定"，同时，在这 30 个国家中又有 23 个国家制定了"国家投资计划"（参见表 5-1）。经过十年左右的努力，以非洲农业综合发展计划为主导的非洲农业治理进程取得了明显的成绩。根据"非洲发展新伙伴计划" 2011 年发表的年度报告，有 8 个国家超出财政预算的 10% 用于农业部门的目标，有 10 个国家超过农业生产年增长 6% 的目标，另有 19 个国家增长率在 3%—6%。[②]

其次，治理议题上，非洲农业综合发展计划规划、制定了详细的发展方向、实施阶段和具体项目，并在实施过程中不断深化。

关于发展方向，非洲农业综合发展计划旨在通过农业的发展消除饥饿、减少贫困。如前所述，非洲农业综合发展计划将地区、次地区和国家层面的主要利益相关方整合在其框架下，以改善关系、共享知识和经验并通过集体和个体的努力实现预设的目标。为了配合"联合国千年发展目标"（MDGs）的实现，2003 年，非洲国家领导人在莫桑比克的会议上规划了在非洲农业综合发展计划框架下实现农业生产年增长 6%，以及将国家预算的至少 10% 直接投入农业部门的两大量化目标。借此，到 2015 年时争取：

· 在国家、次地区之间及其内部建立有活力的农业市场；

· 使农民成为市场经济的积极参与者，并使非洲大陆成为农产品的净出口地（net exporter）；

· 针对农村人口实现更公平的财富分配；

· 使非洲成为农业科技的战略性伙伴；

---

① Tibbett, Steve, "ActionAid: A Toolkit for Civil Society, Organization, Engagement and Advocacy", *ActionAid International*, 2011, http://www.actionaid.org/sites/files/actionaid/caadp_ toolkit_ to_ print.pdf.

② NEPAD Agency, *2011 Annual Report*, http://www.nepad.org/system/files/NEPAD% 202011% 20Annual% 20Report% 20 -% 20FINAL.pdf; NEPAD Agency, *Comprehensive Africa Agriculture Development Programme - Highlighting the Successes*, p. 5, www.caadp.net/library-reports.php.

·使非洲保有良好的农业生产环境（environmentally sound agricultural production）并形成自然资源可持续的管理文化。①

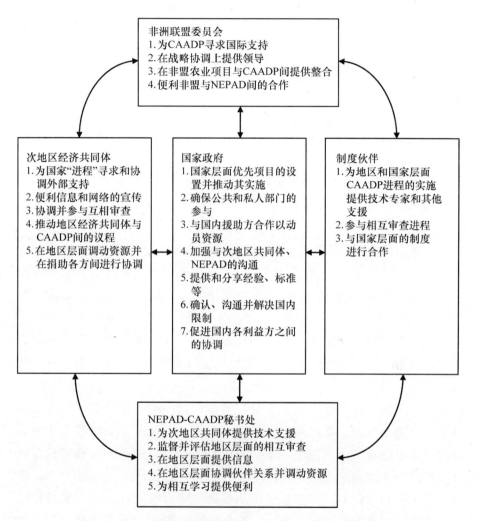

图 5 - 1　各主要参与者在 CAADP 实施进程中的作用和角色

另外，为了有的放矢地执行计划和目标，2003 年，非洲国家政府、地区组织、援助方、农民团体以及其他利益相关方在非洲农业综合发展计

---

① 参见非洲发展新伙伴计划官方网站对非洲农业综合发展计划的介绍，http：//www. nepad. org/foodsecurity/agriculture/about。

划的支持下还确立了四项地区层面的优先投资方向，通常被称为四项"核心"（CAADP Pillars）：

·在可持续的土地管理以及可靠的水源控制体系的支持下拓展农业领域，如增加灌溉（设施）的可获得性；

·通过改善基础设施以及其他贸易相关的保障设施（trade-related interventions），增强市场的可进入性；

·通过提高小农（smallholder）的生产效率、提高应对粮食危机（responses to food emergencies）的能力，在整个地区增加粮食供给、减少饥饿的发生；

·强化农业研究及其体系，使适宜的新技术得以推广，并增强农民对新技术采用的支持力度。①

关于实施阶段，非洲农业综合发展计划的实施过程可以细分为十四个制度化阶段（Stages）（参见图 5 - 2）。在国家层面，上述四项优先（投资）方向（Four Pillars）是非洲农业综合发展计划治理进程的核心。其中，"全面评估"（Stocktaking）、"圆桌会议"（Roundtable Discussions）和"国家投资计划"（Country Investment Plan）是国家层面进程实施的三个主要阶段。"全面评估"阶段由主要利益相关方对当前及未来的农业状况，特别是与"四项核心"（Four Pillars）相关的议题，进行前期分析。其后，广泛的相关方在"圆桌会议"阶段探讨并商定促进农业发展的具体日程（发现瓶颈、确定资金缺口等）。这一阶段的重点在于签署非洲农业综合发展计划"国家协定"（CAADP Compact），并进一步确定包含农业发展优先项目和路线图的国家农业发展战略，为确保广泛的参与和一致性，各主要利益相关方将参与协议的签署。随后的阶段，"国家投资计划"的制定和实施使"国家协议"变为具体实践。"国家投资计划"定义和说明各参与方的角色（作用）及关系，对具体项目实施中可能产生的费用进行评估、确认，并规划相应的资金来源。需要说明的是，"国家投资计划"在遵循非洲农业综合发展计划的基本原则和核心方向的基础上，

① *Agriculture and CAADP: a New Vision for Africa*, http://www.nepad.org/system/files/CAADP_brochure1_visual.pdf.

具有相当的弹性。事实上，各国的"国家投资计划"都是根据各自国家的不同情况拟定（确定）的，内容和项目上并不（完全）相同。[①]

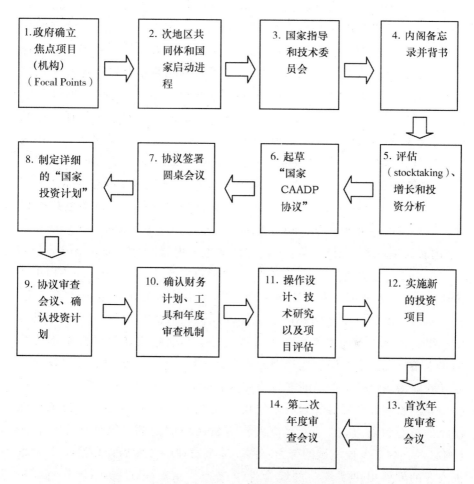

图 5-2　非洲农业综合发展计划实施的各主要阶段

资料来源: B. Omilola, *Comprehensive Monitoring and Evaluation (M&E) Report for the Comprehensive Africa Agriculture Development Programme (CAADP)*, presentation by ReSAKSS Coordinator at the 6th CAADP Partnership Platform meeting, April 19 - 23, 2010, Johannesburg, South Africa.

---

① Mawangi S. Kimenyi, Brandon Routman and Andrew Westbury, "CAADP at 10: Progress toward Agriculture Prosperity", *Africa Growth Initiative*, 2013, p. 3, http://www. brookings. edu/ ~ / media/research/files/papers/2012/12/africa% 20agriculture/12% 20caadp. pdf.

关于具体项目，非洲农业综合发展计划始终强调其非洲主导（African-led）、非洲所有（African-owned）的属性，希望通过机制化治理进程的制定和实施将地区内外的治理力量（农业倡议、多元参与方）纳入其设定的框架，以促进非洲农业的发展并获得（掌握）非洲农业治理的主动权。[①] 随着治理机制以及参与层面的拓展，非洲农业综合发展计划与地区内外的十余项农业治理"进程"建立了机制化联系，并将这些进程作为其框架下的"补充倡议"（complementary initiative）。这些"倡议"包括："土地管理计划"（Land Management Program）、"水资源管理与灌溉倡议"（Water Management and Irrigation Initiative）、"农业综合企业、供应链与质量控制计划"（Agribusiness，Supply Chain，and Quality Control）、"非洲营养倡议"（African Nutrition Initiative）、"地区贸易便利化倡议"（Regional Trade Facilitation Initiative）、"地区战略性粮食储备与危机管理体系"（Regional Strategic Food Reserves and Risk Management Systems）、"多国农业生产力计划"（MAPP）、"泛非木薯倡议"（The Pan Africa Cassava Initiative）、"泛非水稻（NERICA）倡议"（The Pan African NERICA Initiative）、"渔业部门发展计划"（The Fish Development Program）等。这些计划多数由西方发达国家以及主要国际机构（如世界银行、联合国粮农组织、世界粮食计划署）等出资或启动。与这些农业倡议机制化关系的建立不仅充实了非洲农业治理的资金，而且有利于非洲农业综合发展计划在农业治理议题上的不断多元化和深入化。[②]

非洲农业综合发展计划的制定和实施，使农业的发展成为非洲治理机制化的核心议题（之一）。尽管并没有解决新的问题，但是与以往非洲（国家）在农业发展领域的努力不同，非洲农业综合发展计划第一次为非洲农业的发展提供了统一的综合性"进程"（comprehensively integrated process），[③] 其农业治理机制化与农业议题多元化之不断深入的过程是非洲治理过程性特点的具体化和典型体现。

---

① NEPAD Agency, *Comprehensive Africa Agriculture Development Programme-Highlighting the Successes*, p. 5, www. caadp. net/library-reports. php.

② R. T. Olufunsho, *The New Partnership for Africa's Development（NEPAD）and Food Security-Reviewing the activities of the Comprehensive Africa Agriculture Development Programme（CAADP）*, Master Dissertation to the University of Stellenbosch, 2009, pp. 26 - 28.

③ *Agriculture and CAADP：a New Vision for Africa*, http：//www. nepad. org/system/files/CAADP_ brochure1_ visual. pdf.

表 5 - 1 截止到 2012 年 2 月 "国家协议" "投资计划" 的签订和制定情况

RECs	国家协议	"协议" 签订日期	投资计划	"投资计划" 技术审查
东南非洲共同市场	布隆迪	2009 年 8 月 24—25 日	已制定	2011 年 8 月 22—31 日
	刚果民主共和国	2011 年 3 月 18 日	进行中	待定
	埃塞俄比亚	2009 年 9 月 27—28 日	已制定	2010 年 9 月
	马拉维	2010 年 4 月 19 日	已制定	2010 年 9 月 10—16 日
	肯尼亚	2010 年 7 月 23—24 日	已制定	2010 年 9 月 6—14 日
	卢旺达	2007 年 3 月 30—31 日	已制定	2009 年 12 月 4—8 日
	塞舌尔	2011 年 9 月 16 日	进行中	待定
	斯威士兰	2010 年 3 月 3—4 日	进行中	待定
	乌干达	2010 年 3 月 30—31 日	已制定	2010 年 9 月 2—10 日
	赞比亚	2011 年 1 月 18 日	进行中	待定
	吉布提	2012 年 4 月 19 日	已制定	2012 年 11 月 12—22 日
西非国家经济共同体	贝宁	2009 年 10 月 15—16 日	已制定	2010 年 9 月 19—25 日
	布基纳法索	2010 年 7 月 22 日	已制定	2012 年 1 月 11—17 日
	佛得角	2009 年 12 月 10—11 日	已制定	2010 年 9 月 19—25 日
	冈比亚	2009 年 10 月 27—28 日	已制定	2010 年 9 月 19—25 日
	加纳	2009 年 10 月 27—28 日	已制定	2010 年 6 月 4—9 日
	几内亚	2010 年 4 月 6—7 日	已制定	2010 年 9 月 19—25 日
	几内亚比绍	2011 年 1 月 17—18 日	已制定	2011 年 5 月 26—6 月 3 日
	科特迪瓦	2010 年 7 月 26—27 日	已制定	2012 年 6 月
	利比里亚	2009 年 10 月 5—6 日	已制定	2010 年 6 月 4—9 日
	马里	2009 年 10 月 12—13 日	已制定	2010 年 9 月 19—25 日
	尼日尔	2009 年 9 月 29—30 日	已制定	2010 年 9 月 19—25 日
	尼日利亚	2009 年 10 月 12—13 日	已制定	2010 年 6 月 4—9 日
	多哥	2009 年 7 月 29—30 日	已制定	2010 年 6 月 4—9 日
	塞拉利昂	2009 年 9 月 17—18 日	已制定	2010 年 6 月 4—9 日
	塞内加尔	2010 年 2 月 9—10 日	已制定	2010 年 6 月 4—9 日
南共体	莫桑比克	2011 年 11 月 8—9 日	已制定	2012 年 12 月 3—13 日
	坦桑尼亚	2010 年 7 月 6—8 日	已制定	2011 年 5 月 20—31 日
ECCAS	中非共和国	2011 年 4 月 15	已制定	2012 年 5 月 14—21 日
UMA	毛里塔尼亚	2011 年 7 月 27—28 日	已制定	2012 年 2 月 5—16 日

表格说明：ECCAS 是 "中非国家经济共同体"；UMA 是 "阿拉伯—马格里布联盟"。

资料来源：a) ECOWAS' Regional Investment Plan reviewed（4 - 9 June 2010）and the Business Meeting on 14 - 17 June 2010；b) NEPAD, Countries with compacts /Investment Plans-February 2013.

第二节　非洲治理的模式

治理主要由主体、客体和载体构成。治理主体指的是治理进程的多元参与者，治理的客体是指治理指向的主要议题（领域）。根据治理主体和客体的范围，可以在层次上将治理大致区分为国家（内部）治理、地区治理和全球治理三种主要形式。治理的载体是连接治理主体与客体的手段和途径，是治理主体针对客体设计的具有指向性或导向性的制度或机制，根据指向性或导向性的不同，能够发现治理的不同模式。

一　发展导向的治理

"非洲发展新伙伴计划"的一系列文件并没有对"发展"与"治理"的关系进行明确说明。然而，在"非洲发展新伙伴计划"的战略、机制设计及其具体运作过程中，我们又不难发现二者逻辑上的联系或关系。一方面，在治理的语境下，非洲发展的内涵变得更加丰满、多元，除经济的发展外，人的发展，政治、文化等多方面的发展开始得到重视和强调；另一方面，面对非洲的历史和现实任务，新世纪非洲的治理更多地带有发展的价值关怀[①]，非洲的治理旨在促进（国家）发展的能力以及为发展创造良好的环境。在"非洲发展新伙伴计划"的框架下，治理更多地被理解为新世纪非洲实现真正发展的机制化手段和途径，而发展则为治理提供了目标和方向性。可以说，新世纪的非洲治理是发展导向的治理（developing-led governance）。

为了实现可持续发展（sustainable development），在"非洲发展新伙伴计划"的文本中（第五部分），专门规划了七项具体治理"倡议"（Initiative），包括："和平和安全倡议"（The Peace and Security Initiative）、"民主与政治治理倡议"（Democracy and Political Governance Initiative）、"经济和公司治理倡议"（The Economic and Corporate Governance Initiative）、"人力资源发展倡议"（Human Resource Development Initiative）、"环境倡议"（The Environment Initiative）、"资本流动倡议"（The Capital

---

①　在对"治理"的理解上，原初意义上的或由西方主导的研究并没有将"发展"作为重要价值或目标，而是更多地把"发展"作为"治理"的前提或给定条件。参见赵晨光《全球治理新思考：发展中国家的视角》，载《当代世界》2010 年第 10 期，第 63 页。

Flow Initiative）以及"市场准入倡议"（The Market Access Initiative）等①。这些"倡议"涵盖了非洲治理的基本方面，"非洲发展新伙伴计划"希望通过这些"倡议"的执行为非洲的发展设定优先目标（sectoral priorities）、创造有利条件（conditions）。其中，"经济和公司治理倡议"比较集中地体现了新世纪非洲治理的发展导向。

"非洲发展新伙伴计划"在其文本中，阐明"经济和公司治理倡议"的目的在于通过促进非洲国家（经济治理、公共财政管理以及公司治理）水平、能力的提高，为非洲的（经济）发展创造有利的环境。② 为了确保"经济和公司治理倡议"能够发挥应有的作用，"非洲发展新伙伴计划"在机制、管理战略（management strategy）以及审查、监督上进行了规划和安排。

首先，在机制上，各国财政部长和央行行长组成了"经济和公司治理倡议"领导小组，对各国家和地区的经济和公司治理实践进行审查。领导小组对评估中发现的问题提出建议，并提交给"非洲发展新伙伴计划"国家首脑执行委员会。国家首脑执行委员会根据各国家和地区的具体情况确定优先方向，推荐给各国实施。

在具体运作上，一系列参与方（actors）、机构（institutions）参与到"经济和公司治理倡议"中来，并在"倡议"的具体化（规范、原则、标准等的制定）、监督及评估方面发挥重要作用。"经济和公司治理倡议"包含四项主要"协定"（covenants），主要针对商业领域的公司治理（corporate governance）、公司社会责任（corporate social responsibility）、消除腐败与贿赂（elimination of corruption and bribery）以及会计审计实务（accounting auditing practices）等问题。③ 这四项"协定"同时也为地区和国际层面的商业组织、机构，如国际商会（ICC）、英联邦商业理事会（CBC）、非洲商业圆桌会议（ABRT）以及美国非洲企业理事会（USCCA）等，参与"非洲发展新伙伴计划"（经济）治理进程确立规范。④

其次，为了保障治理效果，"非洲经济和治理倡议"规划了宏观经济

---

① OAU/AU, *The New Partnership for Africa's Development*, Abuja, October 2001, pp. 13 – 50.

② Ibid. , Par. 88.

③ NEPAD Business Group, Two Covenants on Bribery and Corruption, 2003, Available online: http://www. NEPAD. org.

④ J. Cilliers, "Peace and Security through Good Governance: A Guide to the NEPAD African Peer Review Mechanism", *Institute for Security Studies*, 70, April 2003, p. 8.

管理 (macroeconomic management)、公共财政管理 (public finance manage-ment)、银行监管 (banking supervision) 以及公司治理 (corporate govern-ance) 四个战略方面:

(1) 宏观经济管理。宏观经济管理是"倡议"规划的首要战略方面,其实施的目的在于避免危险的财政赤字、高通胀以及币值高估等严重宏观经济问题的出现。这需要非洲国家在经济体制、经济管理方式上进行相应的改革和调整。① 在宏观体制上,非洲国家需要确立、接受并实施合理且国际通行的宏观经济原则和标准。这同时有利于非洲(次)地区层面经济的管理和整合。在宏观经济的管理上,非洲国家需要依据国内生产总值 (GDP) 增长率、偿债率 (debt service ratio)、五年内的平均通胀率以及财政赤字等量化指标对宏观经济政策进行定期评估,以确保实现宏观经济管理的目标。

(2) 公共财政管理。在经济上,如何以有限的经济资源满足人民的(发展)需要,始终是国家和政府不得不面对的严重挑战。对于绝大多数非洲国家来说,这种挑战尤其严峻。这就需要国家通过公共财政管理对国家或政府提供的服务(过程)进行监管,以确保公共财政能够得到有效利用。"经济与公司治理倡议"要求非洲国家(政府和领导人)确定清晰的经济目标和优先方向,将公共服务集中于优先满足本国人口的基本(发展)需求。② 为此,"经济与公司治理倡议"将公共财政管理确定为其基本战略方向之一,力求通过对国家财政运行的过程、分配以及利用等方面的治理,为非洲(国家和个人)的发展奠定基础。

(3) 银行监管。充足的储蓄以及高效的投资对于发展极为重要,而这种发展因素的获得有赖于良好的银行体系和金融监管的运作。在非洲国家债务负担沉重的现实下,要实现可持续发展并有效参与全球化进程,就需要对银行、金融实施严格的监管。为此,"经济和公司治理倡议"要求非洲国家与地区内外其他机构和组织合作,加强对银行的管理并打击腐败,为经济的发展创造良好环境。可以说,银行的监管在财政收入、投资

---

① M. Spicer, "Business and NEPAD/NAI: Charting a New Course Together", in Gibb, Hughes, T., Mills, G. and Vaahtoranta eds., *Charting a New Course: Globalisation, African Recovery and the New Africa Initiative*, Johannesburg: South African Institute for International Affairs, 2002.

② A. Ekpo, *Economic Governance and the New Partnership for Africa's Development*, Presentation at the African Forum for Envisioning Africa, Nairobi, Kenya, 26 – 29 April, 2002, p. 13.

和政府的作用之间建立起规则化的桥梁（regulatory channels）。[①]

（4）公司治理。在市场经济条件下，公司的良好运转是非洲发展的基础。在"经济与公司治理倡议"中，公司治理不仅是对私营公司的治理，而且包括对私营部门与政府（及其利益相关方）之间关系的规范和管理（治理）。因此，公司法、合同法、股票交易规则、税法以及竞争法的制定和完善对于私营部门的发展十分重要。[②] "经济与公司治理倡议"在公司的运作以及政府与公司之间的关系上确立了规范，为相关领域治理机制的进一步完善打下了基础、设定了起点。

再次，在对"经济与公司治理倡议"实施情况的审查与监督上，"非洲发展新伙伴计划"框架下的"非洲互查机制"（APRM）提供了有力支持。如前所述，作为非洲新世纪实施内部治理的重要机制，非洲互查机制主要涉及"民主与政治治理""经济治理和管理""公司治理"以及"社会经济发展"四大审查领域。其中，后三项直接涉及发展问题，并与"经济与公司治理倡议"高度相关（见表 3 - 3）。非洲互查机制在非洲不同层面的相互审查进程以及多元行为体对审查进程的制度化参与，实际上促进了"经济与公司治理倡议"的实施，并在很大程度上为"倡议"实施的真实性和有效性提供了制度保障。

在全球化加速发展、非洲面临进一步边缘化危险的条件下，发展问题显得更加紧迫。"非洲发展新伙伴计划"强调治理的意义和作用，将治理作为新世纪非洲实现真正发展的途径和手段。"非洲发展新伙伴计划"框架下的非洲"经济与公司治理倡议"致力于通过具体的经济治理规范、机制的确立和完善为非洲的发展营造良好的环境。在实践中，"经济与公司治理倡议"取得了不小的成绩。尽管在"倡议"的实施中还存在不少问题，但其理念和机制已经对非洲（国家）产生了重要的影响。已经有越来越多的国家、银行机构甚至国有企业（state-owned enterprises）支持并参与了"经济与公司治理倡议"的实施。[③] "非洲发展新伙伴计划"框架下的"经济与公司治理倡议"集中将

---

① M. K. Obadan, "The State, Leadership, Governance and Economic Development", *Nigerian Economic Society*, Vol. 35, 1998, pp. 9 - 14.

② J. Gathaka and S. Wanjala, "Kenya and NEPAD", in R. Cornwell and H. Melber et al. eds., *The New Partnership for Africa's Development-African Perspectives*, Sweden: Sida, 2002, p. 18.

③ 对"经济与公司治理倡议"实施的案例研究可参见 Monita Carolissen, *NEPAD: An Analysis of the Economic and Corporate Governance Initiative-an analysis of the economic and corporate governance initiative within the New Partnership for Africa's Development*, LAP LAMBERT Academic Publishing, 2012, pp. 35 - 55.

（经济）发展作为治理的目标，其实施是"发展导向"的非洲治理的体现。

二　政府主导的治理

与一般理解的（或西方意义上的）治理的去中心化、扁平化以及自下而上（bottom-up）特点不同，政府在非洲治理进程中发挥了主导作用。在"非洲发展新伙伴计划"的语境下，"治理"与"发展"是一体两面的关系。在非洲"治理"与"发展"的互构进程中，政府必须扮演关键角色，这是由非洲的战略（理论）判断、发展经验以及现实情况等一系列因素共同决定的：

首先，国际上的发展经验和理论，强调了政府主导之于发展的重要性。后发国家除了资本贫乏等不言而喻的劣势之外，也存在着后发展的优势。亚历山大·格申克龙（Alexander Gerschenkron）在其著名的"后发展理论"（theory of late development）中提出，后发国家可以学习、借鉴先发展国家的成功经验，并总结、规避其失败的教训，以探索快速发展的捷径，而不必按部就班地沿着先发国家的道路前进。这就是所谓的后发展优势或后发优势。①

后发优势的发挥或实现需要政府发挥重要的作用。根据历史的经验，实现成功发展的时间越晚近，政府在发展进程中发挥的主导作用就越大。莫斯·约翰逊（Chalmers Johnson）在对通产省（MITI）与战后日本"经济奇迹"的研究中首先使用了资本主义"发展型国家"（developmental state）的概念。② 此概念后来被用来指代一系列有着相同发展特征的国家。此后，也有学者根据最新的发展实践和发展经验将二战后的发展中国家称作"后后发展国家"（late-late developer）。非洲国家重视政府在治理与发展中的主导作用无疑受到了历史上后发展理论和经验的影响。新世纪，非洲看好中国（包括印度）的发展经验和"模式"，掀起"向东看"的热潮，同样是这种"后发展"逻辑影响的延续。

其次，独立后非洲发展的历史印证了政府主导之于发展的必要性。为了掌握发展自主权，非洲国家独立后普遍实施了相对内向的发展战略，政府在

---

① Alexander Gerschenkron, *Economic Backwardness in Historical Perspective: A Book of Essay*, Cambridge（Mass）: Harvard University Press, 1962, Chapter 1.

② Chalmers Johnson, *MITI and the Japanese Miracle: The Growth of Industrial Policy*, 1925 – 1975, Stanford: Stanford University Press, 1982.

独立初期的发展进程中发挥了核心或主导的作用。尽管 20 世纪 80 年初期多数非洲国家迫于严重经济危机的压力开始实施西方主导的"结构调整计划",但实施效果并不理想,甚至适得其反。事实上,非洲国家更加认同"拉各斯行动计划"提出的"内向(发展)""(政府)干预"的发展战略。非洲国家认为,西方开出的新自由主义的结构调整"药方"是紧缩性的,单纯追求国内生产总值、出口的增长以及国际收支和财政预算的平衡,其过分强调市场、排斥政府的政策脱离了非洲发展的现实,无法获得成功。[1]"结构调整"计划的实施,使非洲国家从"政府失灵(失败)"很快过渡到"市场失灵"。在基础设施落后、市场极不成熟的条件下,相较于"政府失灵","市场失灵"给非洲国家和民众带来了更大的灾难。这也是非洲人给"结构调整计划"冠以"基金政变"(IMF Coup)、"调整性疲劳"(Reform Fatigue)和"肚皮调整计划"(Stomach Adjustment Programme)等一系列戏称的原因。[2] 历史证明,非洲的发展不是需不需要政府(主导)的问题,而是需要什么样的政府的问题。因此,"非洲发展新伙伴计划"将政府的(治理)能力建设摆在突出的位置。非洲国家政府需要通过对治理进程的主导,强化其推动发展的能力,为发展提供规范、良好的环境。

再次,新世纪非洲发展的现实条件决定了政府主导之于发展的关键性。分裂和碎片化的社会以及分散的权威认同是非洲内部的现实情况。在政府—市场—社会的互动和博弈中,政府仍是最具优势的力量。新世纪,非洲的发展必须依靠政府在凝聚社会、控制腐败以及经济建设等方面发挥关键性作用。有鉴于此,"非洲发展新伙伴计划"在机制设计(APRM 等)、外部参与和进程(倡议)实施等方面更多强调政府主导作用的发挥。

政府在非洲治理进程中的主导作用是由非洲发展的历史(理论、经验)惯性和非洲发展的现实情况共同决定的。"非洲发展新伙伴计划"在战略上整合内外发展因素的基础上,将发展设定为治理的基本导向,强调政府在治理中的主导作用。这种立足于本土发展经验(教训)及客观实际的战略选择是非洲国家寻求发展和治理主动权的最新实践,形成了新世纪非洲治理模式的雏形。

---

[1]　谈世中主编:《反思与发展:非洲经济调整与可持续性》,社会科学文献出版社 1998 年版,第 123 页。

[2]　E. Harsch, "Recovery or Replace?" *African Report*, Vol. 33, No. 6, 1988, p. 58.

第三节 模式与进程:"联合国千年
发展目标"的影响

治理的"过程"（进程）与"模式"（状态）是辩证统一的关系。一方面，具体的治理进程承载、内化了治理模式的基本特点和样貌；另一方面，治理在模式上的完善又进一步规范、标示了治理进程的内涵和方向。"联合国千年发展目标"与"非洲发展新伙伴计划"制定于同一年。在"千年发展目标"的实践过程中，"非洲发展新伙伴计划"的进程与模式得以完善、提升。

一 模式对进程的形塑:"千年发展目标"与"新伙伴计划"

2000 年 9 月 6 日至 8 日，189 个国家（地区）的元首和政府首脑齐集联合国总部，参加千年首脑会议。各国（地区）领导人就新世纪全球的政治、经济、环境、社会和发展等广泛议题展开了讨论和磋商，会议通过了《联合国千年宣言》（*United Nations Millennium Declaration*，以下简称《宣言》）。

《联合国千年宣言》就新世纪一系列重要议题表明了立场。《宣言》首先阐明了各国独自和集体地建设一个正义、平等、和平与发展的世界的责任和决心。在政治问题上，《宣言》强调自由、平等、团结、宽容、尊重自然以及共同责任等价值在新世纪国际关系中的重要性。同时，《宣言》也强调了人权、民主和善治（good governance）在国内政治中的重要意义。社会与发展问题是《宣言》的重点内容，其中对最不发达国家（LDCs），小岛屿国家，内陆发展中国家（landlocked developing countries），贫困人口、妇女、儿童等弱势群体的保护（protecting the vulnerable）得到了特别强调。《宣言》为此规划了目标。需要说明的是，《宣言》（共八节）专门用一节内容阐述了"对非洲特殊需要的满足"（Meeting the special needs of Africa），表达了全世界在政治和安全建设、发展、减贫与援助以及应对艾滋病和其他疾病挑战等方面帮助非洲的决心。[1]

---

① General Assembly, *United Nations Millennium Declaration*, Resolution adopted by the General Assembly [without reference to a Main Committee (A/55/L. 2)], 8th plenary meeting 8 September 2000, http: //www. un. org/millennium/declaration/ares552e. htm.

根据《宣言》的原则和目标，以发展为核心议题，联合国及其相关机构经过与世界银行、国际货币基金组织、经合组织等国际机构的磋商，制定出台了"千年发展目标"（the Millennium Development Goals, MDGs）。①"千年发展目标"规划了全球在 2015 年前需要努力完成的 8 个主要目标，包括：贫困与饥饿、初等教育、妇女权利、儿童死亡率、孕产妇健康、艾滋病和其他疾病、环境可持续性、全球发展合作等。为了便于操作和评估，"千年发展目标"将上述 8 项主要目标细化为 21 项具体目标和 48 项具体指标（详见表 5 - 2）。"千年发展目标"是在全球层面达成的有时限、可量化、宽领域（多元内涵）的发展规划。"千年发展目标"以消除贫困、扶助弱势群体为中心，以人的生存和发展权利为重点，以经济、社会和环境的可持续发展为前提和基础，为新世纪前期世界各国在发展领域的工作设立了标杆和基准，具有全球战略意义。②

《联合国千年宣言》与"非洲发展新伙伴计划"文本发表于同一年（2010 年），"非洲发展新伙伴计划"稍晚。在原则、目标和项目等的制定和实施上，"非洲发展新伙伴计划"受到"联合国千年宣言"和"千年发展目标"的直接影响。

首先，在原则上，"非洲发展新伙伴计划"认同《联合国千年宣言》对非洲发展问题的认识和承诺：

> 非洲内部环境的变化已经得到世界各国政府的认可，2000 年 9 月发表的《联合国千年宣言》表明了国际社会支持非洲解决欠发展和边缘化问题的意愿。这一《宣言》强调支持非洲在整个大陆避免冲突、建立稳定和民主的地区环境的努力，同时强调支持非洲在应对贫困与疾病等核心挑战方面的努力。该《宣言》进一步指出，国际社会承诺通过援助、贸易、与外部的债务关系以及私人投资等方面的不断改善使资源更多地流入非洲。今天，重要的是将这些承诺转化为

---

① 为"千年发展目标"提供数据和分析的各机构包括：世界银行、世界贸易组织、经济合作与发展组织（经合组织）、世界卫生组织、联合国粮农组织、联合国儿童基金会、联合国难民署、联合国人口司、联合国人口基金会、联合国环境署、联合国气候变化框架公约、联合国人居署、自然保护联盟、二氧化碳信息分析中心、世界保护监测中心、联合国教科文组织、各国议会联盟（IPU）、联合国妇女署、联合国艾滋病联合规划署、联合国贸发会议、国际劳工组织、国际电信联盟等。参见 http：//www. unmillenniumproject. org/goals/gti. htm。

② 安春英：《非洲的贫困与反贫困问题研究》，中国社会科学出版社 2010 年版，第 184 页。

现实。(《非洲发展新伙伴计划》第 46 款)①

其次，在目标上，"非洲发展新伙伴计划"与"千年发展目标"存在较强的一致性。"非洲发展新伙伴计划"将"千年发展目标"设定为非洲发展的长期目标（Long-term objectives），并依据"千年发展目标"的指标为非洲规划了新世纪第一个 15 年国内生产总值年均增长 7% 的目标。"非洲发展新伙伴计划"强调，为达到这一总目标，必须采取新的、根本性的行动（something new and radical），并在具体项目（programmes of action）的制定上依循这一总目标。② 联合国副秘书长、联合国非洲经济委员会执行秘书阿巴多里·詹纳（Abdoulie Janneh）指出，

> "千年发展目标"与"非洲发展新伙伴计划"之间有着千丝万缕的联系（inextricably linked），二者有着相似的目标，其有效执行都有赖于全球和地区层面伙伴关系的建立和发展。……换句话说，鉴于二者共同的（战略）方向以及目标上的相互关系，"千年发展目标"的实现有助于"非洲发展新伙伴计划"的成功，反之亦然。③

总之，与前两点相关，但在更为根本的治理模式上，"千年发展目标"为"非洲发展新伙伴计划"补充了"益贫式"（pro-poor）的内涵。"发展导向"与"政府主导"是新世纪非洲治理模式的基本内涵，这一模式的形成是非洲发展的历史与现实共同选择的结果。但其中对人的发展的关怀并不明显，而是更多地淹没在非洲（国家）发展的话语中。然而，"联合国千年发展目标"却在更加人本的方向上充实、丰富着非洲治理的模式（见表 5 - 2），并在相当程度上规范、形塑了"非洲发展新伙伴计划"的具体治理进程。无论形式、手段和途径如何，发展与治理的终极关怀和归宿应该是具体的人。从这一点上讲，"联合国千年发展目标"对人的发展的"偏好"与非洲治理模式的政府主导属性并不矛盾。事实上，"千年发展目标"对非洲发展战略的融入，帮助非洲缓解了一系列（发

---

① Par. 46, in OAU/AU, *The New Partnership for Africa's Development*, Abuja, October 2001.

② Ibid., par. 68 - 70.

③ Janneh says MDGs are consistent with NEPAD priorities, ECA Press Release No. 123/2011, http://www1.uneca.org/TabId/3018/Default.aspx? ArticleId = 60.

展）危机对非洲（人）的负面影响。①"千年发展目标"的人本理念借由不断充实、丰富的非洲治理模式实现了对非洲具体治理进程的形塑和规范。

在具体实践中，"非洲发展新伙伴计划"在其优先发展部门（sectoral priorities）中，规划了一系列治理"倡议"，涵盖了减贫、教育、健康等发展领域（参见第二章第一节），主要涉及弱势群体的发展问题。② 随着"千年发展目标"的到期（2015 年），非盟第 22 届峰会将"以人为本的发展"（People-centered Development）确定为参与"2015 年后发展议程"（Post－2015 Development Agenda）讨论与制定的"六大（非洲）核心"（Six Pillars）立场之一。③ 治理模式对进程的形塑作用得到进一步体现。

表 5－2　　　　　　　　　"联合国千年发展目标"一览表

主要目标	具体目标和指标
消除极端贫穷和饥饿	具体目标 1A：1990—2015 年，每日收入低于 1 美元的人口减少一半 指标 1.1：每日生活费低于 1 美元的人口比例 指标 1.2：贫穷深度比 指标 1.3：最贫穷的五分之一人口在国民消费中的份额 具体目标 1B：使所有人包括妇女和青年人都享有充分的生产就业和体面工作 具体目标 1C：1990—2015 年，饥饿人口减少一半 指标 1.4：5 岁以下体重不足儿童的患病率 指标 1.5：低于食物能量消耗最低水平的人口比例
全面实现初等教育	具体目标 2A：确保到 2015 年，世界各地的儿童，不论男女，都能完成小学全部课程 指标 2.1：初等教育净入学率 指标 2.2：从一年级到读完五年级的学生比例 指标 2.3：15—24 岁人口的识字率
促进两性平等并赋予妇女权利	具体目标 3A：努力在 2005 年前消除小学和中学教育中的性别差距，不迟于 2015 在各级教育中实现性别平等 指标 3.1：大中小学教育中的男女生比例 指标 3.2：14—25 岁女性相对男性的识字比 指标 3.3：非农业部门中，领取工资的受雇佣妇女的比例 指标 3.4：妇女在国家议会中所占的席位比例

---

① Janneh says MDGs are consistent with NEPAD priorities, ECA Press Release No. 123/2011, http：//www1. uneca. org/TabId/3018/Default. aspx? ArticleId = 60.

② OAU/AU, *The New Partnership for Africa's Development*, Abuja, October 2001, pp. 22－50.

③ UNECA, AU, AfDB, UNDP, *MDG Report 2014：Assessing Progress in Africa toward the Millennium Development Goals*, Addis Ababa, October 2014, pp. 103－119, http：//www. afdb. org/fileadmin/uploads/afdb/Documents/Publications/MDG_ Report_ 2014_ 11_ 2014. pdf.

续表

主要目标	具体目标和指标
降低儿童死亡率	具体目标4A：1990—2015年，将5岁以下儿童死亡率减少三分之二 指标4.1：5岁以下儿童死亡率 指标4.2：新生儿死亡率 指标4.3：1岁儿童麻疹免疫接种的比例
改善孕产妇健康	具体目标5A：1990—2015年，将孕产妇死亡率减少四分之三 指标5.1：孕产妇死亡率 具体目标5B：到2015年实现普遍享有生殖保健 指标5.2：分娩由熟练保健人员接生的比例
抗击艾滋病、疟疾和其他疾病	具体目标6A：2015年之前遏制并开始扭转艾滋病的蔓延 指标6.1：15—24岁孕妇的艾滋病毒感染率 指标6.2：使用安全套的避孕普及率 指标6.3：最近一次高风险性交时使用安全套 指标6.4：15—24岁人口中全面正确认识艾滋病知识的百分比 指标6.5：避孕率 指标6.6：10—14岁孤儿相较非孤儿的入学比例 具体目标6B：到2010年向所有需要者普遍提供艾滋病毒/艾滋病治疗 具体目标6C：2015年前遏制并开始扭转疟疾和其他主要疾病的发病率 指标6.7：与疟疾有关的患病率和死亡率 指标6.8：在疟疾风险区使用有效的疟疾预防和治疗措施的人口比例 指标6.9：肺结核的患病率和死亡率 指标6.10：在对非住院肺结核患者实行全面监督化学治疗（DOTS）策略下查出和治愈的肺结核病例比例（国际上推荐的结核病控制策略）
确保环境的可持续性	具体目标7A：将可持续发展原则纳入国家政策和方案，扭转环境资源的损失 指标7.1：森林覆盖率 指标7.2：保持表层生物多样性的面积比例 指标7.3：每1美元国内生产总值（购买力平价）中的能源使用（公斤石油当量） 指标7.4：人均二氧化碳排放量；和消耗臭氧的氟氯化碳消费量 指标7.5：使用固体燃料的人口比例 具体目标7B：减少生物多样性的丧失，到2010年显著降低丧失率 具体目标7C：2015年前，将无法持续获得安全饮用水和基本卫生保障的人口减少一半 指标7.6：城市和农村中可持续获得改善水源的人口比例 指标7.7：城市和农村中可获得改善的卫生设施的人口比例 具体目标7D：到2020年，使至少1亿生活在贫民窟中的居民的生活得到显著改善 指标7.8：获得安居（secure tenure）的家庭比例

续表

主要目标	具体目标和指标
全球合作促进发展	具体目标8A:进一步发展出开放的、遵循规则的、可预测以及非歧视性的贸易和金融体系（包括在国内和国际的善政、发展和减贫的承诺） 具体目标8B:解决最不发达国家的特殊需要（包括关税和最不发达国家免配额准入、出口、重债穷国的减免债务方案、官方双边债务的注销,以及更为慷慨的官方发展援助） 具体目标8C:解决内陆发展中国家和小岛屿发展中国家的特殊需要（通过"小岛屿发展中国家可持续发展行动计划"和第22届联大的支持） 具体目标8D:通过国家和国际措施全面解决发展中国家的债务问题,以保障债务的长期可持续性 官方发展援助 指标1:全部以及流向最不发达国家的官方发展援助净额,占经合组织/发展援助委员会（DAC）援助国国民总收入的百分比 指标2:经合组织/发援会援助国提供的双边、部门分配的用于基本社会服务的官方发展援助（基础教育、初级保健、营养、安全饮水和环境卫生）所占比例 指标3:经合组织/发援会捐助国提供不附带条件的双边官方发展援助比例 指标4:内陆发展中国家获得的官方发展援助占其国民总收入的比例 指标5:小岛屿发展中国家获得的官方发展援助占其国民总收入的比例 市场准入 指标6:发达国家进口自发展中国家和最不发达国家的免税商品（按价值计算,不包括军火）比例 指标7:发达国家对来自发展中国家的农产品、纺织品和服装征收的平均关税 指标8:经合组织国家农业补贴占其国内生产总值的百分比 指标9:帮助建立贸易能力的官方发展援助的比例 指标10:已达到重债穷国倡议（HIPC）的决策点和完成点（累计）的国家数量 指标11:根据重债穷国倡议之承诺的债务减免 指标12:还本付息额占货物和服务出口的百分比 具体目标8E:与制药公司合作,在发展中国家提供负担得起的基本药物 指标13:在可持续基础上可获得负担得起的基本药物的人口比例 具体目标8F:在与私营部门合作,提供可获益的新技术,特别是信息和通信技术 指标14:电话线和每百人中移动电话用户数 指标15:每百人中个人电脑使用者和互联网用户数

资料来源:作者根据"联合国千年发展"目标核心文件（core MDG documents）汇编制作,参见 http://www.unmillenniumproject.org/goals/gti.htm#a。

二　进程对模式的承载:"千年发展目标"的兑现

"联合国千年发展目标"引领了有史以来全球最大规模的反贫困运动。经过十余年的努力,"千年发展目标"帮助全球十多亿人摆脱了极端贫困。通过以人为本、把人的迫切需求放在首位,"千年发展目标"改变了发展中国家的决策制定。[①]

根据《千年发展目标报告（2015）》（最终报告），1990 年发展中世界近一半的人口低于一天 1.25 美元的标准生活，而到 2015 年这一比例下降至 14%；全球极端贫困人数从 1990 年的 19 亿下降至 2015 年的 8.36 亿，下降超过一半，其中大多数进展是在 2000 年后取得的。此外，在实现初等教育、促进女性权利、抗击艾滋病和疟疾、减少儿童死亡率等具体目标上，"千年发展目标"也取得了巨大进展。但"最终报告"也坦诚，虽然全世界在多个目标上取得了显著成绩，但各地区和各国之间的进展并不均衡，存在巨大差距。

在总体目标上，为了达到"千年发展目标"的要求，2000 年，"非洲发展新伙伴计划"制定了总的发展目标：

> 为了在 2015 年前实现 7% 的年增长率以兑现千年发展目标，特别是非洲贫困人口比例减半的目标，非洲每年需要填补占其国内生产总值 12% 的资金缺口（resource gap），约合 640 亿美元。……（第 144 款）[②]

根据 2012 年发布的《非洲进步报告》（*Africa Progress Report 2012*）的数据，新世纪以来，世界上发展最快的十个经济体中有 7 个是非洲国家。[③] 非洲经济总体保持了平稳较快增长，但仍无法达到"非洲发展新伙伴计划"的上述要求（具体数据和趋势见图 5-3）。

在具体目标上，非洲在很多方面取得了实质性的进步，但多数指标未达到"千年发展目标"设定的标准。以最为基础的减贫目标为例进行说明。虽然非洲是当今世界经济增长速度排名第二的地区，且相较 1990—2005 年这一时段，2005 年以来非洲的减贫速度更快，但是，多数非洲人从事的仍是没有保障且收入很低的工作，高度不平等以及不合理的经济结构削弱了经济增长与减贫之间的关系。撒哈拉以南非洲仍有将近一

---

① 联合国：《千年发展目标报告（2015）》，http://www.un.org/zh/millenniumgoals/pdf/MDG%202015-C-Summary_Chinese.pdf。

② Par. 144, in OAU/AU, *The New Partnership for Africa's Development*, Abuja, October 2001.

③ Africa Progress Panel, *Africa Progress Report* 2012, http://www.africaprogresspanel.org/wp-content/uploads/2013/08/2012_APR_Jobs_Justices_and_Equity_ENG_LR.pdf.

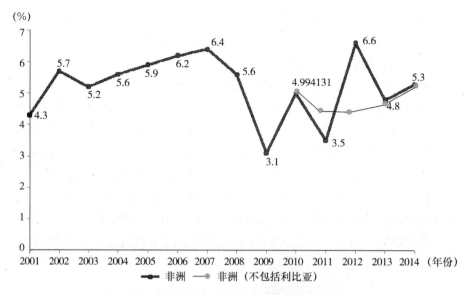

图 5 - 3　新世纪非洲的经济增长率折线图

注:2012 年数据为估计值;2013、2014 年数据为预测值。

资料来源:OECD, *African Economic Outlook* 2013: *Structural Transformation and Natural Resources*, OECD Publishing, 2013, p. 18.

半的人口依靠每日低于 1. 25 美元维生,是世界上唯一一个极端贫困人口稳步增长的地区。[1]

从结果上看,非洲并未达到要求,但这并不能说明非洲在实现"千年发展目标"上的失败。对新世纪以来非洲发展情况的评估不能单纯依赖具体指标进行静态或结果主义式的评估。对经济和社会进步的评估并不是如"千年发展目标"所呈现给我们的这般简单,不同的目标设置和评估方法会使某些地区的情况看起来更好,而使另一些地区看起来更糟。因此,在评估中,需要将绝对变化(absolute changes)与比率变化(percentage changes)、数值目标(change targets)与程度目标(level targets)、积极指标(positive indicators)与消极指标(negative indicators)结合起来[2]。特别是在"千年发展目标"到期,人类进入下一个 15 年发展进程(post - 2015 de-

——————

[1]　ECA, AU, AfDB and UNDP, *MDG Report 2013: Assessing Progress in Africa toward the Millennium Development Goals*, Addis Ababa, 2013, p. xiii.

[2]　William Easterly, "How the Millennium Development Goals are Unfair to Africa", *World Development*, Vol. 37, No. 1, 2009, pp. 26 - 35.

velopment）的时候，对新世纪以来非洲发展与治理的分析更应该持一种所谓相对主义或过程主义的视角和心态。依此，能够发现非洲在兑现"千年发展目标"上取得的明显进展（进步）：

第一，以贫困率为标准，非洲贫困趋势持续下降。"千年发展目标"对减贫问题的重视，使国际上的一些评估将贫困人口的降低作为减贫成效的唯一或主要指标。根据这一评估方法，1990 年以来的 25 年，非洲的贫困人口一直在稳步增长（见图 5 - 4）。然而，这种单一评估视角得出的结论对非洲来说并不公平。相较于世界上其他地区，非洲有着最低的人均收入和最高的人口出生率，因此，在分析非洲的减贫成效时需要更多地注意非洲在贫困人口比率变化上所呈现出的积极信息（见图 5 - 5）。十余年来，非洲贫困人口数在增加，贫困人口的比率却呈现出持续下降的趋势，这为非洲未来减贫工作的进一步开展奠定了基础，树立了信心。

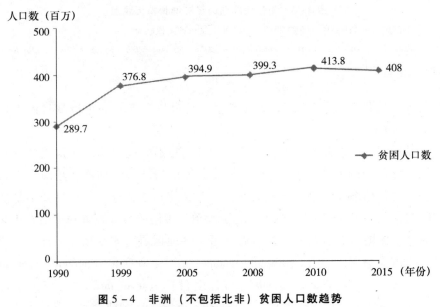

图 5 - 4 非洲（不包括北非）贫困人口数趋势

注：统计数据根据非洲（不包括北非）每日生活费在 1.25 美元以下的人口数得出；其中，2015 年的数据为预测值。

资料来源：作者根据非洲经济委员会等发表的《千年发展目标报告（2013）》中的相关数据绘制。参见 ECA, AU, AfDB and UNDP, *MDG Report 2013：Assessing Progress in Africa toward the Millennium Development Goals*, Addis Ababa, 2013, p. 2.

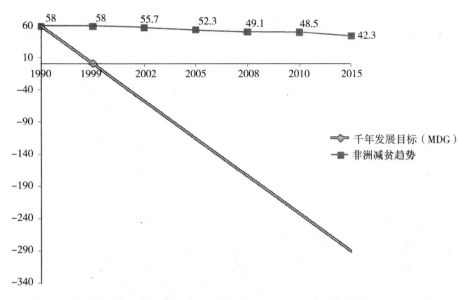

图 5 - 5　非洲（不包括北非）减贫比率（%）与"千年发展目标"的对比图

注：纵轴代表非洲绝对贫困人口占总人口的比率（%），2015 年为世界银行估算的数据；绝对贫困人口是每日生活费低于 1. 25 美元的人口，这一标准是根据 2005 年国际价格和购买力平价（PPP）调整后确定的。

资料来源：作者根据世界银行公布数据绘制，The World Bank-Working for a World Free of Poverty，http：//iresearch. worldbank. org/PovcalNet/index. htm? 1。

第二，按国别和具体指标评价，非洲进步明显。非洲是当今世界上贫困人口和国家最集中的大陆。欠发展是 54 个非洲国家最大的共性，但在具体的发展条件上各国并不相同。因此，在观察、评估非洲的发展进展时，既要有整体思维，又要进行具体分析。尽管作为一个整体，非洲实践"千年发展目标"的表现并不乐观，但在每项具体目标（共八项）上，都有不少非洲国家取得了明显进展。同时，非洲多数国家都在某一或某几项目标（指标）上取得了明显进步，其中不乏各次地区大国（参见表 5 - 3）。这有利于"非洲发展新伙伴计划"在未来的发展议程（进程）中，在整个地区层面推动非洲实现更全面的发展。

表 5-3   2013 年非洲千年发展目标进展一览表

千年发展目标	整体趋势	在特定目标或指标上进步最快的国家
消除极端贫穷和饥饿	不佳	具体目标1A：埃及、加蓬、几内亚、摩洛哥、突尼斯 具体目标1B：布基纳法索、埃塞俄比亚、多哥、津巴布韦 具体目标1C：埃尔及利亚、贝宁、埃及、加纳、几内亚比绍、马里、南非、突尼斯
全面实现初等教育	较好	指标2.1：阿尔及利亚、埃及、卢旺达、圣多美和普林西比 指标2.2：加纳、摩洛哥、坦桑尼亚、赞比亚
促进两性平等并赋予妇女权利	较好	指标3.1：冈比亚、加纳、毛里求斯、卢旺达、圣多美和普林西比 指标3.2：博茨瓦纳、埃塞俄比亚、南非 指标3.3：安哥拉、莫桑比克、卢旺达、塞舌尔、南非
降低儿童死亡率	不佳	指标4.1和4.2：埃及、利比里亚、利比亚、马拉维、卢旺达、塞舌尔、突尼斯
改善孕产妇健康	不佳	具体目标5A：赤道几内亚、埃及、厄立特里亚、利比亚、毛里求斯、卢旺达、圣多美和普林西比、突尼斯 具体目标5B：埃及、加纳、几内亚比绍、卢旺达、南非、斯威士兰
抗击艾滋病、疟疾和其他疾病	较好	具体目标6A：科特迪瓦、纳米比亚、南非、津巴布韦 具体目标6B：博茨瓦纳、科摩罗、纳米比亚、卢旺达 具体目标6C：阿尔及利亚、佛得角、埃及、利比亚、毛里求斯、圣多美和普林西比、苏丹、突尼斯
确保环境的可持续性	不佳	具体目标7A：埃及、加蓬、摩洛哥、尼日利亚 具体目标7C：埃尔及利亚、博茨瓦纳、布基纳法索、科摩罗、埃及、埃塞俄比亚、利比亚、马里、毛里求斯、纳米比亚、斯威士兰
全球合作促进发展	不佳	具体目标8F：肯尼亚、利比亚、卢旺达、塞舌尔、苏丹、乌干达、赞比亚

表格说明：表中列出的各国是相较于初始情况取得最大进展的国家，而不是完成"千年发展目标"的国家。

资料来源：ECA, AU, AfDB and UNDP, *MDG Report 2013: Assessing Progress in Africa toward the Millennium Development Goals*, Addis Ababa, 2013, p. xiv.

第三，考虑初始条件，非洲表现在全球名列前茅。截止到 2015 年，非洲在多数指标上没有达到"千年发展目标"的要求，在总的减贫目标上，非洲尚有 20.25% 的差距。[①] 但对这一结果的认识还需要考虑非洲的初始条件，根据"千年发展目标"设定的基准线（benchmark year），非

① ECA, AU, AfDB and UNDP, *MDG Report 2014: Assessing Progress in Africa toward the Millennium Development Goals*, Addis Ababa, 2014, p. 1.

洲的初始条件全球最差。① 这意味着相较其他地区，非洲在实现"千年发展目标"时的难度更大，需要投入的资源也更多。如果将初始条件考虑在内，则非洲（国家）在兑现"千年发展目标"上的表现位于全球前列。根据统计，非洲在初等教育入学率、初等教育性别比、妇女在国家议会中的席位比、扭转艾滋病蔓延以及死亡率等指标上取得了持续稳步进展，且势头良好。② 过程或进程中呈现出的（积极）信息预示了非洲发展与治理的前景，在评估中需要得到特别的重视。

第四，总结实践经验，非洲治理模式得到检验。如前所述，过程主义视角下，非洲在"千年发展目标"的实践上取得了明显的进展，发展导向、政府主导的非洲治理模式的有效性得到了检验。非洲国家认为，在人类进入新发展议程的时候，对"千年发展目标"的评价，应从对"目标"的关注转向对行之有效的模式（successor framework）的总结和思考。③ 在非洲推动"2015 年后发展议程"制定的"六大核心"（Six Pillars）立场中，发展导向、政府主导的理念得到进一步体现。④ 对治理理念、模式的总结和思考是非洲国家通过"千年发展目标"的实践，获得的更深层次进步，体现了非洲治理之进程承载模式的过程主义哲学。

总之，经过新世纪以来十余年的实践与探索，非洲在发展与治理问题上更加自信，在战略选择上更加注重非洲经验、非洲理念和非洲现实。以"非洲发展新伙伴计划"为代表的非洲治理是独立后一系列非洲发展战略的继承和调整，是非洲发展新的进程，这种过程主义哲学，是非洲追求发展与治理主动权的体现。

---

① "千年发展目标"将 1990 年设定为基准年份，据此，非洲除了初等教育的性别比率、环境等几项外，在所有指标上全球表现最差。ECA, AU, AfDB and UNDP, *MDG Report 2014*: *Assessing Progress in Africa toward the Millennium Development Goals*, Addis Ababa, 2014, p. 5.

② Ibid. , p. vii, 1 – 10.

③ ECA, AU, AfDB and UNDP, *MDG Report 2013*: *Assessing Progress in Africa toward the Millennium Development Goals*, Addis Ababa, 2013, p. xvii.

④ ECA, AU, AfDB and UNDP, *MDG Report 2014*: *Assessing Progress in Africa toward the Millennium Development Goals*, Addis Ababa, 2014; pp. 103 – 119.

结　　论

　　非洲有着长期被殖民的历史，如果将非洲（经济）的殖民地化看作是一个历史过程的话，那么，自 15 世纪后期以来，非洲就以一种附属模式被逐渐纳入欧洲（西方）主导的世界经济体系。[①] 特别是 19 世纪末以后，非洲从传统经济向殖民地经济转型的步伐大大加快，[②] 其发展自主权很快丧失殆尽。20 世纪中叶以后，非洲人民追求主权独立的斗争取得成功。国家发展的问题被提上议事日程，由此，非洲人民对主权的维护与巩固，同时带有了寻求发展自主权的内涵。为了实现真正的发展，非洲国家制定和实施了一系列发展战略（计划）。然而，历史证明，独立初期的非洲在发展战略（方向）的选择上并不成功。从追求内向、自主的发展到盲目地对外依赖，从政府失灵到市场失灵，非洲并没有找到适合自己的发展道路和模式。如果将"主权"和"发展"作为标定非洲发展历史的坐标框架，那么不难发现，20 世纪后半叶的非洲始终难以摆脱依附与不发展的恶性循环。

　　进入新世纪，非洲国家启动了"非洲发展新伙伴计划"。运用"主权"与"发展"的历史坐标进行观察，则"非洲发展新伙伴计划"的制定和实施可以被看作是一个新的历史过程，是对以往发展战略的继承和调整。其中，继承的一面主要表现在"非洲发展新伙伴计划"对新世纪非洲自主发展或发展主导权的矢志追求；而调整的一面则主要是指"非洲发展新伙伴计划"对来自外部的影响（参与）在态度上的转变。在理念上，"非洲发展新伙伴计划"认同"治理"的理念和原则，并在具体实施

---

① ［加纳］A. 阿杜·博亨：《非洲通史》（第七卷），中国对外翻译出版公司 1991 年版，第 271 页。

② 舒运国、刘伟才：《20 世纪非洲经济史》，浙江人民出版社 2013 年版，第 27 页。

上，将"治理"作为新世纪非洲发展的手段和目标：

第一，在内部治理上，一方面，"非洲发展新伙伴计划"以基础设施建设为突破口，对严重交叠的非洲次区域经济组织（制度）进行调整。随着"非洲发展新伙伴计划"框架下基础设施建设的发展，非洲杂乱无章的次地区经济组织（制度）间的关系得到了一定程度的协调、理顺。这有利于非洲一体化的推进。另一方面，"非洲发展新伙伴计划"框架下非洲互查机制的建立和运作，为非洲治理原则的落实以及良好内部发展环境的营造提供了机制化的保障。相应地，非洲地区层面治理机制的不断完善对国家层面治理的开展形成了推动力。可以说，"非洲发展新伙伴计划"框架下的非洲治理是自上而下倒逼式推进的。

第二，非洲导向的全球治理。非洲的发展既是地区性问题也是全球性问题。"非洲发展新伙伴计划"欢迎外部对非洲发展进程的参与。在对外部参与的规范和引导上，"非洲发展新伙伴计划"致力于将国际上的对非发展项目（计划）纳入其战略框架之中。这是其追求非洲发展主导权的表现，也是所谓"新"伙伴关系的内涵所在。在"非洲发展新伙伴计划"启动之初，争取西方（国家、机制）对非洲发展的参与是其"工作重点"。然而，随着新兴发展中大国及其全球治理机制对非洲参与程度的不断提高，非洲有了更多选择、平衡的空间。新世纪以来，非洲国际战略地位的显著提升，有利于其更主动、有效地获得外部伙伴的发展支持。而"非洲发展新伙伴计划"为这种非洲导向的全球治理提供了机制化的平台。

第三，非洲治理的主动权。用过程主义的视角进行观察，则"非洲发展新伙伴计划"框架下的内部治理和非洲导向的全球治理的开展及其有机整合代表了新世纪非洲（国家）寻求治理和发展主动权的努力。经过十余年的实践，非洲国家对这种治理主动权的探求具体化为以"非洲发展新伙伴计划"为载体的"非洲治理模式"的雏形。非洲治理以政府为主导、以发展为基本导向，具有明显的非洲特征。

自新世纪初启动以来，"非洲发展新伙伴计划"取得了不小的成绩，但也饱受批评。其中，多数批评基于西方的治理经验，是在对"非洲发展新伙伴计划"具体的治理机制、议题或领域静态分析的基础上得出的。然而，如果将"非洲发展新伙伴计划"置于独立后非洲发展的历史中，将其与以往的非洲发展战略和发展经验进行对照，则不难发现新世纪非洲治理模式形成的历史性、适切性甚至是必然性。"非洲发展新伙伴计划"不仅是一系列的发展文本、机制的集合,更是非洲发展新的历史进程。这一进程是对过往的总结,更是对历史的发展,"非洲发展新伙伴计划"的制定和实施集中代表了非洲国家和人民对新世纪非洲发展与治理自主权、主动权的追求与实践。

非洲治理是一个动态的历史进程,带有明显的过程性特点。非洲治理的进程承载了其治理模式的雏形,而不断丰富、成熟的非洲治理模式也形构、规范着治理进程的实践。尽管以"非洲发展新伙伴计划"为代表的非洲治理仍存在诸多问题,但是,其进程与模式间互构的过程主义哲学却预期了新世纪非洲实现真正发展的希望。

参考文献

中文著作

1. ［加纳］A. 阿杜·博亨：《非洲通史》（第七卷），中国对外翻译出版公司 1991 年版。

2. ［肯尼亚］A. A. 马兹鲁伊主编：《非洲通史》（第八卷），中国对外翻译出版公司 2003 年版。

3. 安春英：《非洲的贫困与反贫困问题研究》，中国社会科学出版社 2010 年版。

4. 蔡拓：《全球问题与新兴政治》，天津人民出版社 2011 年版。

5. 畅征、刘青建：《发展中国家政治经济概论》，中国人民大学出版社 2001 年版。

6. 陈宗德、吴兆契：《撒哈拉以南非洲经济发展战略研究》，北京大学出版社。

7. 葛佶主编：《简明非洲百科全书（撒哈拉以南）》，中国社会科学出版社 2000 年版。

8. 贺双荣：《南南合作的新模式：印度巴西南非（ISAB）对话论坛》，载《2006—2007 年：拉丁美洲和加勒比发展报告》，社会科学文献出版社 2007 年版。

9. 贺文萍：《非洲国家民主化进程研究》，时事出版社 2005 年版。

10. 胡宗山：《政治学研究方法》，华中师范大学出版社 2007 年版。

11. 雷建锋：《欧盟多层治理与政策》，世界知识出版社 2010 年版。

12. 李安山等：《非洲梦：探索现代化之路》，江苏人民出版社 2013 年版。

13. 李伯军：《当代非洲国际组织》，浙江人民出版社 2013 年版。

14. 刘鸿武，沈蓓莉：《非洲非政府组织与中非关系》，世界知识出版社

2009 年版。

15. 刘鸿武主编:《非洲地区发展报告（2012—2013）》，中国社会科学出版社 2013 年版。

16. 刘青建:《当代国际关系新论——发展中国家与国际关系》，清华大学出版社 2004 年版。

17. 刘青建:《发展中国家与国际制度》，中国人民大学出版社 2010 年版。

18. 刘文秀:《欧盟的超国家治理》，社会科学文献出版社 2009 年版。

19. 罗建波:《非洲一体化与中非关系》，北京大学出版社 2006 年版。

20. 罗建波:《通向复兴之路——非盟与非洲一体化研究》，中国社会科学出版社 2010 年版。

21. 门镜、［英］本杰明·巴顿主编:《中国、欧盟在非洲——欧中关系中的非洲因素》，社会科学文献出版社 2011 年版。

22. 庞中英主编:《中国学者看世界——全球治理卷》，新世界出版社 2007 年版。

23. 秦亚青主编:《观念、制度与政策——欧盟软权力研究》，世界知识出版社 2008 年版。

24. 舒运国、刘伟才:《20 世纪非洲经济史》，浙江人民出版社 2013 年版。

25. 舒运国、张忠祥主编:《非洲经济评论（2012）》，上海三联出版社 2012 年版。

26. 舒运国:《非洲人口增长与经济发展研究》，华东师范大学出版社 1996 年版。

27. 舒运国:《失败的改革——20 世纪末撒哈拉以南非洲国家结构调整评述》，吉林人民出版社 2004 年版。

28. 谈世中主编:《反思与发展:非洲经济调整与可持续性》，社会科学文献出版社 1998 年版。

29. 唐大盾选编:《泛非主义与非洲统一组织文选（1900—1990）》，华东师范大学出版社 1995 年版。

30. 徐浩润主编:《非洲:经济增长的新大陆》，经济科学出版社 2010 年版。

31. 杨宝荣:《债务与发展——国际关系中的非洲债务问题》，社会科学文献出版社 2011 年版。

32. 杨立华等：《中国与非洲经贸合作发展总体战略研究》，中国社会科学出版社 2013 年版。

33. 张同铸主编：《非洲经济社会发展战略问题研究》，人民出版社 1992 年版。

34. 张向晨：《发展中国家与 WTO 的政治经济关系》，法律出版社 2000 年版。

35. 张永蓬：《国际发展合作与非洲——中国与西方援助非洲比较研究》，社会科学文献出版社 2012 年版。

36. 张忠祥：《中非合作论坛研究》，世界知识出版社 2012 年版。

37. 朱天飚：《比较政治经济学》，北京大学出版社 2006 年版。

38. ［法］勒内·杜蒙、玛丽－弗朗斯·莫坦：《被卡住脖子的非洲》，隽永等译，世界知识出版社 1983 年版。

39. ［加拿大］彼得·哈吉纳尔：《八国集团体系与二十国集团：演进、角色与文献》，朱杰进译，上海人民出版社 2010 年版。

40. ［美］玛莎·费力莫：《国际社会中的国家利益》，袁正清译，浙江人民出版社 2001 年版。

41. ［美］约翰·伊斯比斯特：《靠不住的诺言——贫穷和第三世界发展的背离》（第六版），蔡志海译，广东人民出版社 2006 年版。

42. ［美］奥兰·扬：《世界事务中的治理》，陈玉刚、薄燕译，上海人民出版社 2007 年版。

43. ［美］黛博拉·布罗蒂加姆：《龙的礼物：中国在非洲的真实故事》，沈晓雷、高明秀译，社会科学文献出版社 2012 年版。

44. ［瑞典］英瓦尔·卡尔松、［圭］什里达特·兰法尔主编：《天涯若比邻——全球治理委员会的报告》，中国对外翻译出版公司 1995 年版。

45. ［意］阿尔贝托·麦克里尼：《非洲的民主与发展面临的挑战——尼日利亚总统奥卢塞贡·奥巴桑乔访谈录》，李福胜译，中国人民大学出版社 2007 年版。

46. ［英］安德鲁·海伍德：《政治学核心概念》，吴勇译，天津人民出版社 2008 年版。

47. ［英］彼得·华莱士·普雷斯顿：《发展理论导论》，李小云等译，社会科学文献出版社 2011 年版。

48. ［英］威廉·托多夫：《非洲政府与政治》（第四版），肖宏宇译，北京大学出版社 2007 年版。

49. ［赞］ 丹比萨·莫约：《援助的死亡》，王涛、杨慧等译，世界知识出版社 2009 年版。

50. ［中非］ 蒂埃里·班吉：《中国，非洲新的发展伙伴——欧洲特权在黑色大陆上趋于终结?》，肖晗等译，世界知识出版社 2011 年版。

中文论文

1. 丁丽莉：《新非洲行动计划》，载《国际资料信息》 2001 年第 9 期。

2. 贺文萍：《〈非洲发展新伙伴计划〉 为什么必须成功——南非学者谈〈非洲发展新伙伴计划〉 等问题》，载《西亚非洲》 2003 年第 3 期。

3. 梁益坚：《试析非洲国家相互审查机制》，载《西亚非洲》 2006 年第 1 期。

4. 梁益坚：《外来模式与非洲发展：对非洲国家相互审查机制的思考》，云南大学硕士学位论文，2005 年。

5. ［丹麦］ 马莫·穆契：《论〈非洲发展新伙伴计划〉》，载《西亚非洲》 2002 年第 4 期。

6. 欧玲湘、梁益坚：《软压力视角下的 "非洲国家相互审查机制"》，载《西亚非洲》 2009 年第 1 期。

7. 秦亚青：《关系本位与过程建构：将中国理念植入国际关系理论》，载《中国社会科学》 2009 年第 3 期。

8. 舒运国：《非洲经济改革的走向——〈拉各斯行动计划〉 与 〈非洲发展新伙伴计划〉 的比较》，载《西亚非洲》 2005 年第 4 期。

9. 舒运国：《试析非洲经济的殖民地化进程 （1890—1930）》，载《世界历史》 1991 年第 1 期。

10. 汪津生：《 "非洲发展新伙伴计划" 十年回眸》，载《国际资料信息》 2012 年第 2 期。

11. 王京烈：《埃及的小土地所有制及其对农业发展的影响》，载《西亚非洲》 1989 年第 4 期。

12. 张凡：《发展中国家政府干预思想的演变》，载《拉丁美洲研究》 2000 年第 4 期。

13. 张宏明：《中国对非援助政策的沿革及其在中非关系中的作用》，载

《西亚非洲》2006 年第 4 期。

14. 张莉：《〈非洲发展新伙伴计划〉与中非合作》，载《西亚非洲》2002年第 5 期。

15. 赵晨光：《全球治理新思考：发展中国家的视角》，载《当代世界》2010 年第 10 期。

16. 赵晨光：《海利根达姆进程与全球治理》，载《外国问题研究》2012年第 3 期。

17. 赵晨光：《八国集团对非洲关系的机制化分析》，载《世界经济与政治论坛》2013 年第 2 期。

18. 钟伟云：《姆贝基非洲复兴思想内涵》，载《西亚非洲》2002 年第4 期。

19. 周玉渊：《从被发展到发展：非洲发展理念的变迁》，载《世界经济与政治论坛》2003 年第 2 期。

20. 朱重贵：《经济全球化与非洲的边缘化——兼评〈非洲发展新伙伴计划〉》，载《亚非纵横》2003 年第 1 期。

英文著作

1. Adebayo Adedeji, *Structural Adjustment for Socio-economic Recovery and Transformation：The African Alternative*, Addis Ababa：UNECA, 40.

2. AfDB, OECD, UNDP, ECA, *African Economic Outlook* 2013：*Structural Transformation and Natural Resources*, OECD Publishing.

3. Alexander Gerschenkron, *Economic Backwardness in Historical Perspective：A Book of Essay*, Cambridge (Mass.)：Harvard University Press, 1962.

4. Andrew F. Cooper, Agata Antkiewicz (eds)：*Emerging Powers in Global Governance：Lessons from the Heiligendamm Process*, Wilfrid Laurier University Press, 2008, p. 2.

5. Arturo Escobar, *Encountering Development：The Making and Unmaking of the Third World*, Princeton：Princeton University Press, 1995.

6. Boahen, Adu A. *General History of Africa VII：Africa under Colonial Domination 1880 - 1935. Unesco, 1985.

7. Chalmers Johnson, *MITI and the Japanese Miracle：The Growth of Industrial*

Policy, 1925 – 1975, Stanford: Stanford University Press, 1982.

8. Chijioke Iwuamadi, *NEPAD and the Challenges of Millennium Development Goals in 21st Century: A Critical Analysis of Modernization Prescription on Africa's Development*, Verlag: LAP LAMBERT Academic Publishing, 2010.

9. David Mitrany, *A Working Peace System: An Argument for the Functional Development of International Organization*, Oxford University, 1944.

10. Deribe Assefa, *The Role and Engagement of Civil Society in Ethiopia's First Cycle African Peer ReviewMechanism (APRM) Process*, Doctoral Dissertation to Ethiopian Civil Service University, May 2010.

11. ECA, AU, AfDB and UNDP, *MDG Report* 2013: *Assessing Progress in Africa toward the Millennium Development Goals*, Addis Ababa, 2013.

12. Elklit, Matlosa and Chiroro eds. , *Challenges of Conflict, Democracy and Development in Africa*, Johannesburg: EISA, 2007.

13. Ernst B. Haas, *The Uniting of Europe*, Stanford: Stanford University, Press, 1958.

14. Eyobong Efretuei, *The New Partnership for Africa's Development: Emerging Conditions Impacting the Implementation Process*, Saarbrüchen: VDM Verlag Dr. Müller, 2009.

15. Francis Nguendi Ikome, *From the Lagos Plan of Action (LAP) to the New Partnership for Africa's Development (NEPAD): the Political Economy of African Regional Initiatives*, doctoral dissertation to University of the Witwatersrand, December 2004.

16. G. Williams, *Third World Political Organizations*, London: Macmillan, 1981.

17. Henning Melber, Richard Cornwell, Jephthah Gathaka, Smokin Wanjala, *The New Partnership for Africa's Development (NEPAD) -African Perspectives*, Uppsala: Nordiska Afrikainstitutet, 2002.

18. Ian Taylor, *Nepad: Toward Africa's Development or Another False Start*, Boulder: Lynne Rienner Publishers, 2005.

19. J. J. Teuissen ed. , *Regionalism and the Global Economy: The Case of Africa*, The Hague: Forum on Debt and Development, 1996.

20. 'J. O. Adésínà, Yao Graham and A. Olukoshi eds. , *Africa and Develop-*

ment Challenges in the New Millennium: *The NEPAD Debate*, London: Zed Books, 2005.

21. Joel D. Barkan and John J. Okumu ed. , *Politics and Public Policy in Kenya and Tanzania*, New York: praeger Publishers, 1979.

22. John Ravenhill ed. , *Africa in Economic Crisis*, Basingstoke: Macmillan, 1986.

23. John Sender and Sheila Smith, *The Development of Capitalism in Africa*, London and New York: Methuen, 1986.

24. Keohane, Robert O, *After Hegemony*: *Cooperation and Discord in the World Political Economy.* Princeton, NJ: Princeton University Press, 1984.

25. Kwame Nkrumah, *Ghana*: *The Autobiography of Kwame Nkrumah*, Edinburg: Tomas Nelson and Sons Ltd, 1957.

26. L. Timberlake, *Africa in Crisis*, Washington: International Institute for Environment and Development, 1986.

27. Liesbet Hooghe and Gary Marks, *Multi-level Governance and European Integration*, New York: Roman and Littlefield Publisher, 2001.

28. M. Friedman, *Capitalism and Freedom*, University of Chicago Press, 1962.

29. Mashupye Herbet Maserumule, *Good Governance in the New Partnership for Africa's Development* (*NEPAD*): *A Public Administration Perspective*, Doctoral Dissertation to University of South Africa, 10 June 2011.

30. Michael Andrew Peet, *The Role of the New Partnership for Africa's Development* (*NEPAD*) *in the Creation of Sustainable Public and Private Technical Infrastructure for Trade Facilitation*, Doctoral Dissertation to University of Pretoria, 2009.

31. Michael Hodd, *African Economic Handbook*, London: Euromonitor Publications Limited, 1986.

32. Mmamautswa Fawcett Ngoatje, *The Role of the African Union as a Vehicle for Investment Initiatives and Regional Cooperation*: *A Critical Overview of the New Partnership for Africa's Development* (*NEPAD*), Doctoral Dissertation to University of Pretoria, 2006.

33. Monita Carolissen, *NEPAD*: *an Analysis of the Economic and Corporate Gov-*

ernance Initiative, Verlag: LAP LAMBERT Academic Publishing GmbH & Co. KG, 2012.

34. Mulugeta Gebrehiwot Berhe and Liu Hongwu ed. , *China-Africa Relations: Governance, Peace and Security*, Addis Ababa: Institute for Peace and Security Studies, 2003.

35. Nicholas Bayne, *Staying Together: the G8 Summit Conflict 21st Century*, Aldershot: Ashgate, 2005.

36. O'Connor, *Poverty in Africa*, London: Belhaven Press, 1991.

37. Obioma M. Iheduru, *The Politics of Economic Restructuring and Democracy in Africa*, Westport: Greenwood Press, 1999.

38. Oran R. Young (ed.), *The Effectiveness of International Environmental Regimes: Causal Connections and Behavioral Mechanisms*, Cambridge, MA: MIT Press, 1999.

39. Oran R. Young, *Governance in World Affairs*, Ithaka, NY: Cornell University Press, 1999.

40. Oxhorn et al edt. , *Decentralization, Democratic Governance, and Civil Society in Comparative Perspective: Africa, Asia, and Latin America*, London: The Johns Hopkins University Press, 2004.

41. P. Engberg-Pedersen, P. Gibbon, P. Raikes and L. Udsholt, *Limits of Structural Adjustment: the Effects of Economic Liberalization* (1986 – 1994), Oxford-London: James Currey-Heinemann, 1996.

42. P. L. Wickins, *Africa*, 1880 – 1980: *An Economic History*, Cape Town: Oxford University Press, 1986.

43. Peter Burke ed. , *Economy and Society in Early Modern Europe: Essays from Annals*, Routledge, 2005.

44. Peter I. Hajnal, *The G8 System and the G20: Evolution, Role and Documentation*, Ashgate, 2007.

45. Peter Wallace Preston, *Development Theory: An Introduction*, Oxford: Blackwell Publishing Limited, 2002.

46. R. Browne and R. Cummings, *Lagos Plan of Action vs. the Berg Report*, *Lawrenceville*, VA: Brunswick, 1985.

47. R. Cornwell and H. Melber et al. ed. , *The New Partnership for Africa's De-*

velopment-African Perspectives, Sweden: Sida, 2002.

48. R. Lensink, *Structural Adjustment in Sub-Sahara Africa*, London: Longman, 1996.

49. Rachel Mukamunana, *Challenge of the New Partnership for Africa's Development (NEPAD): A Case Analysis of the African Peer Review Mechanism (APRM)*, Doctoral Dissertation to University of Pretoria, March 2006.

50. Réal Lavergne, *Regional Integration and Cooperation in West Africa: a multidimensional Perspective*, Ottawa: Africa World Press, Inc, 1997.

51. Robert Keohane and Joseph Nye, *Power and Interdependence (3rd Edition)*, Longman, 2001.

52. Robert Putnam and Nicholas Bayne, *Hanging Together: Cooperation and Conflict in the Sever-Power Summits*, Harvard University Press, 1987.

53. Robert S. Browne and R. J. Cummings, *The Lagos Plan of Action Versus the Berg Report: Contemporary issues in African economic development*, Virginia, Lawrenceville: Brunswick Publishing Company, 1984.

54. S. Gill edt. , *Globalization, Democratization and Multilateralism Basingstoke*, UK: Macmillan, 1997.

55. S. K. B. Asante ed. , *Regionalism and Africa's Development: Expectations, reality, and challenges*, London: Macmillan Press, 1997.

56. Saleh M. Nsouli ed. , *The New Partnership for Africa's Development: Macroeconomics, Institutions, and Poverty*, Washington, D. C. : Joint Africa Institute, 2004.

57. Stephen D. Krasner, *Structural Conflict: The Third World against Global Liberalism*, California: University of California Press, 1985.

58. UNCTAD, *World Investment Report*, 2003: *FDI Policies for Development: National and International Perspectives*, New York and Geneva: UNCTAP, 2003.

59. UNECA, *African Peer Review Mechanism: Handbook for African Civil Society*, Addis Ababa, 2008.

60. UNECA, *African Statistical Yearbook* 2012, Addis Ababa.

61. UNECA, AU, AfDB, UNDP, *MDG Report* 2014: *Assessing Progress in Africa toward the Millennium Development Goals*, Addis Ababa, October 2014.

62. United Nations, *Department of Economic and Social Affairs-Economic Survey of Africa Since* 1950, New York, 1959.

63. W. Rostow, *The Stages of Economic Growth: A Non-Communist Manifesto*, Cambridge University Press, 1960.

64. World Bank, *Accelerated Development in Sub-Sahara Africa: An Agenda for Action*, Washington, D. C.: World Bank, 1981.

65. World Bank, *Adjustment in Africa: Reform, Result and Road ahead*, New York: Oxford University Press, 1994.

66. World Bank, *Sub-Sahara Africa: From Crisis to Sustainable Growth – A Long – Term Perspective Study*, Washington, D. C.: World Bank, 1989.

67. World Bank, *Towards Sustained Development in Sub-Sahara Africa: A Joint Programme of Action*, Washington, 1984.

68. World Bank, *World debt tables: External debt of developing countries* (1988 – 1989), Washington, D. C, 1989.

69. World Bank, *World Development Indicators*, Washington: World Bank, 2003.

英文论文

1. Alex de Waal, What's New in the 'New Partnership for Africa's Development'?, *International Affairs (Royal Institute of International Affairs 1944 –)*, Vol. 78, No. 3 (Jul. , 2002).

2. Andrew F. Cooper and Kelly Jackson, Regaining Legitimacy: The G8 and the 'Heiligendamm Process', *CIIA International Insights*, 2007.

3. Bernd Martenczuk, From Lome to Cotonou: The ACP-EC Partnership Agreement in a Legal Perspective, *European Foreign Affairs Review* 5, 2000.

4. D. Rodrik, Goodbye Washington Consensus, Hello Washington Confusion, *Journal of Economic Literature*, 44 (4), 2006.

5. E. Harsch, Recovery or Replace?, *African Report*, Vol. 33, 6, 1988.

6. Emmanuel K. Ngwainmbi, Globalization and NEPAD's Development Perspective: Bridging the Digital Divide with Good Governance, *Journal of Black Studies*, Vol. 35, No. 3 (Jan. , 2005).

7. Eyob Balcha Gebremariam, *The Quest for Development Alternative in Africa*: *Questioning development assumptions of AAF-SAP & NEPAD*, Thesis presented in partial fulfillment of Master of Philosophy, Leiden University, August, 2011.

8. Faten Aggad, *New Regionalism as an Approach to Cooperation in Africa*: *With Reference to the New Partnership for Africa's Development* (*NEPAD*), MA dissertation to University of Pretoria, April 2007.

9. G. Arrighi, The African Crisis: World Systemic and Regional Aspects, *New Left Review*, 15 (May-June), 2002.

10. Hanns Maull, Germany at the Summit, *International Spectator*, Vol. 29, No. 2, 1994, Special Issue.

11. Henning Melber, The new African initiative and the African Union: a preliminary assessment and documentation, *Current African issues*, Vol. 25, Nordiska Afrikainstitutet, 2001.

12. Herschelle S Challenor (2004): The United States and Nepad, *South African Journal of International Affairs*, 11: 1.

13. Immanuel Wallerstein and William G. Martin, The Incorporation of Southern Africa into the World-Economy, 1800 – 1940, *Review* (*Fernand Braudel Center*), Vol. 3, No. 2, Fall, 1979.

14. Ishmael Lesufi, South Africa and the Rest of the Continent: Towards a Critique of the Political Economy of NEPAD, *Current Sociology*, September 2004, Vol. 52 (5).

15. J. Cilliers, Peace and Security through Good Governance: A Guide to the NEPAD African Peer Review Mechanism, *Institute for Security Studies*, 70, (April), 2003.

16. J. Hinderink and J. J. Sterkenburg, Agricultural Policy and Production in Africa: the aims, the methods, and the means, *The Journal of Modern African Studies*, 21, 1 (March), 1983.

17. Jeffrey E. Garten, Hot Markets, Solid Ground: Why emerging nations are a new force for stability in the world economy, not a new crisis-in-the-making, *Newsweek*, 9 January 2006.

18. Jeremy Youde, Why Look East?: Zimbabwean Foreign Politic and China,

Africa Today, Vol. 53, No. 3, pp. 3 – 19, 2006/07.

19. John Kirton, The G20, the G8, the G5 and the Role of Ascending Powers, *Revista Mexicana de Politica Exterior*, (2010) 9.

20. John Mukum Mbaku, NEPAD and Prospects for Development in Africa, *International Studies*, 2004 41.

21. K. Nkrumah, African Prospects, *Foreign Affairs*, 37, I (October), 1958.

22. Karo Ogbinaka, NEPAD: Continuing the Disconnections in Africa?, *The Journal of Pan African Studies*, Vol. 1, No. 6, December 2006.

23. Liu Hongwu, *How to solve African Governance and Development Issues: A Perspective from China*, Symposium to The 3rd Meeting of the China-Africa Think Tanks Forum, 21st – 22nd Oct 2013, 118 – 119.

24. M. K. Obadan, The State, Leadership, Governance and Economic Development, *Nigerian Economic Society*. (35), 1998.

25. Magnus Killander, The African Peer Review Mechanism and Human Rights: The First Reviews and the Way Forward, *Human Rights Quarterly*, Vol. 30 (2008).

26. Maite Nkoana-Mashabane, South Africa's Role in BRICS, and Its Benefits to Job Creation and the Infrastructure Drive in South Africa, *The New Age Business Briefing*, September 11, 2012.

27. Mawangi S. Kimenyi, Brandon Routman and Andrew Westbury, CAADP at 10: Progress toward Agriculture Prosperity, *Africa Growth Initiative*, 2013.

28. Mokete Mokone, *The World Bank*, *NEPAD and Africa's Development*, MA dissertation to University of the Witwatersrand, 24 February, 2010.

29. Monita Carolissen, *Implementing the New Partnership for Africa's Development (NEPAD): A Study of the Economic and Corporate Governance Initiative (ECGI)*, master's dissertation to the University of Western Cape, April 2009.

30. Mustapha Kamel Al-Sayyid (2004): Nepad: Questions of ownership, *South African Journal of International Affairs*, 11: 1.

31. Nicholas Bayne, The New Partnership for Africa's Development (NePAD) and the G8's Africa Action Plan: Is This a Marshall Plan for Africa?, *Ses-*

sion 5. Designing for African Development: The Role of International Institutions, University of Calgary, Calgary Saturday, June 22.

32. Okumu Ronald Reagan: NEPAD and good governance, *South African Journal of International Affairs*, Vol. 9: 1, Summer 2002.

33. Olav Schram Stokke, The Interplay of International Regimes: Putting Effectiveness Theory to Work, *FNI Report*, 14/2001.

34. Oran R Young, Vertical Interplay among Scale-dependent Environmental and Resource Regimes, *Ecology and Society*, Vol. 11, No. 1, 2006.

35. P. Vale and S. Maseko, South Africa and the African Renaissance, *International Affairs*, Vol. 74, No. 2, p. 274.

36. Patrick Bond (2009): Removing Neocolonialism's APRM Mask: A Critique of the African Peer Review Mechanism, *Review of African Political Economy*, 2009, 36: 122.

37. Percy S. Mistry, Africa's Record of Regional Cooperation and Integration, *African Affairs*, 99, No. 397 (October, 2000).

38. Peter Draper, *Rethinking the (European) Foundations of Sub-Saharan African Regional Economic Integration: A Political Economy Essay*, OECD Development Centre: Working Paper No. 293, 2010.

39. Peter Hajnal and John Kirton, The Evolving Role and Agenda of the G7/8: A North American Perspective, *NIRA Review*, Vol. 7, No. 2, 2000.

40. R T Olufunsho, *The New Partnership for Africa's Development (NEPAD) and Food Security-Reviewing the activities of the Comprehensive Africa Agriculture Development Programme (CAADP)*, MA Dissertation to University of Stellenbosch, March 2009.

41. R. Medhora, Lessons from UMOA, in R. Lavergne ed. , *Regional Integration and Cooperation in West Africa: A Multidimensional Perspective*, Ottawa: International Development Research Consortium.

42. R. T. Olufunsho, *The New Partnership for Africa's Development (NEPAD) and Food Security-Reviewing the activities of the Comprehensive Africa Agriculture Development Programme (CAADP)*, Master Dissertation to the University of Stellenbosch, 2009.

43. Ralph A. Young, Privatization in Africa, *Review of African Political Econo-*

my, No. 15, 1991.

44. Ravi Kanbur, The African peer review mechanism (APRM): an assessment of concept and design, *South African Journal of Political Studies*, (November 2004), 31 (2).

45. Ronald Kempe Hope, From Crisis to Renewal: Towards a Successful Implementation of the New Partnership for Africa's Development, *African Affairs*, 101 (2002).

46. Rosendal, G. Kristin, Impacts of Overlapping International Regimes: The Case of Biodiversity, *Global Governance*, 2001.

47. Ross Herbert, The Survival of Nepad and the African Peer Review Mechanism: A Critical Analysis, *South African Journal of International Affairs*, Volume 11, Issue 1, Summer/Autumn 2004.

48. Sally Matthews, Post-development Theory and the Question of Alternatives: A View from Africa, *Third World Quarterly*, Vol. 25, No. 2, pp. 373 – 384, 2004.

49. Sebastian Oberthür and Thomas Gehring, Institutional Interaction in Global Environmental Governance: The Case of the Cartagena Protocol and the World Trade Organization, *Global Environmental Politics*, 6: 2, May 2006.

50. Sharda Naidoo, Vibrant interaction, South Africa: *Business Day* (*Surveys Edition*), June 7, 2011 Tuesday.

51. SR. Kempe Ronald Hope, Toward Good Governance and Sustainable Development: The African Peer Review Mechanism, *Governance: An International Journal of Policy, Administration, and Institutions*, Vol. 18: 2, April 2005.

52. Standard Bank, BRICS Trade is Flourishing, and Africa Remains a Pivot, *Africa Macro*, 12 February 2013.

53. Stephen D. Krasner, Structural Cause and Regime Consequences: Regimes as Intervening Variables, *International Organization*, Vol. 36, 1982.

54. Van der Westhuizen, How (not) to sell big ideas: argument, identity and NEPAD, *International Journal*, 2003, Vol. 58: 3.

55. Van Kessel, In Search of an African Renaissance: an Agenda for Modernisa-

tion, Neo-traditionalism or Africanisation, *Quest*, XV, 1 – 2, (2001).

56. Vincent O. Nmehielle, The African Peer Review Mechanism Under the African Union and its Initiative: the New Partnership for Africa's Development, *Proceedings of the Annual Meeting (American Society of International Law)*, Vol. 98 (MARCH 31 – APRIL 3, 2004).

57. William Easterly, How the Millennium Development Goals are Unfair to Africa, *World Development*, Vol. 37, No. 1, 2009.

58. Yolanda Sadie, Second Elections in Africa: An Overview, in Politeia, *A Journal of University of South Africa*, Vol. 20 No. 1, 2001.

59. Zein Kebonang, African Peer Review Mechanism: An Assessment, *India Quarterly: A Journal of International Affairs*, 2005.

60. Zoleka Ndayi (2009): Contextualising NEPAD: regionalism, plurilateralism and multilateralism, *South African Journal of International Affairs*, 16: 3.

中文电子文献

1. "'非洲发展新伙伴计划'组织机构将并入非盟", http: // news. xinhuanet. com/newscenter/2008 – 04/16/content_ 7987254. htm。

2. 《国民经济和社会发展第十个五年计划纲要》（于 2001 年 3 月 15 日由第九届全国人大四次会议批准通过）, http: //www. moc. gov. cn/zhuzhan/jiaotongguihua/guojiaguihua/guojiaxiangguan_ ZHGH/200709/t20070927_ 420874. html。

3. 《金砖国家领导人第五次会晤德班宣言》, http: //www. gov. cn/jrzg/2013 – 03/28/content_ 2364217. htm。

4. 《习近平同南非总统祖马举行会谈》（新华新闻）, http: //news. xinhuanet. com/world/2013 – 03/26/c_ 115168443. htm。

5. 《习近平同南非总统祖马举行会谈》, 参见新华网（新华新闻）, http: // news. xinhuanet. com/world/2013 – 03/26/c_ 115168443. htm。

6. 《中非合作论坛北京行动计划（2007—2009 年）》, 2006 年 11 月, http: // www. focac. org/chn/ltda/bjfhbzjhy/hywj32009/t584788. htm。

7. 《中非合作论坛北京宣言》, 2000 年 10 月, http: //www. focac. org/chn/ltda/dyjbzjhy/hywj12009/t155560. htm。

8. 《中非合作论坛——沙姆沙伊赫行动计划（2010 至 2012 年）》，2009 年 11 月，http：//www. focac. org/chn/ltda/dsjbzjhy/bzhyhywj/t626385. htm。

9. 《中非合作论坛——亚的斯亚贝巴行动计划（2004 至 2006 年）》，2003 年 12 月，http：//www. focac. org/chn/ltda/dejbzjhy/hywj22009/。

10. 《中国对非洲政策文件》，2006 年 1 月，http：//news. xinhuanet. com/world/2006—01/12/content_ 4042333. htm。

11. 陈德铭：《中国将继续支持非洲农业发展和基础设施建设》，http：//www. mofcom. gov. cn/aarticle/ae/ai/200911/20091106608567. html。

12. 胡锦涛在中非合作论坛第五届部长级会议开幕式上的讲话：《开创中非新型战略伙伴关系新局面》，2012 年 7 月 18 日，http：//www. focac. org/chn/zxxx/t953168. htm。

13. 徐建国、王洪一：《新兴大国对非合作比较》，http：//www. focac. org/chn/xsjl/xzhd_ 1/1/t1031530. htm。

14. 中国媒体（广州日报）对 BRICs 概念的"发明人"吉姆·奥尼尔的专访《金砖四国走到全球决策中心》，http：//gzdaily. dayoo. com/html/2010—04/12/content_ 927819. htm。

英文电子文献

1. Africa Progress Panel, *Africa Progress Report* 2012, http：//www. africaprogresspanel. org/wp-content/uploads/2013/08/2012_ APR_ Jobs_ Justices_ and_ Equity_ ENG_ LR. pdf.

2. *African Peer Review Mechanism Annual Report* 2011, http：//aprm-au. org/.

3. *Agriculture and CAADP：a new vision for Africa*, http：//www. nepad. org/system/files/CAADP_ brochure1_ visual. pdf.

4. Alain A. Ndedi Yenepad, *NEPAD and the Millennium Development Goals (MDGs)：The Challenges of African Governments* (July 1, 2013). Available at SSRN：http：//ssrn. com/abstract = 877871 or http：//dx. doi. org/10. 2139/ssrn. 877871.

5. AU's official website, *Africa's Strategic Partnerships*, http：//www. au. int/en/sites/default/files/Partnerships. pdf.

6. CPCS Transcom Limited, *Review of the AU/NEPAD African Action Plan：*

Strategic Overview and Revised Plan, 2010 – 2015, June 4, 2009. http：//www. nepad. org/regionalintegrationandinfrastructure/knowledge/doc/1577/african-action-plan.

7. Deauville Accountability Report, *G8 Commitments on Health and Food Security*：*State of Delivery and Results*, 2011. http：//www. g7. utoronto. ca/summit/2011deauville/deauville/2011 – deauville-accountability-report. pdf.

8. *Declaration on Democracy, Political, Economic and Corporate Governance*, AHG/235（XXXVIII）Annex I. http：//aprm-au. org/document/declaration-democracy-political-economic-corporate-governance – 0.

9. Fifth BRICS Summit eThekwini Declaration, *BRICS and Africa*：*Partnership for Development, Integration and Industrialisation*, Durban：27 March 2013. http：//www. brics. utoronto. ca/docs/130327 – statement. pdf.

10. G7 Summit, *Tokyo Economic Declaration*, 1986. http：//www. g8. utoronto. ca/summit/1986tokyo/communique. html.

11. G8 and G5, *Concluding Report of the Heiligendamm Process*, L'Aquila Summit, July 9, 2009. http：//www. g8. utoronto. ca/summit/2009laquila/2009 – g5 – g8 – 1 – hdp. pdf.

12. G8 and G5, *Interim Report on the Heiligendamm Process at the G8 Summit*, Hokkaido Toyako, 7 to 9 July 2008. http：//www. g8. utoronto. ca/summit/2008hokkaido/2008 – hpreport. pdf.

13. G8 and G5, *Joint Statement*：*Promoting the Global Agenda*, July 2009, http：//www. g8. utoronto. ca/summit/2009laquila/2009 – g5 – g8. pdf.

14. G8 and G5, *The Agenda of the Heiligendamm-L'Aquila Process（HAP）*, 2009. http：//www. g7. utoronto. ca/summit/2009laquila/2009 – g5 – g8 – 2 – hap. pdf.

15. G8 APRs Report, *Implementation Report by Africa Personal Representatives to Leaders on the G8 Africa Action Plan*, Evian, June 1, 2003. http：//www. g8. utoronto. ca/summit/2003evian/apr030601. html.

16. G8 APRs Report, *Progress Report by the G8 Africa Personal Representatives（APRs）on implementation of the Africa Action Plan*, 2008. http：//www. g8. utoronto. ca/summit/2008hokkaido/2008 – apr. pdf.

17. G8 Summit, *G8 African Action Plan*, June 27th, 2002. http：//www.

g8. utoronto. ca/summit/2002kananaskis/afraction-e. pdf.

18. G8 Summit, *Genoa Plan for Africa*, July 21ˢᵗ, 2001. http：//www. g8. utoronto. ca/summit/2001genoa/africa. html.

19. G8, *Growth and Responsibility in Africa*, Summit Declaration, Heiligendamm, June 8, 2007. http：//www. g8. utoronto. ca/summit/2007heiligendamm/g8 – 2007 – africa. pdf.

20. General Assembly, *United Nations Millennium Declaration*, Resolution adopted by the General Assembly [without reference to a Main Committee (A/55/ L. 2)], 8th plenary meeting 8 September 2000. http：//www. un. org/millennium/declaration/ares552e. htm.

21. Heiligendamm Summit Declaration, *Growth and Responsibility in the World Economy* (7 June 2007), http：//www. g7. utoronto. ca/summit/2007 heiligendamm/g8 – 2007 – economy. pdf.

22. Integration of NEPAD into the AU shall happen within 12 month, http：// europafrica. net/2007/04/26/integration-of-nepad-into-the-au-shall-happen-within – 12 – month – 2/.

23. Janneh says MDGs are consistent with NEPAD priorities, ECA Press ReleaseNo. 123/2011, http：//www1. uneca. org/TabId/3018/Default. aspx? ArticleId = 60.

24. John Kirton, The G20, the G8, the G5 and the Role of Ascending Powers, *Revista Mexicana de Politica Exterior*, (2010) 9, p. 3, http：// www. g20. utoronto. ca/biblio/index. html#kirton – g20 – g8 – g5.

25. Joint Statement by the German G8 Presidency and the Heads of State and/or Government of Brazil, China, India, Mexico and South Africa on the Occasion of the G8 Summit in Heiligendamm, June 8, 2007. http：// www. g8. utoronto. ca/summit/2007heiligendamm/g8 – 2007 – joint. html.

26. Mawangi S. Kimenyi, Brandon Routman and Andrew Westbury, CAADP at 10：Progress toward Agriculture Prosperity, *Africa Growth Initiative*, 2013, pp. 3 – 4. http：//www. brookings. edu/ ~ /media/research/files/papers/ 2012/12/africa% 20agriculture/12% 20caadp. pdf.

27. NEPAD 2010, *Accelerating CAADP Country Implementation：A guide for Implementers*, http：//www. caadp. net/pdf/CAADP_ imp_ guide_ WEB. pdf.

28. NEPAD Agency, *Comprehensive Africa Agriculture Development Programme-Highlighting the Successes*, p. 5. www. caadp. net/library-reports. php.

29. NEPAD Agency. 2011. 2011 Annual Report, http：//www. nepad. org/system/files/NEPAD% 202011% 20Annual% 20Report% 20 – % 20 FINAL. pdf.

30. NEPAD Business Group, Two Covenants on Bribery and Corruption, 2003, Available online：http：//www. NEPAD. org.

31. NEPAD Programmes, http：//www. nepad. org/nepad-programmes.

32. Nicholas Bayne, The New Partnership for Africa's Development（NePAD）and the G8's Africa Action Plan：Is This a Marshall Plan for Africa?, *Session 5. Designing for African Development：The Role of International Institutions*, University of Calgary, Calgary Saturday, June 22, 2002. http：//www. g8. utoronto. ca/scholar/2002/bayne020527. pdf.

33. Press statement On the Transformation of NEPAD into NEPAD Planning and Coordinating Agency（NPCA）, http：//www. planning. go. ke/index. php? option = com_ content&view = article&id = 173.

34. *Project Implementation Review of the NEPAD Infrastructure Short Term Action Plan（STAP）-Draft Final Report（Third Review）*, July 2010. http：//www. nepad. org/system/files/Project% 20Implementation% 20Review% 20of% 20the% 20NEPAD% 20Infrastructure% 20Short% 20Term% 20Action% 20Plan% 20 （STAP）. pdf.

35. Siphamandla Zondi, *Africanising the BRICS Agenda：Indications from Durban*, March 26, 2013. http：//www. e-ir. info/2013/03/26/africanising-the-brics-agenda-indications-from-durban/.

36. *Still Our Common Interest*, COMMISSION FOR AFRICA REPORT 2010, p. 21. http：//www. commissionforafrica. info/2010 – report.

37. Thabo Mbeki, *Africa's Time Has Come*, pp. 200 – 204, http：//www. gov. za/speeches/index. htm.

38. Thabo Mbeki, *The African Renaissance*, *South Africa and the World*, http：//archive. unu. edu/unupress/mbeki. html.

39. The "Heiligendamm Process" with Major Emerging Economics-High Level Dialogue Between G8 Member Countries and Brazil, China, India, Mexico

and South Africa, "*Growth and Responsibility in the World Economy* " (G8 Summit Declaration, 7 June 2007). http: //www. g8. utoronto. ca/summit/2007heiligendamm/g8 – 2007 – economy. pdf.

40. *The African Peer Review Mechanism (Base Document)* , http: //aprm-au. org/document/aprm-base-document – 0.

41. Tibbett, Steve, ActionAid: A toolkit for civil society, organization, engagement and advocacy, *ActionAid International*, 2011. http: //www. action-aid. org/sites/files/actionaid/caadp_ toolkit_ to_ print. pdf.

42. Zaria Shaw and Sarah Jane Vassallo, *G20 Leaders' Conclusions on Africa 2008 – 2010*, G20 Research Group, August 8, 2011. www. g7. utoronto. ca/g20/analysis/conclusions/africa-l. pdf.

后　记

　　本书是在我的博士论文基础上写成的。根据检索，本书应该是中文世界第一本系统研究"非洲发展新伙伴计划"的专著。"非洲发展新伙伴计划"启动初期，非洲将西方发达国家作为发展所谓"新伙伴关系"的重点，因此，国内对其研究不多。但随着中国以及中非关系的快速发展，"非洲发展新伙伴计划"框架下中非合作的潜力愈加凸显，国内学界需要对此加以重视。限于主题，本书重点研究"非洲发展新伙伴计划"的机制问题，并未对其框架下的中非关系进行大篇幅探讨，作者未来将加强这方面的研究。同时希望本书的出版能够抛砖引玉，唤起学界对这一问题的关注。

　　在本书出版前夕，非盟于2015年6月召开了第25届峰会。本届峰会启动了新的"2063议程"。该议程设定了更为宏大、全面的非洲治理目标，旨在推动非洲在未来50年实现高度发展和完全一体化。3个月后，2015年9月，联合国发展峰会通过了为期15年的"可持续发展2030年议程"。该议程建立在"联合国千年发展目标"基础之上，是其后续议程。新议程设定了17项可持续发展目标，非洲在其制定过程中发挥了积极作用。这两项议程为非洲未来的发展与治理设定了新的具体目标，是对新世纪非洲发展与治理进程的阶段总结和前瞻规划。其与"非洲发展新伙伴计划"的关系如何，仍有待进一步观察，作者将持续关注。

　　写完一本书，走过一段人生旅程。书稿从构思、材料收集到撰写、更新修改，再到即将付梓成书，历时三载有余。期间有学业学术上的磨炼，也有生活状态以及人生角色上的转换。因此，还要把感谢与感想写在这里。

　　感谢恩师刘青建教授。刘老师是我学术上的领路人，她指引我从理论研习转向非洲研究，带领我开拓新的知识边疆。在博士论文的写作上，大到谋篇布局，小到词语用法，刘老师都悉心指导、严格要求。在书稿的修订出版上，刘老师也给予了我宝贵的指导和建议。刘老师是严师，更似慈母，她对学生平易、慈爱、关怀。每逢节日，刘老师都会不辞辛劳地为学生们张罗一餐丰盛的家宴，让我们这些离家求学的孩子仍能感受到家的温暖。刘老师的为学、为人值得我一生学习。

感恩父母和家人。我生长在大学校园，家里三代老师。姥爷、姥姥，一生教书育人，时常叮嘱我要努力上进，将来"做个好事儿"，父母更是在学业、生活上给予我始终如一的理解和支持。回首来路，家庭氛围对我的人生选择产生了巨大的影响。如今我也在大学工作，完成了从学生到老师的转换。很难想象没有父母家人的鼓励和支持，我能够有勇气、有能力完成这艰辛的求学之旅，并从事我向往的学术工作、追求我倾心的学术人生。

最后，还要感谢我的师妹、妻子胡文婷女士，谢谢她理解、支持我的研究，愿意"欣赏"我做的事。书稿即将出版之际，我们的孩子也即将出生，把这本书献给我们的孩子。

赵晨光
2015 年 11 月
于外交学院